# 한반도 철도와
# 철의 실크로드의
# 정치경제학

일제식민지시대, 산업화시대, 21세기 세계화시대

# 한반도 철도와 철의 실크로드의 정치경제학

제식민지시대, 산업화시대, 21세기 세계화시대

이 철 우 지음

한국학술정보㈜

21세기는 자본과 상품, 인간이 국경 없이 넘나드는 세계화 시대이다. 전 지구적 세계화로 인해 지구반대편 나라까지의 여행이 하루권으로 축소되는 가운데, 전 세계 모든 지역을 철도로 연결하려는 움직임이 가시화되고 있다. 육상운송의 꽃이라 할 수 있는 철의 실크로드를 통한 세계화가 추진되고 있다.

제국주의 시기, 산업혁명의 견인차 역할을 수행하였던 철도는 근대자본주의를 만개시켰다. 근대문명과 기술발전의 총아였으며 인간의 삶을 획기적으로 변화시켰던 철도는 시간과 공간을 압축하였다. 철도는 느슨하게 이루어져 왔던 전근대적 삶을 빠르게, 바쁘게 만들었다. 철도는 인간들로 하여금 정적이며 정체적인 삶으로부터 동적이며 변화무쌍한 삶으로 변화하게 하였다. 인간들은 마음만 먹으면 언제든지 거리에 구애받지 않고 공간을 지배할 수 있게 되었다. 철도는 인간들로 하여금 평등을 실현시키는 데 한몫을 하였다. 즉 소정의 돈만 치르면 계층에 관계없이 누구나 목적지에 도달할 수 있게 만들었다. 과거 인간들이 신분적 요인에 의해 먼 거리로의 이동에 제한을 받으며 폐쇄적 삶을 살아왔던 삶을 감안할 때 금석지감과 아울러 감개무량하게 만들었다.

이와 같이 산업화 시기에 있어 철도는 기간산업으로 때로는 사회간접자본으로서 미증유의 인간역사의 발달을 가져왔던 한편으로는 착취모순의 역사를 전개시켰다. 철도는 인간들에게 번영과 풍요를 가져다준 반면, 침탈, 착취라는 비극적 삶을 제공하였다. 일부 제국주의의 주체적 역할을 수행하였던 국가들에게는 철도가 자국경제의 성장과 아울러 인간들의 삶의 질을 향상시키는 데 커다란 기여를 하는 등 막대한 경제적 이익과 정치적 이익을 가져다주었다. 그에 반해, 식민지배를 당했던 후진국가들에게는 봉건주의적 잔재청산과 미미한 경제발전에 기여하였을 뿐, 오히려 철도의 부설이 식민지국가의 민족자본을 수탈하고 노동력을 착취함으로써 민족경제의 형성을 저지하는 억압적 역할을 수행하였다. 다시 이야기하면 철도는 식민지 민중들에게 압제와 착취, 빈곤의 악순환이라는 커다란 불행을 가져다 주었다. 철도가 인간의 삶의 질을 획기적으로 변화시키는 도구로서가 아니라 오히려 인간을 지배하는, 즉 슬픔, 고통 등 모순의 응집체로 집약되는 굴레의 도구로 이용되기도 하였던 것이다.

이와 같은 역사적 배경을 가진 철도는 한반도에 있어 우리 민족에게도 질곡의 삶을 제공하였다. 일본제국주의에 의해 부설된 철도는 우리 민족에게 근대화의 기회를 주기도 하였지만, 오히려 착취, 수탈, 압제, 빈곤을 심화시켰다. 철도부설로 인해 한반도는 산업적 토대를 마련할 수 있는 기회를 제공해 주기도 하였지만 어디까지나 철도는 철저히 일본제국주의의 침탈의 도구로 이용되었던 것이다. 철도를 운반수단으로 하여 우리민족이 생산한 농수산물과 지하자원 등이 항구를 통하여 일본으로 공출되었는가 하면, 우리 민족을 정의롭지 못한 대동아전쟁에 동원시켜 무고한 희생을 초래하는 데 악용되기도 하였으며, 일본 내 과잉농업인구를 전출시키는 배출도구로 활용되었다.

더 나아가 일본은 한반도철도를 정치적, 군사적 수단으로 활용하여 만주지역을 효율적으로 지배하는 침략의 병참선으로 활용하였음은 물론, 중국대륙 및 시베리아지역을 지배하려는 야멸친 의도로 이용되었다. 물론 그들의 음모는 결국 성공하지는 못했지만 수십 년 동안 한민족은 철도로 인해 비참한 삶을 지속할 수밖에 없었다.

한편으로 일제침략에 의해 삶의 터전을 빼앗겼던 우리 민족의 일부는 호구지책 마련을 위해 혹은 항일독립운동을 위해 시베리아 동쪽 끝 연해주로 이주하여 고단한 삶을 이어가기도 하였다. 1937년 겨울로 접어드는 시기, 스탈린의 소수민족분산정책에 의해 시베리아 횡단철도 짐칸에 실려 약 18만 명에 이르는 우리 민족은 중앙아시아 동토로 강제 이주당하는 역사의 희생물이 되기도 하였다. 물론 강제이주동기 이면에는 일제의 첩자로 활용될 수 있다는 의심, 대일 유화정책 등 복잡한 사연이 있기는 하지만 이 모든 것이 문명의 이기였던 철도가 악역을 맡았기에 가능한 것이었다. 철도가 나라 잃은, 힘없는 우리 민족에게 비극적 요인의 단초를 제공하는 수단이 되기도 하였던 것이다.

해방의 기쁨도 잠시, 우리 민족에게 수탈과 착취모순의 역사를 제공했던 철도는 미국과 소련의 열강에 의해 남북으로 갈라졌다. 철도가 우리 민족의 다리가 되고 민족화합의 결집체가 되고, 민족발전의 근간이 되는가 했더니 민족상잔의 전쟁으로 인해 두 동강이로 갈라졌다. 이제는 한민족의 경제발전과 민족화합의 대동맥으로 얼마든지 기여할 수 있는 철도가 다시금 제 역할을 수행하지 못하게 만들었다. 그 결과 남북의 철도는 분단의 비극을 간직한 채, 반세기 이상을 각자 제한된 지역에서 상이한 이데올로기하에 서로 다른 길을 걸어 왔다. 분단된 상이한 체제하에서 북한은 지형적으로 평야보다는 산지가 많아 철도를 중심으로 한 교통정책을 추구해온 데 반해, 남한지역은 경부고속도로가 건설되기 전까지는 철도가 모든 운송의 중심이 되었지만, 이후 획기적인 발전은 거듭하지 못했다.

어찌되었든, 분단된 상황하에 남북의 철도는 산업화에 많은 기여를 하였다. H자 형으로 발달한 북한지역의 철도는 철도가 지나가고 연결되는 곳에 도시가 발달하고 공업단지가 형성되고 농수산물의 집산지가 형성되어 적어도 1970년대 이전까지는 남한보다는 나은 경제성장을 보여주었다. 그러나 북한의 철도는 1980년대부터 시작된 극심한 경제난으로 더 이상 발전하지 못한 상태로 오늘에 이르고 있다. 현재 북한의 철도는 대부분 전기를 이용하여 운행하고 있지만, 극심한 에너지난, 철도차량 및 철도시설물의 노후화, 레일지반의 약화 등 철도가 대동맥으로서의 역할을 수행하기 곤란한, 심각한 상황에 처해 있다. 따라서 남북종단철도가 연결되기 위해서는 대규모 자본투자가 요구되고 있는 실정이다.

한편 X자 형으로 발달한 남한의 철도는 북한의 철도와 마찬가지로 한국의 산업화, 도시화에 커다란 원동력 역할을 수행하였다. 1970년대 초반까지만 해도 철도는 한국 경제발전에 없어서는 안 될 중요한 견인차이자 대동맥 역할을 수행하였다. 그 후 경부고속도로에 이어 호남고속도로가 건설되고 차량이 증가함에 따라 철도의 역할은 상대적으로 위축되었다. 모든 운송이 도로를 중심으로 발전함에 따라 철도의 발달은 정체되었다. 그러나 수출입물동량의 급증과 도로운송의 한계로 인해 다시 철도의 중요성이 대두되고 있다. 철도는 대량운송이 가능하고, 환경친화적이며, 경제성(에너지절약), 정시성, 안정성 등의 요인으로 인해 그 중요성이 다시 부각되고 있기 때문이다.

이제 세계는 남북한 철도의 연결을 절실히 요구하고 있다. 유엔경제개발이사회(UNESCAP)는 유라시아대륙의 최종착역이자 시발점이 될 수 있는 남북한 종단철도의 연결을 강력히 추구하고 있다. 즉 남북종단철도가 시베리아횡단철도, 중국횡단철도와 연결됨으로써 세계의 최대시장으로서 등장하고 있는 동아시아지역의 번영과 지역내 국가들간의 교류에 기여할 것으로 전망되고 있기 때문이다. 궁극적으로 철의 실크로드의 완성이라 할 수 있는 남북철도연결이 동아시아지역내 국가들에게 경제적 실익을 가져다줄 것을 기대하고 있기 때문이다. 철도를 기축으로 하여 얼마든지 유기적으로 연결될 수 있는 동아시아지역은 세계에서 가장 역동적인 경제시장으로 부상하고 있는 바, 세계경제규모의 5분의 1을 차지하고 있는 이 지역이 생산의 중심지, 물류중심지로서 부상하고 있음을 고려한 때문이다. 더 나아가 한반도가 동북아지역의 물류중심기지로 성장하기를 바라고, 제2의 경제도약을 추구하는 집권층의 의도도 맞물리고 있는 시점이기도 하다.

남북한 철도의 연결은 남북한에 커다란 실익을 제공할 것으로 전망된다. 극심한 경제난에 허덕이는 북한에게는 경제적 이익을 제공함은 물론, 닫혀 있던 북한체제에 숨통을 열어주고 경제발전의 토대를 마련할 수 있으리라 본다. 반면, 남한에는 배로만 운송되던 수출입화물을 철도를 이용함으로써 물류비의 절감 및 시간절약, 급증하는 물동량의 해소, 해외로의 투자확대로 이어질 것이다. 그것은 유라시아 대륙, 중앙아시아, 태평양연안지역과의 관계가 보다 더 긴밀하게 이루어짐을 의미한다.

한편으로 그것은 민족간의 화해를 마련할 수 있고, 통일을 앞당길 수 있는 지렛대로 활용될 수 있을 것이다. 더 나아가 그것은 남북한 철도의 본래의 기능을 회복함은 물론, 섬 아닌 섬처럼 고립되어 왔던 한반도가 전세계와 유기적으로 연결됨으로써 세계로 웅비할 수 있는 기회를 제공하게 될 것이다. 또한 유럽과 아시아대륙이 하나로 연결됨으로써 랜드브리지(연육교)로서의 역할을 달성하는 것이 될 것이다. 따라서 21세기에 있어 남북한 철도의 연결은 철의 실크로드의 완성이자, 철도의 세계화를 완성하는 것으로써 철도를 통한 국제간 인적·물적 교류의 활성화를 가져올 것이며 더 나아가 동북아지역의 번영의 지렛대를 마련할 수 있을 것이다.

본 책은 2003년도 한국학술진흥재단 기초학문육성 프로젝트 선정(과제명: 동아시아 철도네트워크의 역사와 정치경제학-철도의 제국주의, 근대화 그리고 세계화)(과제번호: 2003-072-BM2003)에 따른 결과물이다. 연구프로젝트가 진행되는 3년 동안(2003. 9.~2006. 8.), 우리 연구자들은 본 프로젝트의 효율적이고도 실질적인 연구수행을 위해 철도와 관련된 학술적 성격의 답사여행과 아울러 철도관련시설을 두루 견학하는 기회를 갖기도 하였다. 간략히 열거해 보면, 철도 대국이자 철도강국인 일본철도의 발달을 직접 알아보기 위해 일본 신칸센 철도를 일본의 북부 아오모리(모리오까)로부터 남단 규슈의 후쿠오카(하카다)까지 탑승 체험하였으며, 오사카와 동경에 소재한 교통과학박물관을 방문해서는 일본철도의 발달역사를 두루 살펴보기도 하였다. 또한 제국주의 시기, 일본이 중국대륙에 부설한 남만주철도(과거에는 동청철도라 칭함)를 둘러보고자, 중국 심양에서 대련까지 철도를 직접 탑승하는 한편 대륙침략의 교두보로 마련하였던 대련에 소재했던 남만주철도의 본사 터(지금은 인민병원으로 이용)를 방문하기도 하였다. 또한 유럽대륙을 고속으로 횡단하는 탈리에열차를 암스테르담 중앙역에서 벨기에 중앙역까지 탑승하는가 하면, 유럽대륙과 영국을 해저로 연결하는 유로스타를 직접 탑승하는 기회도 가졌다. 아무튼 앞에 열거한 일련의 학술답사여행을 통해 우리 연구자들은 산업혁명기 이래로 끊임없이 발전을 거듭해 온 철도가 우리 인류에게 주는 의미를 다시금 되새겨보는 기회를 가졌다. 눈부신 발달을 해 온 철도가 인간들의 삶의 질을 획기적으로 바꾸었음을 확인할 수 있었으며, 한편으로 철도가 인간들에게 성장과 풍요를 가져다 준 문명의 이기임을 재확인할 수 있었다. 물론 이면에 쓰라린 아픔의 역사도 있긴 하지만.

하여간 철도는 다른 운송매체와 달리 육지를 주유하고 관통하는 교통기관으로서 광활한 대륙을 섭렵하면서 많은 사람과 문화를 교류하게 만든다. 어쩌면 철도는 국경을 초월하여 문물의 교류를 자연스럽게 연결시키는 가교역할을 하는 한편 인간들로 하여금 시공간을 초월하게 하면서 그 속에서 사색과 낭만, 번영을 잉태하는 도구일지도 모른다. 철도의 발달 없이 인류의 문명은 더 이상 이야기 할 수 없을 것이다. 앞으로도 철도는 그 자체의 속성으로 인해 본연의 역할은 사라지지 않고 중단없이 달릴 것으로 전망된다.

참고로 본 책에 실린 글들은 다음과 같은 학술지들에 실렸음을 밝혀둔다. 차례로 열거해 보면, 일본제국주의의 철도부설과 한국민족주의의 저항(평화연구, 봄호, 12권 2호, 2004, 고려대학교 평화연구소), 시베리아철도와 고려인들의 이주과정(재외한인연구, 제16호, 2006, 재외한인학회), 남북한 철도의 발달과 산업사회의 갈등(한국사회, 제6집 2호, 2005, 한국사회연구소), 한국의 철도발달과 산업사회의 갈등(국제평화, 제4권 1호, 2007, 서울평화상문화재단), 한국의 산업화정책추진과 철도를 통한 산업화(국제평화, 제5권 1호, 2008, 서울평화상문화재단), 한반도 육상네트워크의 미래와 그 의미(평화연구, 제14권 1호, 2006, 고려대학교 평화연구소), 동북아시아 철도네트워크의 가능성(민족연구, 통권 제28호, 2006, 교양사회)순으로 게재되었다. 아울러 독자들에게 양해를 구하고 싶은 것은 부득이하게 일부 글의 내용과 도표들은 논리전개상 중복되었음을 미리 밝혀둔다.

끝으로 위의 글들이 완성되는 과정에 개인적으로 많은 일들이 있었다. 프로젝트가 시작되고 끝나는 즈음에, 못난 자식의 뒷바라지를 위해 평생 물심양면으로 뒷바라지하신 부모님께서 영면하시는 불행을 겪었다. 또한 우리가족을 위해 헌신하며 내조한 사랑하는 아내(김효숙)가 심한 중병에 걸려 힘든 나날을 보내고 있다. 부디 화목한 가정을 위해 쾌유하기를 바라는 마음 그지없다. 나의 여식 현주는 아픈 엄마를 위로하고 도와주느라 많은 고생을 하였다. 여식의 그러한 행동이 이중, 삼중의 힘겨운 삶을 버티어 나가는 나에게 많은 힘이 되어주었다. 이러한 가운데 대학진학을 위해 열심히 공부하고 있는 아들, 주민 역시 집안의 우환과 자신과의 싸움을 잘 견뎌내고 있는 것에 대해서 아버지로서 많은 고마움을 느끼고 있다.

돌이켜 보건대 이 세상에서 가족만큼 중요한 곳은 세상 어디에도 없다. 우리가족도 때로는 아프고, 속상하고, 갈등하고, 인내하고, 보듬고, 화해하고 의기투합하기를 거듭하면서 현재의 불행을 슬기롭게, 때로는 힘겹게 극복하고 있는 중이다. 이것이 가족이 갖고 있는 힘임을 요즘 새삼 깨닫는다.

2009년 1월 공릉동 우성아파트
집 서재에서

# |목 차|

# 제1장

일본제국주의의 철도부설과
한국민족주의의 저항

# 요약

  철도는 근대화를 가져온 문명의 이기로서 산업혁명의 총아였다. 철도는 근대화의 시기에 있어 사회간접자본으로서 막대한 초기자본, 기술 및 노동력을 필요로 하였다. 철도는 제국주의의 자본, 공산품, 근대, 이민자를 식민지에 침투시키는 데 용이하게 활용되었다. 뿐만 아니라 철도는 식민지의 자원을 원활하게 착취·수탈하는 매개체 역할을 담당하여 왔다. 이와 같이 미증유의 인간역사의 성장발전과 착취모순의 역사를 전개하였던 철도는 한국에서도 일본제국주의에 의해 부설되었다.

  일제는 한반도에 철도를 부설하면서 한국을 대륙으로 진출하기 위한 병참선이나 병참기지로 활용하였으며, 일본에서 생산되는 공산품을 판매 시장화하였다. 또한 한국에서 생산되는 자원을 공출하는 기지로 활용하였다. 이 과정에서 일제는 우리 민족에게 인적·물적으로 엄청난 고통과 희생을 강요하였다. 무상에 가까운 토지침탈과 각종 자원수탈이 있었으며 우리 농민을 저임금에 종사케 하거나, 극한적인 강제노동에 종사케 하여 우리 민족을 피폐화시켰다. 따라서 우리 민족은 일제의 침략과 수탈에 맞서 조직적인 저항운동을 끊임없이 전개하였다. 우리 민족은 반철도, 반제국주의, 반침략운동을 적극적으로 전개해 나갔다.

# Ⅰ. 머리말

철도는 근대화를 가져온 문명의 이기로서 산업혁명의 총아였다. 철도는 인간들로 하여금 평등한 권리를 갖게 하는 인권보장의 의미를 제공하였으며(原田勝正, 1998), 전 세계의 도시화를 촉진시켰으며, 현대도시로 발전하는 데 커다란 기여를 하였다.

이러한 철도는 근대화의 시기에 있어 사회간접자본으로서 건설과정에 막대한 초기자본과 기술, 노하우 및 노동력을 필요로 하였다. 철도는 그 자체의 속성으로 인해 민족경제형성과 제국주의국가 수립의 지렛대로 작용했다. 철도는 제국주의의 자본, 공산품, 군대, 이민자를 식민지에 침투시키는 데 용이하게 활용되었을 뿐만 아니라, 식민지의 광물 및 삼림·식량자원을 원활하게 착취·수탈하는 매개체 역할을 담당하여 왔다. 따라서 철도는 식민지 보루구축의 중요한 토대가 되었으며, 다른 나라를 침략하기 위한 효율적 도구로 활용된 결과, 식민지 모국에 막대한 경제적 이익과 정치적 이익을 가져다주었다. 그러나 철도가 식민지국가의 봉건주의적 잔재청산과 경제발전에 기여한 긍정적 측면을 부정할 수 없지만, 한편으로는 부정적인 측면도 더 많이 제공하였다. 즉 철도의 건설이 식민지 국가의 민족자본을 수탈하고 노동력을 착취함으로써 민족경제의 형성을 저지하는 억압적 역할을 수행하였기 때문이다.

이러한 미증유의 인간역사의 성장발전과 착취모순의 역사를 전개하였던 철도는 한국에서도 제국주의 열강의 하나였던 일본에 의해 부설되었다. 일본제국주의의 한국철도부설은 침략과 지배, 수탈의 음모하에 형성된 역사적 배경을 갖고 있었으며, 우리 민족에게 커다란 고통과 질곡의 삶을 제공하였다.

철도가 초기에 건설되고 운행되었을 당시, 그것은 우리 민족에게 문명의 이기로서 시간의 중요성을 알려준 위대한 교육자 역할을 하였으며, 상권의 발달을 촉진시켜 농촌경제를 활성화시켰다. 또한 도시로 인구를 집중시켜 도시화를 촉진시켰으며, 보잘것없던 촌락공동체를 근대도시로 변신시켰다(Allen, 1908:136−7, Griffis, 1907:190−3, 251−2). 따라서 철도는 근대적 도시의 형성과 상업발달을 초래했으며, 인간들의 삶의 방식을 근본적으로 변화시키는 데 기여하였다.

그러나 한국에서의 철도부설은 건설에서부터 운영에 이르는 모든 과정에 일본의 제국주의적 야욕과 수탈·착취가 전제된 태생적 모순을 갖고 있었다. 일제는 한반도에 철도를 건설하면서 한국을 대륙으로 진출하기 위한 병참선이나 병참기지로 활용하였으며, 일본내에서 생산되는 공산품을 수출하는 상품판매기지로 이용하였다. 또한 일본 내 과잉농업인구를 전출시키는 배출구로 활용하였으며, 한국 내에서 생산되는 광물·삼림자원, 미곡을 비롯한 식량자원 등 원료를 공출하는 기지로 활용하였다. 따라서 일제는 한반도에 종관철도를 부설함에 따른 군사적 이익과 경제적 이익을 극대화하기 위하여 국운을 걸다시피 하여 철도부설에 혈안이 되어 있었다.

이 과정에서 일제는 우리 민족에게 인적·물적으로 엄청난 고통과 희생을 강요했다. 철도부지 및 정거장 부지를 확보하는 데 있어 무상에 가까운 토지의 침탈이 있었으며, 민간인들이 소유하고 있던 농우나 생필품을 마구잡이로 착취하여 우리 민족의 생존을 위협하였다. 또한 철도를 건설하는 데 있어 우리 민족을 강제 동원하여 살인적인 노동, 극한적인 노동에 종사케 함으로써 우리 민족을 피폐화시켰다.

이러한 일본제국주의의 한국 내 철도부설에 따른 방대한 토지침탈과 살인적인 노동 강요는 우리 민족으로 하여금 원성과 분노를 낳게 했으며, 결과적으로 반일항쟁의 원인이 되었다. 한국 민중들은 일본의 침략세력과 매판적 친일세력에 맞서 간단없는 저항운동을 전개하였다. 따라서 연선지역의 주민들과 의병들은 조직적으로 철도시설을 공격하거나 파괴하였으며, 열차운행을 방해하였다. 또한 일본인과 부일배에 대한 테러 및 처단 등의 저항운동을 광범위하게 전개하였다. 이들은 반철도·반제국주의·반매판 투쟁의 선봉에 나서게 되었다. 한국 민중들은 철도를 문명의 이기로서가 아니라 민족의 삶을 위협하고, 피폐화시키는 착취모순 도구로 받아들이기에 이르렀다.

본 연구는 이러한 내용을 중심으로 일제의 한반도 철도부설이 가져온 모순과 질곡의 역사를 구한말부터 1910년대 후반까지 살펴보고, 그것이 한민족의 정치, 경제, 사회에 어떠한 영향을 미쳤는가를 연구하고자 한다. 따라서 2장에서는 철도부설과 관련하여 구한말 국내외적 상황에 대해서 언급하고자 하며, 3장에서는 일제가 한반도에 철도를 부설하고자 의도한 역사적 배경과 궁극적인 목적에 대해서 논의하고자 한다. 4장에서는 우리 정부와 우리 민족이 자력으로 철도를 부설하려고 많은 노력을 기울였음에 대해서도 논의하고자 하며, 5장에서는 일제가 한반도 철도부설에 적극적으로 개입하면서 필연적으로 발생되는 토지침탈과 물자수탈, 노동력 착취에 대해서 여러 문헌을 이용하여 논의하고자 한다. 그리고 6장에서는 그에 따른 우리 민족의 집요한 저항과 항쟁의 구체적 사례를 들어 논의를 전개하고자 한다.

# Ⅱ. 구한말 국내외적 상황과 일본제국주의의 지배

19세기 말 조선사회는 내외의 모순이 심화되는 격랑의 시기였다. 조선왕조는 운양호사건을 빌미로 한 일본의 강압에 의해 1876년에 강화도조약(병자수호통상조약)을 체결하여 문호를 개방하였다. 이를 시발점으로 하여 1882년에는 미국, 영국, 독일, 1884년에는 이탈리아, 러시아, 1886년에는 프랑스와 조약을 맺게 되었다. 러시아와 일본의 조약체결의 궁극적 의도는 영토점유에 있었으며, 영국과 독일 등 다른 열강들은 철도부설, 전선, 금광채굴, 삼림벌채권 등 경제이권의 획득에 있었다(이배용, 2003:98-100).

특히 철도부설에 있어서 경인철도 부설권은 1896년에 미국에게, 경의철도 부설권은 같은 해 프랑스에게, 경부철도 부설권은 1898년 일본에게 넘어갔다. 그 후 일본의 교묘한 술책과 압력으로 경인철도와 경의철도의 부설권이 차례로 일본제국주의에게 넘어갔다.[1] 조선

---

1) 미국의 협력으로 자국에 1872년 철도를 부설한 일본제국주의는 청일전쟁을 도발하면서 조선의 철도부설권을 탐내었다. 1894년 강제로 체결된 暫定合同 條款에 의해 철도부설의 이권을 획득한 일제는 조선정부가 재정적 여유가 없음을 간파하고 경인·경부철도를 일본정부 또는 일본인 회사와 계약하고 시기를 보아 기공할 것을 계획하고 있었으나, 러시아·프랑스·독일의 간섭으로 실현되지 않았으며, 고종이 러시아 공사관으로 피신하는 아관파천사건을 통해 중요철도의 부설권이 외국열강에게 넘어갔다. 따라서 경인철도부설권은 1896년에 미국에게 넘어갔고, 경의철도부설권은 프랑스에게 넘어갔으며, 경부철도부설권은 1898년에 일본에게 넘어갔다. 열강들의 이권야욕에 의해 나누어진 각 철도부설권은 일본을 제외하고는 자본력이 부족했던 개인(상인)이나 회사에 의해 추진되었으나, 일본만은 일본정부의 정책하에 진행되었다. 이를 좀 더 구체적으로 살펴보면, 경인철도부설권의 경우, 일제는 暫定이라는 미명하에 철도부설을 비롯한 다양한 이권침탈내용이 담겨진 暫定合

同條款을 체결하여 일본 측에 넘어갔다. 그러나 착공이 늦어지자 조선정부
는 다시 이를 미국에게 넘겨주었고 미국인 모스(Morse)가 진행한 철도부설공
사는 일본이 우리 정부와 체결한 조일잠정합동조관의 3항을 들어 일본정부
의 허락 없이 경인철도부설권을 제3국인에게 부여한 것은 조약위반이라는
일본 측의 방해와 자본 부족으로 일본에게 헐값으로 양도되어 1899년 완공
되었다. 또한 일제는 정치적 목적과 경제적 이익을 위하여 그리고 대륙침략
의 간선으로 활용하고자 추진하였던 경의선의 경우, 1896년에 일단 프랑스
피브릴르(Fives-Lille)회사에 넘어 갔으나 계약기간인 3년이 다 지나도록 철
도부설공사가 착수되지 못하자, 우리 정부는 5년 이내에 착공하고 5년 이내
에 완공할 것을 조건으로 박기종이 설립한 대한철도회사에 그 부설권을 허
가했다. 대한철도회사는 300명의 노동자와 프랑스인 기술자를 고용하고 기재
일체를 주문하여 서울, 개성 간의 공사를 착공했다. 그러나 일본 측은 이를
방해하기 위해 일본제일은행으로 하여금 미국회사의 명의로 투자하는 등의
방법으로 공사를 중단하게 했다가 러일전쟁을 도발한 후, 강제로 체결한「韓
日議定書」 즉 한국의 대일협력을 강요하고 협박하기 위해 체결한 조약을 통
해 소위 군용철도란 명목으로 철도부설권을 강탈하여 1906년 완공하였다. 한
편 일제가 한국을 침략하기 위해 정치·군사·경제적 역량을 총동원하여 부
설한 경부선의 경우, 1898년에 일본이 부설권을 받아냈으나 철도부설에 대한
조선민중의 강력한 반대와 일본의 자본 부족, 기술수준의 미달 때문에 착수
하지 못하고 있다가 자본금 총액 2천5백만 원 중 5백만 원을 민간에서 모집
하고 2천만 원을 일본정부 보증으로 영국, 미국 등의 외채를 도입하여 착공
했다가 1904년 완공하였다.
이 과정에서 일제는 경부철도 합동조약을 근거로, 철도용지를 조선정부가 무
상으로 제공하게 되어 있으므로 선로부지, 정거장부지를 조선정부로부터 제
공받았다. 또한 철도가 지나가는 민유지에 대해서는 우리 민족으로부터 토지
를 저가매입하거나 무상 탈취하였으며, 철도부설공사를 하는 데 있어서도 우
리 농민을 저임금에 종사케 하거나 강제 동원 등 노동력 착취를 통해 싼값
으로 철도를 부설하였다. 이와 같이 기만적인 술책과 약탈적인 방법으로 일
제에 의해 부설된 철도는 일본에게 막대한 이익을 안겨준 반면 우리 정부와
민족에게는 엄청난 희생과 고통을 수반했다(강만길, 1985:259-261). 또한 식
민지 보루구축의 중요한 토대가 된다는 서구식 식민지 확보정책을 일찍이
터득한 일제는 제국주의적 수법을 우리나라에 시험해 보고자 국가의 운명을
걸고 적극적, 조직적, 체계적 작전과 침략으로 혼란한 정세를 틈타 철도부설
이라는 이권침탈의 마수를 뻗쳤다(이현희, 2000:170-2). 따라서 일제는 한반
도에 철도를 부설하는 데 있어 자본력이 부족한 개인이나 사기업의 힘으로

사회는 그야말로 세계열강들이 자국의 이익을 극대화하기 위한 세력 다툼의 장이자 이권수호의 각축장이 되었다.

국내적으로는 봉건제하에 쇄국정치를 펴왔던 조선왕조가 문호를 개방하면서 근대사회로의 변혁과정에 있었다. 조선왕조는 2차에 걸친 신사유람단파견, 영선사파견 등을 통하여 현대문명과 신문물을 접하였다. 그러나 위로부터의 개혁이 아닌 일부 실사구시를 추구하는 선각자나 지식인들에 의한 사회개혁에는 한계가 있었다. 특히 일본에서 공부한 대다수 개화파 지식인들은 일본이라는 외세의 힘을 빌려 근대국가를 수립하려고 하였다. 이를 통해 근대적 조세제도수립, 문벌폐지, 신분제 폐지 등 조선사회를 근대사회로 개혁하려고 시도하였으나 실패로 돌아갔다.

근대사회로의 변혁과정 중, 1882년에 발생한 임오군란으로 맺어진 제물포조약은 일본에게 정치적·경제적 이권을 넘겨주는 실마리가 되었으며, 청나라에게도 이권침투의 기반을 제공하였다. 이후 1884년에는 김옥균 등을 비롯한 개화파세력은 일본군의 힘을 빌려 민씨정권을 제거하고 근대국가수립을 위하여 개혁을 단행하고자 갑신정변을 일으켰다. 그러나 그것은 3일천하로 끝이 났으며, 그 결과 맺어진 한성조약·천진조약 역시 일본, 청국의 경제적 침략을 용이하게 하였다.

1884년 갑신정변을 수습한 민씨정권은 나름대로 서구기술을 도입하는 등 근대적 개혁을 추구하였지만 열강들의 이권침투에는 속수무책이었다. 그 후 1894년 청일전쟁의 빌미를 제공했던 동학농민전쟁

---

철도를 부설하려고 노력하여 실패하였던 미국이나 프랑스에 반해, 일제는 일본정부의 국운을 건 전국가적 사업으로 추진하여 목적을 달성하였다.

의 발발로 청군이 민씨정권의 요청하에 한국에 진입하자, 일본은 천진조약을 근거로 군대를 개입시켜 청일전쟁을 승리로 이끌었다. 그 결과 일본은 조선에서의 독점적 지위를 확보하게 되었으며, 조일잠정합동조관을 체결하여 내정간섭을 합법화하였으며, 동시에 철도, 전선 등의 이권을 획득하였다(上原一慶 외, 1991:43).

1895년에는 삼국간섭으로 열강들이 세력균형을 도모하여 최혜국조건을 주장하며 조선에서의 이익을 균점하기에 이르렀다. 그러나 1896년 고종이 러시아공사관에 피신하는 아관파천사건으로 러시아가 막대한 이권을 독점하는 계기가 되었다(한국역사연구회 편, 1990:256 - 263). 따라서 19세기 말 조선사회는 문호개방을 기점으로 세계열강들의 영토점유 야욕과 철도부설을 비롯한 각종 이권쟁취가 첨예하게 대립하는 가운데, 근대사회로 변혁하려는 부단한 움직임이 있었다고 볼 수 있다(역사신문, 2001:69 - 71). 이러한 와중에 외세에 의탁하여 지배 권력을 유지하고자 친청정책, 친로정책, 친일정책이 전개되기도 하였다. 그러나 청일전쟁 이후 조선에서의 우위권을 인정받은 일본제국주의는 교묘한 술책과 야만적인 무력으로 철도부설을 비롯한 각종 이권을 침탈하였으며, 우리 민족의 국권과 재산, 영토를 유린하였다.

1904년에 이르러 일본은 열강들의 세력다툼 속에 러·일 전쟁을 일으켜 한반도에서 러시아세력을 몰아내고 황실의 안위와 영토보전 등의 구실을 내세워 한일의정서를 체결하여 한반도에서의 헤게모니를 장악하기 시작하였다. 1905년에 이르러 일본은 강압적으로 을사보호조약을 체결하여 대한제국의 외교권을 탈취함으로써 사실상 조선의 국권을 빼앗았으며 통감부 설치를 통하여 식민지 지배를 본격화하였다. 이러한 상황하에서 민족적 각성 및 자주독립을 위해 의병의 봉기, 배일감정의 고취, 독립협회의 조직, 독립신문의 발간, 민립대학의 건립 등이 있었으며, 이를 통하여 민족정신이 고취된 시기이기도 하였다. 또한 조선왕조도 1897년 국호를 대한제국으로 고치고 민족의 자주독립을 위해 노력하였다.

1907년에는 정미7조약 및 재정파탄을 이유로 조선군대의 강제해산에 따라 군대가 의병세력화(나중에 활빈당으로 변신)하여 반외세·반침략 등 무장항쟁을 벌이기도 하였다. 마침내 1910년 영일동맹과 러일강화조약 및 가쓰라-태프트 각서 등에 명시된 열강들의 힘의 논리에 따라, 이미 국운이 기울었던 대한제국은 한일합방으로 완전히 국권을 상실하여 이후 해방되기 약 40년간 조선총독부의 통치하에 고단한 식민지적 삶이 전개되었다(아마베 겐따로, 1982:161-2). 일제는 식민지지배 통치 기간 동안 치밀하고도 조직적인 방법으로 우리 민족을 기만하거나 회유하는 한편 공포, 불안한 삶을 조성하였으며, 착취와 수탈, 압박으로 생존조차 힘들게 하였다.

일제의 한반도 지배는 그들에게 엄청난 이익을 가져다주는 것이었다. 한반도가 동아시아 대륙으로 진출하는 데 필요한 교두보 역할을 했을 뿐만 아니라, 군사적 이익과 경제적 이익이 보장하는 곳이기도 하였다. 원래 일제는 강화도조약 시기부터 한반도를 대륙병참기지화하려고 의도하여 왔으며, 철도를 비롯한 각종 이권을 조선정부로부터 헐값으로 때로는 강제로 빼앗다시피 하여 한반도에서 군사적·경제적 이익을 극대화하였다. 특히 철도를 부설하는 데 있어 우리 민족을 아무런 보상 없이 강제 동원하거나 살인적인 노동에 종사케 함으로써 민중들의 삶을 피폐하게 만들었다. 또한 일제는 철도부설에 필요한 선로부지와 정거장 부지를 확보하는 데 있어 우리 민중들의 재산을 무상이나 헐값에 가깝게 착취, 수탈하였으며, 농우나 말을 마구잡이로 강제 징발함으로써 민족의 분노와 원망을 샀다. 이것이 나중에 철도를 공격하는 민중봉기 또는 항일운동의 빌미가 되었다. 이러한 엄청난 고통과 희생 속에 1899년에 경인철도가 개통되었으며, 1904년에 경부철도, 1906년에 경의철도가 개통되었다.


## Ⅲ. 일본제국주의의 한반도 철도부설의도


일본제국주의가 한반도에 철도를 부설하고자 계획했던 시기는 1880년대부터로 그 궁극적 의도는 군사적 이익과 경제적 목적을 달성하기 위한 것이었다. 그리하여 일본은 강화도조약을 체결한 후, 장차 한국을 지배하기 위하여 이미 첩자를 한국의 농어촌, 산간 지역 등 벽지에 파견하여 한국의 지형, 교통, 경제, 풍속, 민의 동향 등을 파악하고 있었다. 일제는 이러한 치밀한 사전답사를 통하여 한반도를 효율적으로 지배하고 이를 발판으로 만주나 중국대륙을 침략하여 군사적 이익과 경제적 목적을 달성하고자 의도하고 있었다.

1890년대에 들어와 한반도 지배의 지름길이 되는 일제의 경부철도부설론은 더욱 구체성을 띠게 되었다. 일본군 참모차장 가와카미 소로쿠(川上操六)는 "어느 날 갑자기 사건이 발생했을 때, 군대·군수품 등을 선박을 통해 운송하는 것은 해상권 관계상 곤란하기에 어떻게 해서든 이를 부산에 상륙시켜 경성방면으로 수송하기 위해서는 반드시 일본의 힘으로 서울과 부산 간에 철도를 부설해야 한다"고

주장하면서 일본 외무성을 통하여 경부철도 노선 예정지에 대한 답사를 명령하였다(철도청, 1999:54). 이의 실현을 위해 일본제국주의는 한국정부와 민간인들에게 미국 스미소니언 박물관에 조류도감을 제출해야 한다는 구실로 조류사냥을 표방하며 한반도에서의 노선답사 및 측량을 5차에 걸쳐 비밀리에 실시하였다(이현희, 2000:65). 이러한 기만적인 위장조사를 통해 일본은 한반도를 효과적으로 지배하기 위한 치밀한 사전작업을 암암리에 진행했다.

한반도 철도부설의 중요성에 대해서 일본정계보다도 더 극성을 부렸던 것은 일본군부였다. 청일전쟁이 한창이던 당시 일본군 사령관 야마가타 아리모토(山縣有朋)는「朝鮮政策上奏」에서 "본래 부산, 의주의 도로는 즉각 동아대륙으로 통하는 대도로서 장래 중국을 횡단하여 곧바로 인도로 통하는 도로가 될 것은 조금도 의심할 여지가 없을 뿐만 아니라, 일본이 그 세력을 동양에 떨치고 오랫동안 열국 간에 웅시하기를 바란다면 반드시 이 도로를 인도에 이르는 대도로 만들지 않으면 안 된다"는 의견을 피력하였다(老川慶喜, 1996:176 - 178). 야마가타는 부산으로부터 경성(서울)을 지나 의주에 이르는 철도건설의 중요성과 필연성에 대해 천황에게 상주하였었는바, 조선종관철도가 중국과 인도 등의 동아시아대륙에 이르는 대로가 될 수 있음을 강조하고 있다. 따라서 광대한 대륙진출의 중요한 보루가 되는 한반도에 대해 일본은 청일전쟁 개전 직후 1894년 10월에 조선정부와「조일잠정합동조관」을 맺고 서울~부산 및 경성~인천 사이의 군용철도를 건설하기에 이르렀다. 이러한 의도하에 한반도에 철도부설을 꾸준히 진행하여 이미 1899년에 경인선을 개통하였던 일제는 1904년 경부철도에 대한 속성건설을 명령하면서 경부철도의 완성이 지니는 사활적 의미를 다음과 같이 천명하고 있다. 즉 경부철도의 완성은 전투함 1척을 구입하고, 병력 1개 사단을 증설하는 것보다도 더 중요함을 지적하고 있다(정재정, 1999:216). 그만큼 일제는 경부철도를 조기에 건설하여 그것을 중국이나 러시아로의 대륙진출에 없어서는 안 될 중요한 전쟁수단으로 활용하려고 획책하고 있었음을 엿볼 수 있다.

더 나아가 일본은 경부철도의 연장선인 경의철도의 중요성에 대해서도 지대한 관심을 갖고 있었다. 즉 경의철도가 중국의 철도와 연결됨은 물론 러시아의 시베리아철도와 연결되어 세계교통의 간선이 되어야 할 필요성이 충분히 있기 때문에 사명감을 가지고 군사적 견지에서 본선의 철도용지는 사정이 허락하는 한 충분히 수용해야 할 것을 언급하고 있다(조선철도사, 1927:654, 정재정, 1999:267). 따라서 일본은 경부철도와 연결되는 경의철도가 유라시아대륙까지 연결되는 세계교통의 동맥이 될 것임을 전망하면서 그들의 군사적 목적의 달성을 위해 조속한 시간 내에 건설되기를 바라고 있었다. 일본은 또한 한반도를 대륙병참기지화하기 위하여, 大馬海峽의 항해가 안전하게 지켜질 수 없을 경우를 대비하여 조선에 식량과 공업, 군사기지를 건설한다는 의도하에 조선에 철도를 설치하고자 의도했다.

이를 뒷받침하는 것은 1911년에 야마가타가 일본정부에 제출한 의견서 「군사상의 요구에 기초한 조선과 만주의 철도경영 방책」이다. 이 의견서에서 그는 "아국은 이미 조선을 병합하고 남만주에 세력을 수립하니 이로써 장차 제국의 권위를 대륙으로 신장시킬 시기가 왔다. 그러나 구주 열강의 이해도 역시 점차 극동에 집중하니 장래 세계의 시국은 이 방면의 관계에 따라 더욱더 분규가 극에 달한 것임은 불을 보듯 명백하다"고 언급하였다(야마베 겐따로, 1982:320). 이와 같이 일본은 조선종관철도의 군사적 필요성을 언급하면서, 이로 인해 열강들의 세력다툼이 심해질 것을 예견하고 있었다.

한편 일본의 정관계의 원로인 오쿠마 시게노부(大隈重信)는 군부의 한국철도 부설구상을 전적으로 지지하면서 한국철도의 경제성을 강조하였다. 그는 한반도 철도를 일본철도와 시베리아철도와 연결함으로써 세계의 공도(公道)로서의 역할뿐만 아니라 그 경제적 효과도 적지 않을 것이라는 점을 강조하였다(철도청, 1999:56). 일제는 경부철도노선에 39개의 정거장이 있으며 닷새마다 열리는 30개의 장시가 있음을 간파하고, 장을 보기 위해 모이는 사람을 여객으로 흡수할 수 있다는 치밀한 계산하에 철도부설의 경제적 효과에 대해 전망하고 있었다. 예를 들면 경부철도의 부설지에는 조선인구의 10분의 7이 거주하고 있으며, 땅이 비옥하고 조선에서 생산되는 산물의 7분의 5 이상이 포함되는 지역이었다는 점을 고려하고 있었다(Griffis, 1978:192-3, 최경숙, 1996:72-3, 정재정, 1999:248-9).

한반도에 철도건설이 착수되기 전후의 여러 문헌에서 보듯이, 일본제국주의는 일관되게 장래 자국의 이익을 위해 주도면밀한 계획하에 한반도 철도부설을 강행해 나갔다. 궁극적으로 일본제국주의의 군부와 정계는 한일합방전이나 후에도 여전히 한반도가 아시아 대륙을 침략하기 위한 지리상의 요충지로서 중요할 뿐 아니라, 세계교통의 간선으로서 조선종관철도가 군사적(정치적) 목적달성과 경제적 효과를 거둘 수 있다는 데 의견일치를 하고 있었다. 또한 그들은 우리 정부나 관료, 민간자본가들이 철도부설의 필요성을 깨닫고 철도를 자발적으로 부설하지 않을까 하는 우려에 의해서도 더욱 한반도

에 종관철도부설을 서둘렀다(이현희, 2000:72). 아무튼 일제는 청과
의 전쟁을 승리로 이끌기 위해서, 그리고 자국의 경제적 이익과 군
사적 이익을 극대화하기 위해서, 우리 민족의 자발적 철도부설을 막
기 위해서 한반도에서 철도부설을 강력히 추진하고 있었다. 일본 내
에서도 러시아의 남진을 저지하기 위해 일본에서 만주를 연결하는
한반도 종단철도를 부설해야 한다는 주장이 제기되고 있는 상황이었
다. 표준궤의 선정배경을 통해 일제의 한반도 철도부설의 구체적 의
도를 살펴보자.

일본은 철도의 레일궤를 선정하는 데 있어서도 대륙침략에 유리한
방향으로 철도건설사업을 진행해 나갔다. 원래 한국정부는 철도국의
설치와 더불어 국내철도규칙을 정하여 한국에 부설되는 모든 철도는
표준궤를 채택하도록 규정하였다. 그러나 한반도에 부동항을 갖고자
절치부심하고 있던 러시아는 표준궤 대신 광궤를 사용하도록 한국정
부에 압력을 가하였다. 그러나 표준궤를 채택하고 있던 미국과 일본
에 의해 무산되었다(철도청, 1999:66). 이러한 정황과 맞물려 협궤를
사용하고 있던 일본정부는 경부철도가 대륙철도와 연결되는 국제적
간선임을 내세워 표준궤를 채택할 것을 주장하였다. 특히 경부철도주
식회사 사장인 시부사와(澁澤榮一)는 앞으로 경부철도는 중국·유럽
대륙의 철도와 연결하여 세계교통의 간선이 되어야 할 사명을 가진
것으로, 본 철도를 단순한 식민지 철도로 보아서는 안 된다고 강조하
며 표준궤를 사용할 것을 강조하였다(정재정, 1999:59-60). 아울러
군사적 목적의 논의도 있었는바, 아무리 척식철도가 발달하더라도 협
궤식이면 전쟁시에는 그것을 간선으로 이용하여 그 효과를 거둘 수
없으니 장래 조선에 부설할 철도의 재료는 모두 군사에 응용할 수

있는 것을 사용해야 하며 조선 및 만주의 철도는 통일된 지휘하에 평상시에 철도행정이나 제반설비 특히 수송장비를 똑같이 하여 전시 요구에 부응시켜 두 철도의 운행을 통일화하여 그 수송을 원활히 할 수 있도록 해야 한다고 주장하였다(야마베 겐따로, 1982: 322－3). 따라서 경부·경의철도는 표준궤를 채택함으로써 자연스럽게 만주·중국철도와 직접 연결되어 일본의 대륙침략을 선도하는 간선으로서 대륙병참기지의 도구로 활용하게 되었으며, 한편으로는 러시아의 남하를 사전에 저지하기 위한 의도도 갖고 있었음을 알 수 있다.

1880년대부터 등장한 일본의 한반도 철도부설 구상은 시간이 지날수록 점차 확대되고 고조되어 갔다. 청일전쟁기에 이르러서는 이 구상이 현실화되어 대륙으로 침략하기 위한 최우선 과제로 확립되었다. 이를 통해 일본제국주의는 한국 및 아시아대륙을 침략하여 군사적 목적뿐만 아니라 경제적 이익을 동시에 확보할 것이라는 경제논리로까지 발전하였다. 따라서 일본제국주의의 군부, 정상자본가들은 조선 종관철도를 지렛대로 삼아 군사적 목적과 경제적 이익을 동시에 추구하여 일본의 대륙침략 용이와 경제적 번영을 꾀하고자 하였다. 일제는 철도부설을 통하여 식민지 지배망을 확충하고 상품판매시장을 확대하고자 하였으며, 대륙진출의 발판의 기회로 삼았던 것이다. 조선종관철도의 부설이 조선국의 번영과 근대화를 위해서 반드시 필요하다는 그들의 이율배반적인 태도는 한국정부와 한국민을 효과적으로 지배하고 착취하고 유린하기 위한 고도의 술책에 불과했던 것이다.

# Ⅳ. 우리 민족의 철도부설운동 및 이권수호운동

　개항 이후 외국열강들은 이권침탈의 하나로 철도부설운동을 본격화하였다. 경인철도는 미국인에 의해 추진되었으며, 경의철도는 프랑스인에 의해 추진되었으며, 경부철도는 미국인 모스에 의해 추진되었다. 그러나 한반도의 문명개화라든가 근대화를 촉진시킨다는 명목으로 한반도를 지배한 일본제국주의 세력들은 간교한 술책과 압력으로 외국인에 의한 철도부설을 좌절시킨 이후, 철도부설에 관련된 모든 이권을 장악하였다(이현희, 2000:61-95).

　각종 압력과 무력을 통해 철도부설권을 가로챈 일본에 대해 한국정부는 시종 반대의 뜻을 표명하였다. 이러한 과정에서 철도부설의 필요성을 각성한 한국정부와 개화파 지식인, 민간자본가들에 의해 철도부설운동이 활발하게 전개되었다. 한국정부에서는 대한제국 시기부터, 즉 1876년 개항 이후 1880년대부터 철도에 관한 지식의 습득 및 철도부설에 대한 논의가 무성하게 대두되었다(신용하 외, 1991:151-2). 1877년 일본에 수신사로 다녀온 김기수는 『日東記遊』라는 그의 저서에서 기차의 경이로움을 火輪車란 이름으로 소개하였으며, 김홍집도 1880년 일본에 다녀와서 국가운영상 철도가 중요하다는 것을 역설하였다. 1889년 주미공사로 있던 박정양은 귀국할 때 철도모형을 가지고 와서 철도의 편리성과 중요성을 역설하여 한국조야에서 철도에 대해 좀 더 자세한 지식을 전달했다. 우리 정부의 외교고문으로 있던 독일인 묄렌도르프도 철도를 합리적으로 건설한다면 복지국가로 발전할 수 있다고 언급하여 일찍부터 철도의 중요성을 우리 조야에 자문하고 있었다(이현희, 2000:156-190). 이후부터 철도건설에 대한 논의가 본격적으로 대두되었으며 1890년대에 이르러서는 선각자들에 의해 우리의 힘으로 철도를 건설하고자 노력하였으며, 특히 근대산업의 진흥정책으로서 철도의 자력건설을 추진하고자 모색하고 있었다.

근대적인 의미에서 우리나라의 철도부설 교섭이 이루어진 것은 1894년 청일전쟁 전후의 시기부터였다. 우리 정부는 1896년에 국내 철도규칙을 제정하여 철도부설에 대한 준비작업을 진행했다. 같은 해 철도부설권을 외국인에게 양여한 정부는 해마다 철도에 관한 문제가 증가하자, 철도업무 수행을 위한 전문기구로 鐵道司를 설치하는 등 철도와 관련하여 깊은 관심과 노력을 보였다. 그러나 일본제국주의 세력들에 의해 우리나라의 자발적인 철도사업은 저지당했으며, 결과적으로 우리 정부와 우리 민족에 의한 철도부설은 무산되었다(철도청, 1999:40-3). 따라서 우리의 힘으로 철도를 부설하려고 노력하였으나, 일제의 방해 및 여의치 못한 재정형편으로 인해 좌절되었다. 그럼에도 우리 정부는 외세에 의한 철도부설에 대해서는 소극적이었지만 교섭대상자를 교체하는 방법으로 협상을 지연하거나 방해하는 등 반대의 입장을 고수하였다.

여기서 우리가 주목해야 할 것은, 경부선 등 중요철도 부설권이 외국인에게 넘어가는 것을 본 일부의 의식 있는 민간자본가들은 우리 자본에 의한 철도회사를 설립한 것이다. 한국철도업의 선구자라 불리는 박기종은 우리의 철도는 우리의 손으로 건설하여야 한다고 주장하면서, 1899년 대한철도회사를 설립하였다. 그는 우리 정부에 경의철도부설권을 청원하여 경의철도부설권을 외국인에게 매도하지 않는다는 조건으로 부설허가권을 취득하였으나 자본조달이 여의치 않아 뜻을 이루지 못하였다. 또한 박기종은 1902년에 삼랑진과 마산 사이의 삼마철도부설을 위한 영남지선철도회사를 설립하였으나 역시 자본 부족의 이유로 좌절되었다. 한편 서오순·이윤용이 호남선 부설특허를 받아 호남철도주식회사를 설립하였으며, 정현철은 1903년 대한철도사장에 취임하면서 철도부설의 구현이 어렵기는 하지만 비상한 각오가 있어야 한다고 강조하기도 하였다. 또한 이채연은 1899년 서울과 개성 간 전기철도 부설권을 획득하였으며, 조병식은 1900년 9월 궁내부 내장원에 설치된 서북철도국(경원선)의 초대 총재로 1906년에 취임하면서 우리의 철도는 우리의 손으로 건설해야 한다고 역설하였다(강만길, 1985:247-8, 철도청, 1999:42-3). 특히 경부철도부설공사의 수주활동을 일찍부터 적극적으로 추진해 왔던 대한국내철도용달회사의 초대사장인 이병승은 우리 정부의 농상공부의 인허를 받아 철도공사에 필요한 물품과 재료를 납품하였으며 철도역부의 모집을 담당하였다. 그 후 경원철도의 부설권을 획득하였으나 자본 부족으로 추진되지 못하였으며 주로 철도건설공사에 역부나 물자재료를 공급하는 청부회사역할만을 수행하였다(정재정, 1999: 179-82, 황성신문, 1899). 이 외에도 철도건설의 붐을 타고 다수의 토건회사가 설립되어 경부철도 부설공사에 참여하려고 활발하게 움직였지만 그렇게 큰 성과는 거두지 못했다. 이러한 반외세적 입장에서 한국정부와 개화파 지식인, 민족자본가들에 의해 철도부설운동과 관련한 다방면의 노력이 전개되었으나, 일제의 간교한 술책과 자본 부족으로 좌절되었다.

이러한 가운데에서도 지식인과 개화파, 민중들에 의한 철도이권수호운동이 있었다. 독립협회를 중심으로 한 서울의 민중운동에서는 철도 등의 이권을 외국인에게 양도하지 말 것을 요구하는 이권수호 운동이 있었다(이배용, 2003:119). 개화파 지식인 사이에서는 상공업을 진흥시키고 전국의 경제발전을 위해서, 철도 등의 교통기관을 자력으로 개설할 것을 요구하는 여론이 광범하게 형성되고 있었다. 심지어 외국인의 토지침탈과 외국상인의 침투로 인해 생활기반을 상실한 농촌의 잡다한 하층민들조차도, 활빈당 활동을 통해 국민의 혈맥과 같은 철도의 부설권을 외국인에게 양도하지 말 것을 요구하였다(강만길, 1985:231, 철도청, 1999:76－7). 특히 활빈당이 내세운 「國政과 民寃의 13個條目」의 9개조의 한 항목을 보면 "我國內의 鐵道布設權을 타국에 許하였다고 하는데 4천여 년 내려온 국가가 타국에 허락된다면 만약 각국이 국토를 간청할 때에는 이를 양도해야 할 것인가? 도로는 인체에 있어서의 혈맥과 같고 혈맥 없이는 생을 바랄 수 없게 된다. 국내철도 포설용지로서 백성만호의 生道와 수확을 의지하는 전답·누만두락에 손상을 가져온다면 국가의 危害 이보다 큰 것이 없다. 고로 철도포설권을 허락지 말 것"을 명시하였다(한국역사연구회 편, 1990:278). 또한 위정척사사상에 가장 충실했던 최익현도 1906년 전국의 士民에게 보낸 격문에서 "철도·광산 등과 같은 것은 모두가 한나라의 生財의 근원이거늘 저들이 빼앗아 접한 지가 이미 여러 해이고(중략)"라고 언급하면서 철도 등과 같이 국가 존립과 생존에 직결되는 것들의 이권을 빼앗겨서는 안 된다는 것을 강조하였다(강재언, 1984:358－359). 이를 통해 보아도, 우리 민족 사이에서 독립과 생존, 국익을 위해서 철도이권침탈을 방지하려는 반외세, 반침략 운동이 줄기차게 전개되어 왔음을 알 수 있다.

따라서 개항 후 조선사회에서는 철도부설을 둘러싼 열강들의 이해
가 첨예한 가운데 정부와 개화파 지식인, 민간자본가 및 민중들에
의한 철도부설운동과 이권수호운동이 전개되었다. 비록 국내의 자본
부족과 일제의 기만적인 술책과 압력으로 비록 실패로 돌아갔으나,
철도부설을 통해 서구문명의 유익성과 효율성을 간파하고 있었음을
알 수 있다. 또한 우리의 민족자본을 활용하여 자력으로 철도를 건
설하려는 노력 등 자립·자강을 위해 끈질기고도 조직적인 노력이
있었음을 알 수 있다.


# V. 일본제국주의의 착취·수탈 현황


일제가 한반도에서 종관철도부설을 효율적으로 수행하는 데 있어
우리 민족의 토지와 노동력을 마구잡이로 착취했던 중심기관은 통감
부였으며, 한일합방 후에는 조선총독부가 이를 대신하였다. 이를 현
지에서 수탈하고 착취한 말단기구는 일본 헌병과 경찰, 친일세력인
매판관료와 부패한 관리였다.

일제가 국운을 걸고 행한 경부·경의 철도건설은 식민지 보루구축
의 중요한 토대가 되었다. 일제는 식민지 지배망의 확충을 통해 대
륙으로 진출하기 위한 병참선, 병참기지를 확보하였으며, 미곡을 일
본으로 공출하거나 자국의 상품을 판매하는 등 군사적 목적과, 경제
적 이익을 극대화하였다. 또한 일본은 청일전쟁을 승리하기 위해 철
도부설을 가속화했으며, 자국의 식량위기의 극복 및 과잉 농업인구

의 배출구로서 한반도의 식민지화를 가속화했다(최경숙, 1996:72 − 4). 일제는 철도부설과 관련하여 선로부지나 정거장 부지를 매입하는 과정에서 토지의 무상수취 및 재산탈취 등 많은 문제를 일으켰으며, 철도부설의 조속한 완성을 위해 연인원 수천만 명에 달하는 연선주민들을 철도역부로 동원하였다. 이러한 토지침탈과 노동력의 강제동원과 착취는 우리 민중들과 의병들의 극렬한 저항을 불러일으키는 요인이 되었다.

경부철도와 경의철도를 건설함에 있어 일제는 한일의정서를 확대해석하여 조선정부가 무상으로 제공하게 되어 있다는 명목으로 선로부지, 정거장 부지를 광점하려고 혈안이 되었다. 일제는 조선정부에 정거장 부지로서 20만 평 이상을 요구하였으며, 심지어 경의선 군용철도의 경우에도 정거장부지와 함께 군용지로서 300만 평 이상을 요구하기도 하였다[2](이배용, 2003:116 − 7). 이를 통해 일제는 철도건설에 필요한 토지 및 주요 정거장을 중심으로 한 세력근거지의 형성을 기도하였다. 즉 철도부설을 통해 조선침략의 군사적 거점으로서뿐만 아니라 일본인의 상업진출과 농업이민 문제를 해결하기 위한 식민지화의 전초작업을 다져 나갔다.

특히 일제는 철도부설에 필요한 토지를 매입하는 데 있어 민간인 보유지에 대해서는 거의 무상에 가까운 약탈적인 수취를 행했다. 예

---

[2] 이는 당시 일본의 일급 정거장인 도쿄(東京)역이나 우에노(上野)역 등이 3만 평 미만이었던 점을 고려할 때, 상당히 넓은 부지를 우리 정부에 요구하는 것이었다. 따라서 일본제국주의는 광대한 정거장 부지확보를 통해 일본군대의 주둔, 일본 상인들이나 일본인들의 거류지로 활용하는 등 다양한 목적으로 우리 영토를 점유하려고 의도하였으며, 더 나아가 대륙침략의 교두보를 마련하기 위한 속셈을 갖고 있었다.

컨대, 일제는 일본인 소유지에 대해서는 평당 70전에서 1원 20전으로 평가 매입하였으며 외국인 소유지는 17원 80전까지 평가해 주었으나, 조선인 소유지는 평균 7전으로 저평가하여 매입하였다(강만길, 1985:261). 따라서 이 지역에 살던 조선인들은 시가의 10분의 1 혹은 20분의 1에 불과한 형식적인 보상을 통해 자신이 몸담고 살던 삶의 터전으로부터 배제될 수밖에 없었다.

또한 일본은 철도공사를 하는 데 있어서도 군대를 동원하여 조선 농민들을 저임금으로 혹은 무보수로 강제 동원했다. 보수를 지급하는 경우도 일본인 인부에게 하루 1원 30전을 지급했던 반면, 조선인 인부에게는 20전 내외를 지급하였다. 심지어는 현금수송이 어렵다는 이유로 현금 대신 환전증표나 군용수표를 지급하여 휴지조각이 된 경우도 많았다(강만길, 1985:261, 철도청, 1999). 이와 같이 일제는 식민지 피압박민족에 대한 차등적인 임금지불, 강제노동, 노동시간의 연장, 위험한 노동을 강요하였다. 특히 경의철도를 속성 건설하는 데 있어서, 경부철도보다도 저렴한 가격으로 최단시일에 완공했다는 사실은 한국인 노동자들에 대한 수탈과 탄압이 얼마나 가혹했는가를 분명히 말해 준다. 결과적으로 그것은 한국인 노동자들을 강제노동 및 무상에 가까운 저임금에 종사케 함으로써 생업에 종사하는 것을 힘들게 하였음은 물론 더 나아가 생계유지 자체를 어렵게 하였다.

한편 철도부설에 필요한 부자재를 구입하는 데 있어서도, 일제는 철도침목으로 사용하기 위해 삼림을 마구잡이로 벌채하거나 주인의 허락 없이 무상으로 삼림을 강제 징발했다. 또한 농우나 말의 징발 및 말먹이 등 민간인 사유물을 마음대로 유용하거나 수탈하였다(김행식 편, 2001:67−68). 따라서 철도부설을 통해 일제는 약탈과 착취로 한반도에서 군사적, 경제적 이익을 얻은 대신 조선민족에게는 엄청난 고통과 희생, 재산상의 손실을 가져다주었다. 궁극적으로 그것은 우리 민족의 생존을 어렵게 하였으며, 더 나아가 우리 민족의 자본형성을 어렵게 만든 결과를 가져왔다. 이는 일제에 대한 극렬한 저항과 항쟁의식을 불러일으키는 주요인이 되었다.

그 당시 세계 각국의 철도부설과 관련된 건설비용을 비교해서 살펴보면, 일제가 얼마나 우리 민족의 재산을 악랄하게 착취했으며, 우리 민족에게 인적·물적 피해를 주었는가를 알 수 있다. 일제는 철도를 부설하는 데 있어서 전 세계에서 가장 싼 값으로 건설하여 그들의 이익을 극대화하였다. 즉 19세기 말 1마일당 세계철도건설비는 평균 16만 원이었으나, 경부·경의철도건설비는 값비싼 미국의 자재를 사용하고도 3만 1천 원에 불과했고, 일본군대의 운용비용과 수송비를 감안하더라도 6만 1천 원에 지나지 않았다(강만길, 1985, 260). 이는 일제가 우리 민족이 소유하고 있던 선로용지나 정거장 부지를 헐값이나 무상에 가깝게 매입하거나 또는 강제로 수용했음을 의미한다. 또한 철도부설공사에 일본군대를 동원하여 조선농민들을 싼 임금으로 혹은 무보수로 강제 동원하였으며 살인적인 노동에 종사 및 노동시간의 무제한 연장 등에 기인한다. 보수를 지급하는 경우에 있어서도 일본인 인부의 6분의 1에 못 미치게 차등지급하거나, 침목 등의 목재를 사용하는 데 있어서도 삼림남벌에 대한 아무런 보상 없이 약탈한 것에 기인한다(강재언, 1984:278-9, 강만길, 1985:261, 민연, 1980:374).

철도가 지나가는 연선지역의 주민들을 더욱 괴롭혔던 것은 식량, 가축, 삼림을 약탈하면서 우마를 강제로 징발하거나 생장하고 있던 전답의 곡식을 말먹이로 사용한 것이다(대한매일신보, 1904). 예컨대 말먹이로 생장 중의 벼나 작물들을 마구잡이 징발한 경우도 비일비재하였다. 철도부설지를 수용하는 데 있어서 보상비를 실소유자에게 온전하게 지급하지 않았다. 군수나 면장 등이 중간에서 보상비를 착복하는 사례도 비일비재했다. 따라서 우리 민족은 일제의 철도부설로 인해 생활이 궁핍하게 될 수밖에 없었으며 생존 자체가 불가능하게 되었다. 일제의 재산상의 약탈과 노동력 착취, 친일 매판관료와 탐관오리들의 이중착취로 말미암아 우리 민족은 생존의 기로에 서게 되었으며, 그 결과 자구책으로 목숨을 건 저항을 하게 되었다.

일제는 이러한 악랄한 수탈과 가혹한 방법으로 철도에 대한 이권을 장악했다. 또한 이를 통해 자국 내의 불황을 극복하고 자본과 기술을 축적함으로써 대륙으로 진출할 수 있는 기반을 마련하였다. 일제는 1927년에 조선총독부를 통하여 철도의 직영과 대대적인 철도망의 확장 사업을 실시했다. 그 사업의 하나로 1927년부터 1938년까지 조선국유철도 12개년 계획하에 한반도의 식량이나 임산·광물 등의 자원을 수탈하였으며 일본 농업인구의 이민을 장려하였고, 대륙교통로를 확보하였다(철도청, 1999:111-2). 시간이 가면 갈수록 그들의 착취와 수탈은 극에 달했으며, 일본은 우리 민족의 희생을 발판으로 제국주의의 번영을 기도하였다.

# Ⅵ. 우리 민족의 저항

위에서도 언급했듯이 일제는 한반도를 강점하기 이전에도 경부철도 건설에 필요한 철도용지를 한국정부에서 무상으로 공급하도록 하였다. 재정이 부족한 우리 정부는 일본으로부터 돈을 빌려 민간인 소유지의 철도용지를 매입하여 일본에 제공하였다. 그리고 일본군이 직접 건설하였던 경의선의 경우, 일본은 철도용지를 낮은 가격으로 강탈하다시피 수용하여 주민들로부터 많은 원성과 분노를 샀다. 또한 철도건설 노동자들의 강제 동원과 살인적인 사역, 장시간 노동, 극한적인 노동 및 잔악한 횡포로 주민들은 일본을 증오하고 철도건설을 반대하는 운동을 전개했다. 즉 우리 민족은 철도를 문명의 이기로서가 아니라 침략과 수탈의 도구로서 받아들여 반철도·항일투쟁을 벌였던 것이다.

이러한 가운데 우리 민중들의 원망과 분노는 하늘을 찌를 듯했다. 철도주변의 주민과 의병, 철도노동자들은 일제의 착취와 수탈, 탄압에 대항하여 직간접적으로 저항하기에 이르렀다. 철도이용거부, 철도시설에 종사거부, 토지보상 반대 등 집단적이고 조직적인 저항을 벌였으며, 철도연변의 전신주나 교량파괴, 터널파괴, 선로파괴 및 심지어 열차전복을 시도하거나 열차운행을 방해하는 등 반철도·항일투쟁과 같은 적극적인 저항을 벌여 나갔다.

## (1) 경부·경의철도시설에 대한 우리 민족의 파괴활동

연선주민들과 의병들의 철도공격 중 상징적인 것은 철도정거장에 대한 공격과 파괴였다. 철도정거장이야말로 일제의 조선지배의 거점이자 수탈의 창구였으며, 일본인의 대량이주로 한일 양국 간의 갈등과 대립이 가장 첨예하게 나타나는 곳이었기 때문이다. 경부철도의 경우, 1905년 경부철도의 운행개시 이래 줄기차게 전개된 연선주민들의 철도에 대한 저항은 열차통행의 방해라는 소극적인 행동에서부터 정거장의 습격 및 철도시설의 파괴라는 적극적인 행동에 이르기까지 다양하였다. 운행 중인 기차에 투석을 한다거나, 철도선상에 바윗돌을 놓아두어 열차를 전복시키고 철도연변의 전신주를 파괴하는 일이 계속해서 반복되었다(대한매일신보, 1907: 이배용, 2003:125). 이와 같은 양상은 경의철도에서도 마찬가지였다. 경의선의 경우, 한일합방 때까지 연선주민들과 의병의 공격을 받고 파괴 또는 소실된 철도와 정거장은 일산역, 경부선의 소정리역, 약목역, 이원역 등이 있었으며, 공격미수로 그친 곳도 수없이 많았다(대한매일신보, 1907: 이배용, 2003:125). 이것은 철도부설과 관련하여 일제의 우리 민족에 대한 억압과 수탈이 가져온 결과로서 연선주민들의 분노의 표시였다. 철도연선 주민들과 의병들에 의한 열차운행 방해와 철도역에 대한 공격, 시설파괴는 조선인들의 생존권 투쟁이었으며, 아울러 일본 제국주의에 대한 적극적인 무력 항일투쟁이었다. 이러한 집단적이고 조직적인 저항은 1896년부터 1915년까지 약 20년간 지속되었다.

(2) 악랄한 토지수탈에 대한 우리 민족의 저항

경부철도가 관통할 예정지였던 경기도·충청도·경상도 등지에서는 토지침탈에 대한 동학 농민군의 항일투쟁이 전개되었다. 서울·

부산 등지의 정거장 예정지에 대한 토지수용이 강압적으로 행해지면서 연선주민들과 일본인 사이의 상호충돌이 끊임없이 발생하였다. 서울에서는 남대문 정거장 예정지 근처의 주민 500여 명이 가옥과 분묘의 철거에 반대하여, 한성부에 집단으로 몰려가 남대문정거장 설치(용산으로 이전)를 반대하는 시위를 벌였다. 부산에서는 부산진과 초량정거장에 범입된 민가의 훼손문제를 둘러싸고 민요가 발생하였다. 이렇게 되자 일제는 도회지에서 발생하는 복잡한 문제를 피하기 위해서 서울과 부산의 교외로부터 내륙지방을 향해 공사를 진행해 나갔지만, 연선주민의 저항은 여전하였다. 특히 동래부근지역의 경우, 토지보상이 제대로 이루어지지 못하여 항의가 자주 발생하였으며, 청도군에서는 무덤과 농경지가 파괴되고 삼림이 남벌되자 이에 대한 보상을 요구하는 항거가 발생하였다. 보상비 지불이 유예되고 있던 대구와 서울의 남대문 근처에서도 민유지와 민간 가옥이 철도부지의 수용지로 범입되자, 집단으로 시위를 벌이는 사태가 벌어져 연선주민들의 인심이 흉흉해졌다(황성신문, 1903, 정재정, 1999: 272-6). 황성신문도 일본의 의도가 식민기지 건설에 있다고 간파하고 그 폐해와 부당성을 지적하며 정부와 국민이 혼연일체가 되어 일본의 철도부지 광점야욕을 분쇄할 것을 역설하였다(철도청, 1999:133).

한편 경의철도의 경우 일본의 군용철도로서 전쟁 기간 중에 부설되었기 때문에, 토지수용의 규모와 수용방법의 잔악함은 경부철도에 비할 바가 아니었다. 경의철도연변에 복선을 깔고 군수품 창고부지와 일본군대의 생활을 지원할 일본인 부락을 건설하기 위하여 토지수탈이 극에 달했기 때문이다. 철도부설이 진행되고 있던 경기도·황해도·평안도 등 각도 연선의 관아로부터는 매일, 일본군 철도부지로 편입된 전답과 민가를 3일 이내에 모두 철거하겠다고 하여 해당지역의 주민들의 억울함이 들끓고 있다는 보고가 중앙관서에 도달하기도 하였다. 그리고 일인들이 철도를 수리하겠다며 관청이나 땅주인의 허가 없이 마구 삼림을 베어버리든가, 일본 공병들이 철도를 부설함에 민가의 무덤들을 빨리 옮기라고 독촉하는 등 이에 대한 항의가 비일비재하였다. 일본군은 곡물이 생장하고 있던 전답조차 마음대로 수용하였다.

경부철도와 달리 철도용지수용규모가 방대하였던 경의철도부지에 대한 보상에 있어 일제는 보상가액의 10분의 1도 하지 않았다. 가옥·분묘의 이전비도 시가의 10분의 1에 미치지 않았다. 이는 가옥을 새로 마련하거나 분묘를 이장할 수조차 없는 낮은 비용으로서 주민들의 불만을 고조시켰다. 특히 수차례에 걸쳐 100만 평 이상을 철도부지 등으로 빼앗겼던 평양외성 5방 지역 주민들의 저항은 끈질기면서도 강렬하였다. 이로써 서울과 평양 등지의 민심은 극도로 흉흉해졌으며 일본군사령부를 비난하는 격문이 조야의 유력자에게 발송되기도 하였다. 또한 일제의 앞잡이 노릇을 한 대한제국의 매판세력이었던 고관들에 대한 테러 및 관청에 대한 파괴도 빈발했다(대한매일신보, 1906, 정재정, 1999:293−6). 일본 측의 방대한 철도부지 요구는 한국인들의 민심과 여론을 크게 자극하여 일찍부터 집단적인 저항운동을 불러일으켰다. 따라서 철도연선지역은 시간이 지날수록 일본인과 그와 결탁한 매판관료들의 토지약탈장이 되었으며, 이로 인해 토지광점을 규탄하는 여론이 비등했다. 침탈에 대한 민중들과 의병들의 저항은 집요했다. 생존기반을 박탈당한 연선주민들은 결국 매판적 봉건관리와 일본침략자들과 맞서 싸우는 전투적 기층세력으로 변신하였다.

## (3) 물자의 강제징발과 노동력 강제 동원에 대한 우리 민족의 저항

철도건설 노동자의 강제 동원과 살인적 사역 및 일본인 노동자들의 잔악한 횡포는 연선주민들에게 일본인에 대한 증오심과 반철도의식을 심어 주었다. 1904년 서울·경기도·평안도 지역에서는 불법적인 물자의 징발 및 노동력 수탈에 저항하는 의병이 봉기하여 일본군과 총격전을 벌이거나 철도시설을 파괴하고 일진회원을 공격하였다. 일제는 경의철도 연선지역에서 철도를 놓는다며 아직 익지도 않은 곡식을 마구 베어 버리고 이를 말먹이로 하는 경우도 많아, 곡물을 보상하라는 주민들의 원성이 끊이지 않는 상황이었다(대한매일신보, 1994, 정재정, 1999:282, 336).

일제의 물자 강제징발과 노동력 착취로 인해 1904년 영등포정거장 부근에서는 보부상으로 보이는 사람들이 선로상에 불에 달군 기와를 올려놓아 서울발 마지막 열차와 충돌케 하여 많은 사상사를 냈다(신용하, 1988:2－14). 고양군에서는 경의철도 열차운행을 방해하였으며, 경산·만촌·신동 등지에서는 선로상에 바위를 올려놓아 열차의 전복을 꾀하는 일도 자주 발생하였다. 대구에서도 선로상에 자갈을 쌓아 놓아 열차통행을 방해하였으며, 경부선의 증약~대전 간에서는 의병들이 선로 옆에 쌓여 있던 공사용 석재를 선로 위로 올려놓아 열차충돌로 일본인 승객의 사상자를 발생시켰다(대한매일신보, 1907, 철도청, 1999:162－3, 정재정, 1999:347). 연선주민 혹은 의병부대는 열차운행을 방해하는 데 그치지 않고 철도전선과 철도시설을 절단하거나 파괴함으로써 일제의 무자비한 침탈에 대항하였다. 특히 1904년 용산~평양 사이에서는 철도재료와 철도용 전선을 절단하는 사례가 빈발했다(정재정, 1999:348).

한편 천안부근의 소정리역에서는 100여 명의 의병들이 역사를 불태우기도 하였으며, 병점역 근처 오산역과 진위역에서는 700여 명의 의병이 역을 습격하였다. 안양역, 파주의 벽제역을 의병들이 공격하였다. 또한 광부와 철도역부가 합세한 의병 200여 명이 신천역을 습격하였다(대한매일신보, 1907, 황성신문, 1907, 정재정, 1999:349-40). 연선주민들과 의병부대 등이 이처럼 철도역을 자주 습격한 이유는 그곳이 일제의 침략과 수탈의 본거지이자, 물자의 집합지 및 일본인 관리나 상인들이 집중적으로 거주하였기 때문에 공격의 대상이 되었다. 철도역은 한일양국간의 민족모순이 첨예하게 대립하고 있었던 곳이기 때문이었다.

의병부대의 철도공격은 한국의 식민지화가 심화되어 감에 따라 더욱 거세어졌다. 1908년 남천역 부근에서는 약 200명의 의병이 정거장을 공격하였으며, 대전~약목역 사이에서는 의병들이 철도를 파괴하고 일본군과 교전을 벌였으며, 이원역을 공격하여 역사를 불태우기도 하였다. 1910년 경의선 계정~영성 간에서는 의병들이 선로상에 큰 돌을 쌓아 선로를 파괴함으로써 복행열차가 전복되는 사건이 발행하기도 하였다(江口寬治, 1936:49, 정재정, 1999:348-351). 따라서 일본의 물자강제징발과 노동력 착취로 철도역과 연선지역에 의병이나 민중들의 저항이 점점 심해지자, 일제는 일본군·경찰과 연선주민을 동원하여 선로를 순시하였으며, 강력한 군율을 제정하여 철도시설에 테러를 가한 자들을 사형하거나 투옥시켰다. 그러나 우리 민족의 저항은 여전히 수그러들지 않고 점점 거세어져만 갔다.

## ⑷ 우리 민족의 일본인·친일세력에 대한 테러

연선주민과 의병들은 철도부설에 관여했던 일본인과 친일세력 등도 공격의 대상으로 삼았다. 우리 민족이 이들을 공격대상으로 삼은 이유는 일제의 토지침탈과 노동력 착취에 대한 매판관료들의 미봉적이고도 소극적인 대응과 친일관리들의 이중적 착취에 기인한다. 천안에서는 1904년 경부철도공사를 청부했던 아와구미의 사무소를 공격하였으며, 약목역에서도 교리츠구미의 사무소를 습격하였다. 또 개령군에서는 철도공사 사무소를 습격하였으며, 1905년에는 이토 히로부미가 경부철도 열차를 타고 교외로 나갔다가 부상을 당하기도 하였다(시사신보, 1905, 철도청, 1999:164−5, 정재정, 1999:352−3). 연선주민과 의병들이 이처럼 철도건설 관련회사나 일본인을 공격의 대상으로 삼은 것은 철도건설과정에서 그들로부터 당한 압박과 수탈이 뼈에 사무칠 정도로 처절했기 때문이었다. 그들은 자신의 체험을 통하여 일본제국주의 침략의 실체와 민족모순의 본질을 깨닫게 되었던 것이다.

철도건설 노동자들을 동원하는 과정에서도 일본인과 부일배를 자주 공격하였다. 1904년 김포군 및 용인군에서는 역부를 강제로 동원하는 과정에서 일제의 앞잡이 노릇을 한 군수를 위협하기도 하였으며, 고양군 및 교화군에서는 역부모집에 항거하여 군민이 일제히 관사에 난입하여 일인들을 사상케 했으며, 선산군·덕천군 등지에서도 철도역부 동원을 둘러싸고 민요가 발생하여 군수 등 부일배들을 테러하였다(대한매일신보, 1904, 정재정, 1999:353−4, 철도청, 1999:164−6). 이처럼 철도연선의 주민들이 일본인뿐만 아니라 한국인 관리와 일진회원들에게 공격의 화살을 돌린 것은 아무리 일본의 강요에 의한 것이라 할지라도 노동자들의 강제 동원에 깊숙이 관여한 지방관과 하급관리 및 일진회원들에 대한 원한이 그만큼 깊었기 때문이다. 더구나 많은 지방관과 하급관리들은 노동자를 동원하는 과정에서 그들의 임금을 빼돌리거나 역비를 징수하여 군민들로부터 철저하게 불신을 받고 있었기 때문이었다.

특히 1904년에 일어난 시흥군민의 항거는 대단하였다. 1901년 9월 경부철도건설 공사가 착공된 이래 시흥군에서는 우리 노동자를 동원하는 것을 관행화되다시피 하였는데, 1904년에 이르러서는 이 지역의 노동자들이 관의 강제 동원에 대해 반발하였으며, 또한 저임금에 항의하는 저항운동을 가장 먼저 벌이기도 하였다. 강제 동원에 대한 요구가 점점 거세어지고 감당하기에 벅차게 되자 군민들은 집단적으로 항의하였다. 무력을 동반하지 않은 항의가 소용없게 됨에 따라 군민들의 불신과 원성은 극에 달하였다. 이렇게 되자 집단적으로 강제 동원에 불참하거나 집회시위를 벌였으며, 이 과정에서 군수와 일본인을 살해하였으며, 관아를 파괴하는 일이 벌어졌다(대한매일신보, 1904, 정재정, 1999:354-8). 결과적으로 시흥사건은 일본이 무자비하게 자행하였던 노동자 강제 동원과 저임금, 이에 편승한 지방관리들의 수탈에 대한 저항이었다. 곡산군에서도 철도건설노동자의 강제 동원을 둘러싸고 한일 양국 인간에 큰 싸움이 벌어져 양측에서 20여 명의 사상자가 발생하였다. 곡산사건은 철도건설노동에서의 과도한 사역, 보잘것없는 임금, 수확기의 역부동원 등에 대한 불만이 쌓이고 쌓여 폭발한 것이었다(정재정, 1999:358-361, 철도청, 1999:166-9). 점차 군민들의 민요가 확대되어 나가면서 타도의 대상과 목표는 일본제국주의 세력과 봉건적 매판관료세력으로 그 대상이 확대되었다. 이제 철도연선의 주민들과 의병들은 반제국주의, 반철도·반매판 투쟁의 전면에 나섰다.

## (5) 그 외 저항과 일제의 탄압

의병들과 활빈당, 철도연선지역의 주민들은 철도시설을 파괴하거나 공격하는 것에 그치지 않고, 철도시설에 종사하거나 노무자로 일하는 청부회사 철도역부출신 및 국민들도 철도건설공사의 방해, 철도의 운행거부, 철도이용거부 등 간접적인 저항도 비일비재하였다.

1919년 3월 1일 독립운동 시에 한국인이 설립한 소규모 청부회사가 철도건설을 방해하였으며, 또한 3·1 독립운동 당시 서울에 근무하던 경성철도 노동자 및 만철경성관리국 노동자들이 파업을 하여 철도운행을 방해하였다(최경숙, 1996:136). 민중들도 수시로 철도이용을 보이콧하기도 하였다. 또한 한국과 일본의 토건회사가 모두 참가하는 규모가 큰 청부공사에서 소외된, 한국인이 자본을 댄 소규모 청부회사들도 모래·목재·석재의 채취와 조달을 불편하게 하여 철도부설을 방해하기도 하였다(철도청, 1999:123).

이렇게 되자 일제는 철도에 대한 공격을 근절하고 재발 방지를 위해 살벌한 군율을 제정하였으며, 철도시설을 둘러싼 경비를 삼엄하게 하였다. 일제는 이를 통해 철도가 지나가는 지역 및 이와 연결된 도시나 정거장 부근에 연선주민들을 강제 동원하여 자체경비 및 일본군경들의 삼엄한 경비하에 민중들이나 의병들의 철도시설 공격을 막으려고 혈안이 되었다. 이렇게 되자 민중들이나 의병들의 무력

항쟁은 철도시설이 집중된 도시나 연선지역들을 제외한 경비가 다소 소홀한 지역들에 집중되었다. 특히 명성황후(민비)시해, 일제의 잔악한 침탈, 강제사역으로 반일감정이 쌓였던 의병들의 항쟁은 1907년 후반기에 질적으로나 양적으로 발전을 보이면서 주요도시 및 그 도시에 연결되는 철도연변을 제외한 모든 지역이 공격의 대상이 되었다(강재언, 1984:316, 365). 즉 일제의 식민지배는 도시와 도시를 연결하는 철도를 거점으로 하여 그 명맥을 겨우 유지하게 되었다. 다시 말해 한민족의 거센 저항으로 인하여 농촌이 도시를 완전히 포위하게 됨으로써 도시는 고립되기에 이르렀다.

일제는 점점 우리 민족의 철도시설에 대한 파괴와 공격이 거세어지자, 철도시설과 일본인들을 보호한다는 구실 아래 철도를 파괴하는 자들에 대해서 사형, 감금, 추방, 과료, 곤장 등의 군율을 시행하였다. 군용전선 및 군용철도에 가해한 자는 사형, 사정을 알고도 숨긴 자 역시 사형, 가해자를 체포한 자에게는 금 20원을 상여함, 가해자를 밀고하여 체포케 한 자에게는 금 10원을 상여함, 촌내에 가설한 군용전선 및 군용철도선의 보호는 그 촌민이 책임을 지고 완수하되 촌장은 수좌로 정하고 위원을 두어 매일 약간 명씩 교대로 철도와 전신선을 보호할 것, 촌내에서 군용전선 및 군용철도선이 절단되고 가해자를 체포하지 못한 경우에는 당일 보호위원을 태죄 또는 구류에 처한 것이 그 예이다(구한국외교문서, 1904, 정재정, 1999:363). 이러한 군율이 격화되고 있던 우리 민족의 철도·전선 파괴활동에 쐐기를 박기 위해 시행되었으나, 주요 거점에만 배치되어 있던 일본군만으로는 이러한 파괴활동을 근절시킬 수가 없었다. 따라서 일제는 군율의 효과적 시행을 위하여 연선주민들에게 철도·전선 보호의 연대책임을 지우고 또 그들을 상호 감시체제 속에 묶어 두기도 하였다. 이렇게 일제가 강력한 군율의 시행과 그에 따른 가혹한 처벌을 하였지만, 연선주민들과 의병들의 철도에 대한 공격과 전선의 파괴는 멈추지 않았고 오히려 더욱 치열해져만 갔다.

# VII. 결론 및 함의

철도는 근대화를 가져온 문명의 이기로서 산업혁명의 총아였다. 산업혁명시기 선진제국은 자국경제의 발전과 직결되는 철도부설에 대하여 강력한 보호정책과 장려정책을 실시하였다. 선진국들은 또한 자기네 상품수출과 식민지의 자원수탈을 효율적으로 활용하기 위해서 철도부설을 서둘렀다. 그로 인해 식민지의 경제는 피폐해졌으며 국민들은 많은 인적·물적 자원의 손실과 피해를 입게 되었다.

개항 후 조선사회는 내외의 모순이 심화되는 30년 동안 개화와 보수의 갈등 속에서 국익을 위해 철도부설에 착수하려고 준비하고 있었다. 문호개방으로 한반도에 앞 다투어 들어온 제국주의 열강들은 자국의 이익을 극대화하기 위하여 철도부설을 비롯한 각종 이권을 쟁취하기 위해 혈안이 되어 있었다. 이러한 가운데 우리 민족자본으로 철도를 부설하려는 움직임이 있었으나 일제의 기만적인 방법과 압력에 의해 좌절되었으며, 더구나 자본의 부족으로 실현되지 못하였다.

이러한 제국주의 이권침탈과 우리의 힘으로 철도를 부설하려는 움직임이 부산하게 전개되고 있었지만, 일본제국주의는 조선을 지배하기 위해 이미 1880년대부터 경부철도를 부설하려고 계획하고 있었다. 이러한 의도하에 일제는 강화도조약 체결 후 비밀리에 한국의 지형, 교통, 경제, 풍습 등에 대한 사전답사를 실시하였다. 이를 통해 일제는 한반도 종관철도를 발판으로 한국은 물론 중국대륙에 진출하여 군사적 이익과 경제적 이익을 극대화하려고 하고 있었다.

그러나 철도부설을 둘러싼 의도와 음모는 우리 정부의 비협조와 우리 민족의 조직적인 저항에 의해 좌절되곤 하였다. 일부 선각자와 개화파지식인들은 철도를 둘러싼 각종 이권을 외국인 특히 일본에게 양도하지 말 것을 요구하는 이권수호운동을 전개하였다. 또한 일제의 토지침탈과 노동력 착취로 생활기반을 상실한 농촌의 최하층민들 역시 철도부설과 밀접히 관련되는 토지를 절대로 일본인에게 양도하지 말 것을 요구하기에 이르렀으며, 위정척사에 충실했던 최익현도 철도와 관련된 이권을 빼앗겨서는 안 된다는 점을 강조하였다.

일제가 한반도에서 철도부설에 필요한 광대한 선로용지와 정거장 부지를 확보하려 했던 가장 큰 이유는 대륙으로 진출하기 위한 병참 철도선의 확보와 병참기지확보, 그리고 국내 광농임산 자원의 효율적인 공출, 불황 속에 허덕이는 일본 농민들의 배출구, 공산품의 판매를 위한 상권 확보 및 거주지 확보에 있었다. 그러나 일제는 철도 선로와 정거장 부지를 수용하는 데 있어 우리 민족의 민유지, 농경지, 가옥, 분묘를 점유해야만 했다. 그러나 일제는 이를 점유하는 데 있어 보상을 원만하게 처리하지 못함으로써 연선주민들의 불만과 원성을 샀다. 특히 이 수탈과정에서 지방관리와 매판관료들의 미봉적이고 소극적인 대처, 심지어 사기, 횡령 등 이중적인 수탈로 우리 민족의 불만은 극에 달하였다. 또한 철도를 건설하는 데 있어 우리 민족을 강제 동원하여 살인적인 노동, 극한적인 노동 및 저임금에 종사케 하고, 수확기의 농민을 강제 사역게 함으로써 반일감정을 누적시켰다. 결과적으로 일제는 경부·경의철도 건설공사에 우리 노동자를 대거 동원함으로써 철도연변 주민들로부터 격렬한 저항의식을 불러일으켰다. 그리하여 공사현장과 연선각지에서는 노동자들과 주민, 의병들이 철도시설을 공격하거나 열차운행을 방해하였다. 또한 토지의 무상수취와 노동력 착취과정에서 앞장섰던 일본인과 부일배, 매판관료에 대한 테러를 자행하는 등의 극렬한 저항운동을 전개하였다.

우리 민족이 전개하였던 간단없는 저항운동은 자신들의 쓰라린 체험을 통하여 일제의 침략실체와 민족모순의 본질을 깨닫게 된 결과였던 것이다. 결국 생존기반을 박탈당한 철도연선의 주민들과 의병들은 매판적 봉건관리와 일제의 침략과 맞서 싸우는 기층저항세력으로 변모해 나갔다. 다시 말하면 철도는 일제의 조선지배의 거점이자 수탈의 도구였다. 우리 민족이 철도시설을 공격하거나 파괴하고 테러를 했던 것은 철도가 침략과 수탈의 본거지로서 한일양국 간의 갈등과 대립이 가장 첨예하게 나타나는 곳이었기 때문이다. 따라서 연선주민들과 의병들은 반철도, 반제국주의, 반침략운동을 적극적으로 전개해 나갔다. 일제는 이에 대해 강력한 군율과 가혹한 처벌을 통해 철도시설 및 일본인, 부일배들을 보호하려고 하였으나 우리 민족의 거센 저항은 끊임없이 이어졌다.

지금까지 본 연구는 일제의 한반도 철도부설을 둘러싼 우리 민족의 저항원인과 과정 등에 대해서 논의하였으나 몇 가지 점에서 한계를 갖고 있다. 본 연구내용의 저항사례부분은 일제의 철도부설에 따

른 우리 민족의 저항과 관련된 2차자료를 통하여 이루어졌다. 즉 저
항사례를 다루고 있는 황성신문이나 대한매일신보, 시사신보, 외교문
서 등을 직접 접하지 않고 기존에 정리된 2차자료에 근거한다. 따라
서 본 연구는 이러한 2차자료를 토대로 우리 민족의 저항의 역사를
다루었기 때문에 보다 심도 깊은 논의가 부족하지 않았는가 생각된다.

또 하나, 기존 신문이나 문서 등에서 다루지 않은 것 외에 활자화
되지 않은 저항사례들도 상당히 많을 것임을 감안할 때, 앞으로 더
많은 자료발굴을 통한 보다 더 체계적인 연구 작업이 수행되어야 할
것이다. 왜냐하면 일제의 토지침탈과 노동력 착취로 인해 생계를 유
지할 수 없었던 대다수 힘없는 농민들이 자구책의 일환으로 반철도,
반매판 운동과 같은 개별적 저항운동을 항상적으로 전개하였을 것이
기 때문이다.

일제는 식민지지배를 통하여 우리 민족의 재산을 탈취하거나 노동
력을 착취하는 등 엄청난 고통과 희생을 가져다주었다. 반면 일제가
한반도에 철도를 부설함으로써 가져온 긍정적 효과에 대한 국내문헌
은 드물다.3) 우리사회가 이만큼 경제성장을 이룬 것은, 어떻게 보면
일본인들의 침략과 무자비한 수탈과 착취가 우리 민족으로 하여금
국가라는 존재의 필요성, 그리고 힘이 있어야만 생존이 가능함을 뼈
저리게 각인시켰음에 기인한지도 모른다. 또한 일제의 한반도 식민
지배는 산업화와 밀접히 관련되는바, 일제가 의도하지는 않았다 할

---

3) 일본을 비롯한 제국주의 열강에 의하여 철도가 부설되고 철도기술이 도입되
는 등 타율적인 힘으로 우리의 근대화에 영향을 준 것에 대해, 극소수의 논
자들은 이러한 서구문명의 총아인 철도가 한국의 과학기술에 긍정적인 영향
을 준 면도 있음을 지적한다(국사편찬위원회 편, 1982:103).

지라도, 식민지 지배 기간 동안 산업사회를 살아가는 데 필요한 기초적 지식을 은연중에 우리 민족에게 교육시키지 않았나 생각해 본다. 따라서 이에 대한 긍정적 측면의 연구도 시도되어야 하지 않을까 생각해 본다.

# ≪참고문헌≫

강동진, 「일제지배하의 한국노동자의 생활상」, 『역사학보』제43집

강재언, 1982, 『반일의병운동의 역사적 전개』, 한국근대사연구, 한울

고병운, 1962, 「日本帝國主義の 朝鮮植民地化過程の 鐵道敷設をめくる 諸問題」, 『歷史論叢』, 140 · 141

고병운, 1978, 「鐵道自力敷設のための運動と日本帝國主義」, 『朝鮮近代經濟史研究』, 雄山閣

국사편찬위원회 편, 1982, 『한국현대사』, 탐구당

그리피스, W. E., 신복룡 역, 1978, 『은자의 나라』, 탐구당(William E. Griffis, 1907, *Corea The Hermit Nation*(Ⅲ), Charles Serbner's Sons, New York)

김경림, 1988, 「일제하 조선철도 12년계획선에 관한 연구」, 『경제사학』 12, 경제사학회

김영호, 1968, 『한말 서양기술의 수용』, 아세아연구 31

김용덕, 1969, 『일제의 경제적 수탈과 민요』, 역사학보 41 · 42

김의환, 1980, 『의병운동』, 한국군대민족운동사, 돌베개

김정명 편, 『朝鮮駐箚軍歷史』, 嚴南堂, pp.177~8

김행식 편, 2001, 『일제의 한국침략과 저항사』, 독립정신선양회, 우삼

맥켄지, F. A., 신복룡 역, 1974, 『대한제국의 비극』, 탐구신서(F. A. McKenzie, 1908, *The Tragedy of Korea*)

모리야마 시게노리, 김세민 역, 1994, 『근대한일관계사연구』, 현음사

민족문화연구소, 1980, 『한국현대문화사대계 V』, 고려대학교

박만규, 1982, 「한말 일제의 철도부서·지배와 한국인동향」, 『한국사론』 8

박성래, 1980, 『개화기의 과학수용』, 한국사학 1, 한국정신문화연구원

박종근, 1979, 「일청전쟁하의 일본의 대조선정책」, 『조선사논집』

배기완, 1973, 「한국철도부설이 일반지역경제에 미친 영향」, 『단국대학교논문집』 7

백산자료원, 1997, 『조선근대반일의병운동사』, 과학백과사전종합출판사 (1988)

신용하, 1988, 「한말 의병운동의 기점에 대한 신고찰」, 『한국근대민족운동사 연구』 일조각, pp.2~14

신용하·윤병석·이균영·이현희·조동걸, 1991, 『일제강점기하의 사회와 사상』, 신원 야마베 겐따로, 1982, 『한국근대사』, 까치

아세아문제연구소편, 1971, 『일제의 경제침략사』, 민중서관

안병직·박성수 외, 1980, 『한국근대 민족운동사』, 돌베개

알렌, H. N., 신복룡 역, 1984, 『조선견문기』, 박영사(Horace N. Allen, 1908, *Things Korean: A Collection of Sketches and Aneddotes, Missionary and Diplomatic*, Fleming H. Revell Co., New York

역사신문편찬위원회 편, 2001, 『역사신문』5, 사계절

이배용, 2003, 「열강의 이권침탈과 조선의 대응」, 『한국사 시민강좌』제7집, 일조각 pp.97~126

이병천, 1981, 「구한말 호남철도부설운동(1904~1908)에 대하여」, 『경제

사학』5

이사벨라 버드 비숍, 이인화 역, 2001,『한국과 그 이웃나라들』, 살림

이현희, 1969, 「한국철도부설의 기원과 교섭의 대두」, 『사학연구』 21,
　　　한국사학회

이현희, 1974, 『한국철도사』, 철도청

이현희, 1980, 『국내민중운동사』, 한국현대문화사대계 5, 고대민연

이현희, 2000, 「19세기말 일제의 한국철도 부설권 쟁취문제」, 『한국근현
　　　대사논문선집 경제 (4)』, 삼귀문화사

정재정, 1984, 「경부철도의 부설과 일본의 한국종관철도 지배정책」, 『한
　　　국방통대 논문집』3

정재정, 1991, 「대한제국기 철도건설노동자의 동원과 연선주민의 저항운
　　　동」, 『국사연구』 73, 한국사연구회

정재정, 1999, 『일제침략과 한국철도』, 서울대학교출판부

조기준, 1973, 『한국자본주의 성립사론』, 고대출판부

조선총독부, 1937, 『조선철도사』Ⅰ, pp.43-49

철도청, 1980, 『한국철도연표』

철도청, 1999, 『한국철도 100년사』

최경숙, 1996, 『한국민족운동사』, 부산외국어대학교 출판부

한국사회과학연구소 편, 1983, 『한국사회론』, 민음사

한국역사연구회 편, 1990, 『한국사강의』, 한울아카데미

현광호, 2002, 『대한제국의 대외정책』, 신서원


老川慶喜, 1996, 『日本史小百科近代』, 東京堂出版

江口寬治, 1936, 『朝鮮鐵道夜話』, 二水閣

上原一慶・棟山昇・高橋孝助・林 哲, 1991, 『東アジア近現代史』, 有斐閣

澤和哉, 1997, 『日本の 鐵道』, 築地書館

伊澤道雄, 1937, 「開拓鐵道論」, 『朝鮮鐵道』, 第3編, 春秋社(東京)

伊澤道雄, 1937, 『開拓鐵道論』上

小林英夫, 1977, 『大東亞共榮圈の 形成と 崩壞』, お茶の水書房

北岡伸一, 1979, 『日本陸軍と 大陸政策』, 東京大出版會

高橋泰隆, 1995, 『日本植民鐵道史論』, 日本經濟評論社

原田勝正, 1998, 『鐵道と近代化』, 吉川弘文館

村上勝彦, 1975, 「朝鮮鐵道敷設と資本輸出」, 『日本産業革命の研究』下,
    東京大學出版會

井上勇一, 1981, 「京義鐵道の建設をめぐる日露關係－日英同盟成立要因
    としての鐵道問題」, 『國際法外交雜誌』80－5.

井上勇一, 1982, 「京釜鐵道の建設をめぐる國際關係－日露戰爭開戰原因
    としての鐵道問題」, 『國際政治』71, 日本國際政治學會

佐藤豊彦, 1986, 「朝鮮鐵道史の研究動向」, 『鐵道史學』3, 鐵道史學會

笹山眞一, 1906, 『韓國鐵道現況調查報告書』


大韓每日申報, 1904, 1905, 1906, 1907, 1908

時事新報, 1904, 1905

皇城新聞, 1899, 1900, 1901, 1903, 1904, 1905, 1908

朝鮮總督府, 1915, 1929, 1937, 朝鮮鐵道史

東京經濟雜誌, 1899, 京釜鐵道發起人總會, 第41卷, 第1016號

東京經濟雜誌, 1899, 京釜鐵道の 計劃, 第40卷, 第989號

日本外務省 編, 1905, 日本外交文書

舊韓國外交文書, 1901, 第5卷 日案56251文書

舊韓國外交文書, 1905, 第5卷 日案56261文書

暴徒討伐誌

# 영문요약

## Korean Nationalism's Resistance toward Japanese Imperialism: In the Case of Korean Railway Construction

Railway was the most important vehicle that produced modern civilization. Even though railway, as a social overhead capital(SOC), needed enormous initial stage capital, technology, and labor force, railway was a highly effective and efficient means by which imperial states could penetrate colonial state by transferring its surplus capital, manufacturing goods, military forces as well as migrants into colonial states. Also, railway played a significant role in exploiting colonial states' various resources. Therefore, railway could be regarded as a same coin which has inseparable two sides. Railway not only precipitated mankind's modern civilization but revealed its destructive side by providing an effective means to exploit colonial states. Korea was not an exceptional case. Endeavoring to make Korea as a Japanese surplus capital destination and an export market for manufacturing goods, Japanese imperialism made Korean peninsula as a supply base for the further expansion of its national interests deep into the Asian continent. At the same time, Japanese imperialism continued to squeeze Korea through such measures as land confiscation, material and human resources exploitation. In order to protest Japanese imperialism's brutal squeeze, Korean people systematically and continuously organised various protest movements. This article specifically investigates Korean people's anti－imperial and anti－invasion movements against Japanese imperialism.

Key words: colonial state, Japanese imperialism, Korean nationalism. Anti－imperial movement, Korean Railway construction

# 제2장

# 시베리아 철도건설과 고려인들의 이주과정

## -스탈린시대의 강제이주를 중심으로-

# 요약

　　본 연구는 스탈린의 일국사회주의건설과 대러시아주의, 소수민족분산 정책에 의해 중앙아시아지역으로 집단 이주된 한인들의 강제 이주동기와 과정에 대한 것이다. 이미 한인들은 1860년대부터 경제적・정치적 이유로 러시아연해주 지역에 삶의 터전을 이루며 거주하고 있었다. 그들은 그동안 불모지나 다름없던 연해주 지역을 벼농사를 재배하여 쓸모 있는 곳으로 만들었으며, 정착하는 과정에서 러시아인들과 생존 경쟁하면서 일제에 의해 강점된 한국을 구하기 위해 항일운동 및 공동체 마련을 위해 한인자치주건설운동을 전개하였다. 그러나 극동시베리아총독들의 황화론에 근거한 미움과 배척, 토지분쟁, 한인자치주건설운동, 스탈린의 소수민족분산정책, 러시아국경지역에서 일본제국주의 첩자활용방지, 중앙아시아개발 등 복잡한 요인들과 음모에 의해 1937년 중앙아시아지역으로 이주되었다.

　　영문도 모른 채 시베리아횡단열차 짐칸에 실려 강제이주된 한인들은 이주 과정에서 이산가족이 되거나 노약자・어린이가 병으로 사망하는 비극을 체험했다. 동토의 땅에서 한인들은 쓰라린 아픔과 슬픔을 가슴에 품은 채, 온갖 고생을 하면서 중앙아시아 반사막지역에 벼농사를 성공시키면서 정착해 나갔다. 그러나 한인들은 러시아사회에 동화되는 가운데 자신의 정체성을 일깨워 주는 민족 언어를 잃거나 잊어 갔다. 또한 자신의 문화적 기반이 되어 왔던 한민족 고유의 전통, 풍습을 상실하였다. 이러한 상실과 체념이 일상화된 삶 속에서 오늘도 한인들은 중앙아시아지역에 여전히 힘겨운 생존투쟁을 벌여나가고 있다.

# I. 머리말

시베리아는 슬라브족 모피상들이 생계를 위해 짐승을 사냥하던 불모지나 다름없는 지역이었다. 제정러시아 시기에는 러시아황제(짜르)들이 동방경략의 일환으로 영토를 확장하던 곳이었으며, 군사적 목적으로 부동항을 얻으려고 개척하던 곳이었다. 이러한 곳의 동쪽 끝자락 연해주에 터를 잡고 생계를 이어 오던 사람들이 있었다. 그들은 구한말 조선에서 넘어온 한인들로서 먹고살기 위해, 가렴주구를 피하기 위해 국경을 넘어 이곳에 정착하였다.

이주 초기 한인들은 한인을 부정적으로 보던 일부 역대 극동지역 총독들의 편견과 미움, 배척의 대상이 되었다. 이러한 상황하에서 고단한 삶을 이어 가던 한인들은 스탈린의 일국사회주의 건설 및 대러시아주의에 따른 강압적 동화정책, 민족분산정책에 의해 1937년 중앙아시아로 강제 이주당하는 역사의 희생물이 되었다. 강제이주동기는 그 당시 러시아와 일본 간에 국경지역에서의 잦은 충돌이 발생하였는데 한인들이 일제의 첩자로 이용될 수 있다는 의심과, 점점 민족적 역량이 커지고 있는 한인자치주건설운동이 소비에트정권의 미움과 민족들 간의 분쟁을 유발시키는 데 커다란 영향을 미칠 것이라는 이유에 기인한다. 또한 러시아 내에서의 한인들의 항일운동이 일본의 대소선전의 빌미가 될 것이라는 소비에트정부의 우려와 연해주지역에서의 러시아농민과 한인들 간에 토지분쟁에 기인한다.

1937년 늦가을 한인들은 자연환경이 완전히 다른, 생활기반이 전혀 없는 반사막지대인 이곳으로 시베리아횡단열차의 화물칸에 실려 강제 이주하였다. 18만 명에 이르는 대부분의 한인들은 영문도 모른 채 강제 이주당하였다. 강제 이주 과정에서 한인들은 이산가족이 되거나 노약자와 어린이가 병으로 사망하는 비극을 체험했다. 한인들은 쓰라린 아픔과 슬픔을 가슴에 품은 채 시베리아라는 동토의 땅에서 어떻게든 살아남아야 하는 존재가 되었던 것이다.

중앙아시아로 강제 이주당한 한인들은 그동안 연해주 지역에서 쌓았던 경제적 기반을 완전히 상실하였다. 한인들은 새로운 정착지에서 살아야겠다는 일념으로 온갖 고초를 겪으며 적응하였다. 그들은 누구의 도움도 없이 반사막 초원지대에서 동병상련의 아픔을 딛고 서로 합심하여 물을 구해 농사를 짓고 집을 짓고 자식을 키웠다. 그들은 불모지나 다름없던 곳에 벼재배에 성공하고 채소를 생산하여 삶의 근간을 이루어 나갔다.

이러한 삶 속에서 그들은 많은 것을 잃었다. 한인들은 적응하는 과정에서 한인으로서의 정체성을 상실하거나 모순된 정체성을 형성하였다. 생존을 위해 러시아 사회에 동화되는 가운데 자신의 정체성을 일깨워 주는 민족 언어를 잃거나 잊어 갔다. 또한 자신의 문화적 기반이 되어 왔던 한민족 고유의 전통, 풍습을 상실하였다. 시베리아 횡단열차를 타고 동토의 땅으로 쫓겨난 그들은 나라 없는 백성으로서 겪어야 하는 슬픔과 고통, 상실 속에서 오늘도 여전히 러시아 사회의 일원으로 살아가고 있다.

본 연구는 1937년 스탈린의 민족분산정책에 의해 중앙아시아지역으로 강제 이주된 한인들의 고단한 삶과 관련된 역사적 배경과 직간접적 동기에 대해서 논의하고자 한다. 따라서 본 연구의 2장에서는 시베리아는 어떤 곳인가에 대해서 개관하고, 3장에서는 한인들의 강제 이주와 밀접히 관련되는 소비에트정권의 민족정책에 대해서 언급하고자 한다. 4장에서는 강제 이주의 역사적 배경이 되는 제정러시아시대의 연해주총독들의 한인들에 대한 태도 및 소비에트정권이 한인들을 어떻게 대해 왔는가에 대해서, 5장에서는 한인들의 구한말 연해주 및 중앙아시아지역에서의 이주역사와 강제 이주의 직간접적 요인으로 작용하는 한인자치주건설운동에 대해서 논하고자 한다. 6장에서는 본 연구의 핵심이 되는 중앙아시아지역으로 이주한 한인들의 강제 이주배경과 과정에 대해서 논하고자 하며, 마지막으로 7장에서는 한인들의 강제 이주 후 어떤 결과를 가져왔는가에 대해서 논의하고자 한다.

## Ⅱ. 시베리아의 환경과 개발

### 1. 시베리아 확장과 개발

인간이 살기에는 매우 열악한 시베리아지역[4]이 알려지기 시작한 것은 수세기 동안 계속된 슬라브인들의 거주지의 확장결과이다. 농

---

[4] 시베리아는 과거 정치범이나 범죄자들을 수용하는 유형지로서 자연환경은 인간이 살기에는 매우 열악하다. 시베리아지역의 1월 평균 기온은 영하 28도이며, 7월의 평균 기온은 16도인 불리한 생활조건으로 인해 인구거주비율이 상당히 낮다. 특히 한인들의 강제 이주지였던 시베리아의 서남쪽에 위치한 중앙아시아 지역은 여름 평균 기온이 30~32도, 겨울은 영하 15~20도로서 연평균 강수량이 100~120㎜인 광대한 반사막 초원지대이다(현규환, 1967:964).

노신분이었던 슬라브인들은 유목민들의 공격을 피해 안전지대로 이주한 결과이며, 더 나은 새로운 땅을 찾아 나선 결과이다. 또한 제정러시아 짜르정부의 과도한 지대상환 및 징세, 징병부과로 많은 슬라브농민들이 이러한 의무를 피하고 동시에 비옥한 농토를 찾아 변방지역으로 이주한 결과이기도 하다. 이러한 이주의 역사는 17세기 초까지 계속되었으며, 이후에는 슬라브인 상인들이 모피획득을 위하여 동북부 지역으로 탐험을 계속하면서 확장되었다(박환·허승철 편, 2003:189－190).

시베리아에 대한 제정러시아의 식민 정책이 시작된 때는 17세기 중반으로 흑룡강지역에 러시아인 마을과 군사거점이 세워졌으나, 1689년 청나라와의 네르친스크조약에 의해 러시아인들의 이민은 중단되었다. 그러나 러시아 짜르정부는 동방경략이라는 팽창주의정책으로 극동시베리아의 쿠릴열도, 알류산열도 및 알래스카를 점유하였다. 그 후 이 지역에서 모피수확이 줄어들자 슬라브인들은 더 이상의 경제적 효과가 없다고 판단하기에 이르렀고 시베리아는 관심의 대상에서 멀어진 소외된 땅으로 남게 되었다.

그 후 알렉산드르 2세는 시베리아지역의 인구가 급증하자 중국과 접하고 있는 아무르 강의 중요성을 깨닫고 1858년 아이훈조약을 통해 중국의 영토였던 아무르강 좌안지역을 러시아령으로 하였으며, 1860년에는 북경조약을 체결하여 우수리강 동쪽의 연해주(원동)지역을 획득하였다(서대숙, 1989:85, 정동주, 1995:37). 19세기 말경에 이르러서는 러시아팽창주의 정책에 의하여 영토 확장 및 시베리아지역을 개발하기 위한 대책으로 시베리아횡단철도의 부설이 검토되었다.

## 2. 시베리아 개발과 시베리아철도 부설

그동안 시베리아 지역이 개발되지 못했던 이유는 하천교통의 발달과 사냥꾼과 상인들의 원시적 도로이용 때문이었다. 또한 시베리아 지역이 유럽・러시아 지역과 직접 연계가 없는 정치적으로 격리된 유형지 또는 변방지역으로 간주된 까닭이었다. 이러한 연유로 개발되지 못하다가 1850년 무라비예비－아무르스끼의 철도건설 제창에 힘입어, 비떼외상은 시베리아횡단철도의 부설을 통해 시베리아지역의 개발을 촉진할 뿐만 아니라 이주식민의 발전, 동방상업의 촉진을 크게 기대하였다.

이를 위해 비떼외상은 간선철도로서의 시베리아횡단철도의 조속한 완공과 경비절감을 위해서 중국의 북만주지역을 횡단하는 동청철도 노선을 관철시켰다(이철, 1970:122－137). 이러한 비떼외상의 노력은 시베리아횡단철도가 유럽, 러시아, 중국과 연결됨으로써 국제성을 띰과 동시에 북만주 지역의 철도이권장악 및 부동항 확보를 통한 군사적 이익을 극대화하는 것이었다. 또한 시베리아횡단철도를 이용하여 러시아 또는 유럽계 이민자들을 이 지역에 정착시키고자 하는 의도도 내재되어 있었다.

시베리아횡단철도부설은 제정러시아의 팽창정책과 인구이동정책, 국제적 관계, 경제적・정치적 이익이 전제된 복합적인 국책사업으로서 1891년에 착공하여 1916년에 완공되었다.5) 건설공사 과정에는

---

5) 이 과정에서 러시아는 시베리아횡단철도 건설로 막대한 재정을 지출함으로써 국가재정의 고갈을 가져왔으며, 1904년 러・일전쟁의 원인을 제공하여 참담한 패배를 맛보았다. 이로 말미암아 패전의 책임을 둘러싸고 국론이 분열되

미국의 대륙횡단철도를 부설하였던 미국인 노동자 1만여 명과 일부의 중국인과 한국인들이 동원되었다(스티븐 E. 암브로스, 2003:13, 권희영, 1996:46).[6] 따라서 시베리아지역은 철도부설을 통하여 본격적인 개발이 이루어졌으며, 많은 이주민들이 자유를 찾아, 생계를 위해 혹은 혁명의 완수를 위해 동토의 땅에 찾아들었다. 구한말 한인들도 경제적, 정치적 이유 등 살길을 찾아 연해주로 이주하거나 중앙아시아로 간헐적으로 이주하게 된 곳이 바로 시베리아지역이다.

## Ⅲ. 러시아의 민족정책

한인들의 중앙아시아지역으로의 강제 이주 과정을 이해하기 위해서는 우선 볼셰비키혁명 후의 민족정책을 이해해야 한다. 다민족국가였던 러시아가 1917년 공산혁명이 성공하자, 그동안 제정러시아에 종속되어 갈등과 분열의 원인이었던 소수민족들이 독립을 요구하였

---

고 사회적 혼란이 계속되었으며, 황실의 존엄과 권위가 땅에 떨어지는 등의 결과를 가져왔다. 이러한 와중에 1917년 볼셰비키 10월 혁명으로 로마노프 왕조가 종말을 고하게 됨과 동시에 공산주의 정권이 73년간 러시아를 지배하게 되었다.

6) 시베리아 횡단철도 및 그 간선의 하나였던 동청철도의 건설현장에는 저임금에 종사하는 한국인 노동자들이 절대다수를 차지하였다. 특히 금광노동이나 시베리아철도공사에서 한인들의 노동 없이는 채굴이나 철도부설이 불가능하였음이 지적되고 있다(정동주, 1995:269, 현규환, 1967:791−2). 또한 철도건설 붐과 의화단 사건, 러・일전쟁 등으로 증가된 러시아군대에 군수품을 납품하기 위해 이미 연해주에서 러시아국적을 취득한 뽀드라치크라는 한인들이 막대한 부를 축적한 사례도 있었다(반병률, 2001:65−89).

다. 혁명을 주도하였던 레닌은 각 민족의 독립운동을 장려하였으나 혁명 직후 핀란드, 폴란드, 발칸3국이 독립함에 따라 이에 위기를 느낀 레닌은 제정러시아시대에 종속국가였던 소수민족공화국에 대하여 대등한 입장에서 러시아공화국과 동맹을 맺는 러시아연방국가를 형성하였다(최협 외, 1998:147-8). 특히 레닌은 주변소수민족을 아우르는 가운데 대러시아주의에 입각한 중앙집권적 대국가주의를 주창하면서 "민족으로서의 형식은 유지하되 내용은 사회주의적으로 동질화한다"고 언급하였다(윤인진, 2004:101-2). 소수민족들의 자결권을 인정하면서 소비에트가 다민족국가로 조화롭게 발전할 것을 강조하는 레닌의 정책은 합리화되었다.[7]

레닌에 이어 정권을 장악한 스탈린은 레닌이 구축한 평등한 공화국의 러시아연방국가를 폐기하고 소수민족공화국을 러시아공화국에 종속시키는 정책을 폈다. 스탈린이 표방하였던 민족정책은 민족자치보다는 마르크스주의에 입각한 다민족 일국사회주의국가 건설이었다. 스탈린의 궁극적인 의도는 러시아쇼비니즘의 발로로서 러시아 대민족주의의 표방이었다. 즉 러시아공화국이 주축이 되어 소수민족이나 자치공화국을 아우르는 중앙통제형태의 슬라브민족 중심의 대러시아주의였다(이상일, 2002:289-309). 따라서 스탈린은 러시아 일

---

7) 레닌은 소수민족의 정책을 추진하면서도 이면에는 소수민족을 신뢰하지 않았다. 그는 소수민족 중에서 러시아어를 잘하는 사람을 신뢰하지 말라고 하면서, 그런 사람일수록 사악한 행동을 서슴지 않는다고 지적한 바 있다. 특히 레닌은 놀랄 만한 근면성으로 특출한 한인들에 대해 성품이 사나운 사람들이라고 하면서 경계할 것을 언급하기도 하였다(정동주, 1995:13, 한국정신문화연구원, 1991:228). 따라서 러시아 통합과정에서 편견에 토대된 소수민족에 대한 태도 및 한인에 대한 태도가 결국 극동시베리아지역에 거주하는 한인들을 중앙아시아지역으로 강제 이주시키는 데 커다란 영향을 미쳤다.

국사회주의를 건설하기 위해서 소수민족의 러시아화를 강화하였다. 이를 위해 스탈린은 1930년대에 이르러 소련 내의 소수민족들의 엘리트를 숙청하거나 처형을 통해 중앙집권체제를 공고히 하였다. 그러면서 그는 불신의 대상이었던 국경지역이나 전략적 요충지에 거주하는 소수민족을 국경지역으로부터 멀리 떨어진 곳으로 이주하려는 계획을 오래전부터 갖고 있었다. 즉 러시아 통합과정에서 여러 민족들 간의 차이를 소멸시키고 소수민족을 탄압·분산시키기 위해 극단적인 강제 이주정책을 추진하였다.

이러한 가운데 생계를 위해, 항일을 위해 러시아로 이주한 한인들도 결국 1937년 스탈린의 민족분산정책에 의해 중앙아시아지역으로 강제 이주되는 첫 번째 희생물이 되었다. 한인들을 필두로 스탈린은 독일인, 카라차인, 칼무크족, 체첸족 등을 강제 이주시켰다(박드미트리 니콜라예비치, 1992:1270). 스탈린의 차별적인 민족정책의 토대가 된 대러시아주의 정책은 1950년대 흐루시초프가 등장하면서 비판을 받게 되어 소멸되었다.


# Ⅳ. 러시아정부의 한인들에 대한 태도


과거 연해주 지역은 러시아정부의 행정력이 거의 미치지 못한 상태로 방치되어 있었다. 러시아정부는 러시아인의 이주를 장려하기 위하여 토지를 무상으로 제공하는 등 여러 가지 좋은 조건을 제시하였지만 인구가 증가되지 않은 변방지역으로 남아 있었다. 1860년대부터 한인들이 경제적, 정치적 이유로 한반도와 접경지역에 위치한 우수리강 지역이나 포시에트, 블라디보스톡 등지로 이주하기 시작하였다. 이주 초기만 해도 이주자들에 대해서 러시아정부는 최소한 방관자적 입장에서 물질적 혜택과 보호하에 이주를 장려하였다. 그 후 러시아 국경지대에 한인들이 대거 이주하고 점점 이민자들이 많아짐에 따라 러시아 정부의 태도는 크게 달라지기 시작하였다.

한인들이 정착하면서 불모지나 다름없던 연해주지역이 개발되고 벼농사재배가 성공하자, 러시아정부는 토지를 무상으로 제공한다는 등의 호조건하에 러시아 국적취득을 권유하거나 완전한 정착을 유도하였다. 러시아 정부로서는 연해주 지역이 인구가 희박하고 황무지나 다름이 없었기 때문에 이 지역을 인간이 사는 곳으로 만들고 영토확장을 완수하겠다는 의도를 가지고 있었다. 따라서 한인들의 초기 단계 이주는 우호적이고 협조적인 분위기에서 이루어졌다. 그러나 이 지역을 러시아인에 의해 개발하고 충원하려는 짜르정부의 의도에 따라 러시아인들의 이주가 점점 증가하기 시작하였다(윤인진, 2004:92). 이러한 가운데 이 지역에 한인들의 이주자가 점차 더 증가함에 따라 러시아인과 한인들 간의 토지를 둘러싼 분쟁이 자주 발생하였다. 이러한 일이 빈번하게 발생하고 심각한 문제를 일으키기 시작하자, 초기 한인에게 우호적이고 협조적인 자세는 완전히 바뀌어 한인들은 경계와 배척의 대상이 되었다. 따라서 더 이상의 한인들의 이주를 금지하고 이미 정착한 한인들을 내륙지방으로 이주하려는 계획을 세우기에 이르렀다.

한편 연해주 지역을 관리 감독하는 극동시베리아총독들도 초기에는 한인들에 대해서 매우 우호적이었다. 시간이 지나고 한인들이 통제할 수 없을 정도로 이주 숫자가 점점 증가하자 비협조적인 자세로 나왔다. 한인들을 싫어하던 운테르베르게르를 비롯한 일부의 총독들은 어떡하든 한인들을 러시아 땅에서 추방하려고 하였다.[8] 1905년부터 1911년까지 연흑룡주총독을 지낸 운테르베르게르는 황화론에 근거하여 한인들의 연해주 거주를 부정적인 시각으로 바라보았다. 그는 『조선인 경계론』에서 한인들은 검소함과 근면성으로 극동변강의 식민화에 기여했다는 점을 인정하면서도 한인들은 완전한 이방인으로서 러시아인과의 융합은 극히 힘들기 때문에 러시아에 쉽게 동화되지 않으며 오히려 러시아이민자들의 토지재원을 잠식하고 있다고 지적하였다.[9] 그러면서 그는 우리의 이해에 부합하는 한 그들을 이용할 수밖에 없다는 이율배반적인 태도를 보였다. 또한 1908년 러시아정부에 제출한 그의 보고서에서는 한인들의 충성심을 믿을 수 없으며 만일 중국이나 일본과 전쟁이 벌어질 경우에 한인들이 적국의 간첩망으로 이용될 것을 우려하기도 하였다(반병률, 2001:73-4, 서대숙, 1989:45-6).[10] 아무튼 운테르베르게르를 비롯한 일부 총독들

8) 프르제발스키는 1870년에 출간한 책에서 조선인들은 비록 근면하고 청결하지만, 국경지역에서 자기들만의 분리된 촌락을 형성하여 사는 조선인들은 너무나도 강한 조국과의 정신적 유대를 유지하고 있어서 러시아화하기는 힘들다고 지적하였다. 이러한 지적에 대해서 1870년 동부시베리아총독 시넬니코프는 조선인 일부를 국경에서 상당히 떨어진 아무르지역으로 이주시키도록 명령하기도 하였다(서대숙, 1989:41-2).
9) 사실 한인들은 혈연적 가족공동체주의에 입각한 한인마을을 형성함으로써 러시아인들과 접목을 어렵게 하거나 동화되기에는 거리가 멀었다. 또한 그리스정교를 믿고 영세를 받은 한인들도 그리 깊은 신심을 보이지 않았다. 따라서 이를 간파한 총독들은 한인들에 대해서 매우 의심스러운 눈초리로 주시하였다.
10) 류바토비치도 한인들을 이집트의 유태인에 비유하고 한인들은 쉽게 동화되지 않기 때문에 토지를 박탈해야 할 뿐만 아니라 한인들을 내쫓아야 한다고 주장하였다(권희영, 1996:55).

은 인종주의적 태도 및 반한인정책, 그 당시 러시아인 이민이 폭발적으로 증가하고 있던 상황과 맞물려 한인들의 러시아 거주를 근본적으로 반대하였다. 그러나 이러한 반한적인 태도는 결국 값싼 한인 노동자들을 고용하여 혜택을 보고 있던 러시아인 금광업자들의 반발을 사는 등 난관에 봉착하여 좌절되었다.

반면 한인들에 대해서 우호적이었던 한·러조약 체결 당시의 콘닷지 장군과 과거 연흑룡주총독을 지냈던 두호브스끼 총독, 그로데코브 총독은 한인들의 이민이 러시아국익에 도움이 된다고 하면서 정착과 귀화에 적극적이었다(현규환, 1967:788-9).[11] 1911년부터 1917년까지 연흑룡주 총독을 지낸 곤다티도 한인이주자들이 러시아의 정치·경제적 이익에 보탬이 되는 신뢰할 수 있는 존재이며 특히 일본과의 충돌 시에는 유용한 잠재력을 발휘할 것이라고 전망하였다(반병률, 2001:74). 즉 곤다티와 그의 동료들은 한인들이 동화되기 쉬운 민족으로서 러시아에 이익이 될 수 있는 우호적인 존재라고 평가하면서, 한인들의 러시아연해주 정착이 러시아인의 초기정착에 커다란 공헌을 하였음에 의견의 일치를 보인다. 그러면서 그는 한인들을 특

---

11) 겔메르센 같은 사람은 한인들의 존재를 매우 유익하며 중요하다고 보았다. 한인들의 저렴한 노동력은 포시에트의 탄광을 개발하는 데 도움을 주고 러시아군대의 식량인 밀 경작에 적격임으로 이들에게 러시아인과 마찬가지로 100데샤치나의 토지를 분여하여 이민을 장려해야 한다고 제안하였다. 1866년 연해주 군무지사인 카르사코프는 한인이민을 장려하기 위해 새로운 규칙을 정하기도 하였다(권희영, 1996:40). 또한 1896년에 출간한 자료에서 스미르노프는 조선인들은 러시아인의 생활방식 및 관습에 적응할 수 있는 능력을 가지고 있으며, 기독교 신앙을 수용하면서 동시에 그리스정교 교회와 러시아 학교를 세우는 데 막대한 돈을 기부하였으며, 러시아인과 혼인하기도 하고 러시아 정부에 세금을 납부하고 병역의무도 수행하는 등 순종적이며 온순한 성격의 사람이라고 지적하였다(서대숙, 1989:43-4).

성이 없는 민족으로서 강한 자에 복종하며, 무저항주의의 가르침을 따르고 상당히 파벌적이라고 하면서 이러한 속성을 가진 한인들을 잘 이용하면 러시아정부에 도움이 될 것이라고 지적했다(권희영, 1996:59 – 60).

한인들에 대해 부정적인 입장의 운테르베르게르 총독과 긍정적인 입장의 콘닷지 장군을 비롯한 제 총독들의 입장은 어디까지나 한인들에 대해서 정도의 차이는 있을지언정, 국수주의적 태도와 더불어 고도의 인종주의적 태도를 견지하고 있었다. 이들의 한결같은 태도는 한인들의 노동력을 연해주 지역 개발에 이용하여 궁극적으로 러시아국익에 도움이 되고자 함이었다(이광규, 2000: 17). 이들 총독들이 한인에 우호적이든 비우호적이든 결국은 러시아를 위한 러시아 중심적 사고의 산물이었던 것이다. 이들은 모두 극동지역의 정치 · 군사적 안보 및 경제적 이익이라는 문제에만 관심이 있었지, 한인들의 생존과 안위에 어떠한 인도주의적 입장을 표명한 것이 아니다. 이러한 국수주의적이고 대러시아주의적 태도는 나라 없는 민족을 통하여 자기네들의 이익을 극대화하자는 것이었다. 결과적으로 한인들에 대한 러시아정부와 관리들의 태도는 소수민족이자 망국의 이민자였던 한인들을 1937년 늦가을에 중앙아시아로 강제 이주시키는 데 결정적 요인으로 작용하였다.

# V. 한인들의 이주역사와 자치주건설운동

## 1. 한인들의 연해주 거주역사와 인구분포현황

한인들의 러시아로의 이주는 홍경래의 난(1811년)으로부터 비롯된다. 1850년대까지 간헐적으로 이주한 흔적이 있지만 기록상으로는 1860년대부터이다. 이때부터 본격적으로 시작된 한인들의 이주는 궁극적으로 가난과 굶주림으로부터 벗어나고자 함이었다.

러시아정부가 1858년 아이훈조약과 1860년 북경조약으로 아무르 강 지역과 우수리 강 동쪽의 영토를 확보한 연해주 극동지역은 사람이 거의 살지 않은 지역이었다. 이곳에 한인들이 생계를 위해 1863년 13가구가 거주하였다. 시간이 지나면서 이주 숫자는 점점 증가하여 1866년에는 1백 가구가 거주하였으며, 1869년 기사년 대홍수 때는 4천5백 명의 한인들이 집단 이주하였다. 1870년에 이르러서는 한인수가 약 9,000명에 달하게 되었고, 1872년에는 사마르가강유역에 최초의 한인마을인 블라고슬로벤노에가 건설되었다(신연자, 1988: 27 - 8). 이후에도 여전히 비공식적인 이주가 계속되었는데 러시아정부의 극동지역개발을 한인에게 맡겨두려는 의도와 1861년 무라비에프 이민법에 힘입은 것이었다(이정옥, 1996:133 - 164). 그동안 불모지나 다름없었던 이 지역에 한인들을 통한 개발과 한인들의 값싼 노동력이 러시아국익에 도움이 됨으로 말미암아 이주는 계속되었다.

1884년 조선과 러시아정부 사이에 외교관계가 맺어지고 1886년 통상조약이 체결됨으로써 양국 사이에 국교가 수립되자, 이전에 유입되었던 일부의 한인들이 러시아 시민권을 획득하게 되었다. 그 후 조선정부는 이주를 억제하였지만 이민의 행렬은 그치지 않았다. 또한 한인에 대해 비교적 우호적이었던 1893년 두호프스끼 총독이 러시아동화정책을 펴면서 이민자의 숫자가 점점 늘어났다. 그러나 한인에 대해 좋은 감정을 갖지 않았던 운테르베르게르 총독의 영향으로 이민자를 통제함으로써 이주자의 증가가 정체상태에 있었으나 은밀하게 이주하는 한인들의 숫자는 늘어갔다. 그의 후임인 곤다티 총독으로 바뀌면서 적극적 귀화정책으로 한인들의 이민 숫자는 급격히 증가하였다. 특히 한일합방과 3·1 독립운동 이후 정치적·경제적 동기로 1910년대와 1920년대에 한인이민자의 숫자가 기하급수적으로 늘어났다(신연자, 1988:28-9, 이정옥, 1996:133-164). 러시아정부의 극동지역개발과 맞물려 한인들의 이주가 급팽창되는 가운데 한인들은 새로운 정착지에 집단 거주지를 확보하여 삶을 개척해 나갔다.

## 1860년대 이래 러시아지역에 거주한 한인인구 현황

(단위: 명)

| 연 도 | 인구수 | 연 도 | 인구수 |
|---|---|---|---|
| 1863 | 13가구 | 1910 | 54,076 |
| 1864 | 30가구 140 | 1911 | 57,289 |
| 1866 | 100가구 | 1912 | 59,715 |
| 1867 | 185가구 999 | 1913 | 57,440 |
| 1870 | 9,000 | 1914 | 64,309 |
| 1888 | 10,137 | 1923 | 106,817 |
| 1890 | 12,857 | 1926 | 188,480 |
| 1897 | 23,000 | 1927 | 250,000 |
| 1898 | 27,000 | 1928 | 185,130 |
| 1901 | 45,028 | 1938 | 180,000 |
| 1906 | 34,399 | 1959 | 314,000 |
| 1907 | 46,430 | 1970 | 357,000 |
| 1908 | 45,497 | 1979 | 389,000 |
| 1909 | 51,544 | 1989 | 438,650 |

* 1928년 인구는 주로 연해주에 거주한 한인 숫자이며, 강제 이주되기 전 1932년에 나타난 연해주 거주 한인인구수는 연해주 지역에만 약 170,000명으로 기록되고 있다.
* 본 러시아지역 거주 한인인구 분포현황은 서대숙(1989), 이문웅(1981), 김 피오트르 게르노비치(1993), 신연자(1988), 현규환(1967) 자료를 종합한 것임

## 2. 1920년대 중앙아시아 거주한인과 한인자치주건설운동

연해주 지역에 거주하던 한인들의 일부가 1920년대부터 반사막지대인 중앙아시아로 이주하여 살기 시작하였다. 1924년 타시겐트 교외

에 최초의 한인콜호즈가 있었으며, 1928년에는 크질·오르다洲에도 미작경작자 단체가 있었다(丸毛, 1965:105, 현규환, 1967:966). 극동지역의 한인들이 1937년 중앙아시아로 강제 이주되기 이미 십여 년 전에 산발적으로 소규모의 한인정착촌이 이 지역에 거주하고 있었다.[12]

연해주 지역에 소비에트가 형성된 이후, 레닌의 소수민족의 이익을 옹호하는 민족정책을 토대로 한인들은 연해주 지역에서의 삶의 터전을 확보하는 것은 물론 민족적 공간 확보, 민족독립운동의 적극적 수행을 위해 여러 사회단체와 한인지도자, 지식인들을 중심으로 한인자치주건설운동이 전개되었다.[13] 그렇지만 연해주 한인자치주건

---

12) 이미 제정러시아 시절에도 카자흐스탄을 비롯한 중앙아시아 지역에 소수의 한인들이 거주하였으며, 1926년에는 중앙아시아 아크모린스크 주에 4명, 세미팔라틴스크 주에 27명, 시르다리아 주에 11명 등 3개 주에 42명의 한인들이 거주하였다. 1920년대 후반에는 뚜렷한 이주동기를 가진 극동지역에서 카자흐스탄으로 이주해 온 일단의 한인들이 있었는데, 이들은 카즈리스라는 고려인 농업협동조합에서 벼농사 진흥에 관계하였다. 스탈린의 일국사회주의 건설과 러시아 대국주의에 토대된 소수민족분산정책의 영향으로 1928년 봄에는 블라디보스톡에 살고 있던 한인 70가구 300명이 이주하여 시베리아 횡단철도 인근지역에서 벼농사에 종사하였다. 1931년에는 까라딸운하건설공사 완료로 벼농사가 풍년을 맞았으며 그로 인해 벼재배콜호즈가 세워졌다 (전경수 편, 2002:26-7, 권희영, 1996:97).

13) 한편 구한말 이래 연해주 지역으로 이주한 한인들은 나라 잃은 설움과 일제의 압제에서 시달리는 동포들을 위해 항일운동을 전개하였으며, 한인자치주 건설에 매진하였다. 특히 한인들은 이미 1917년 러시아혁명 기간 중에 한인사회내부에 멘셰비키파와 볼셰비키파 혹은 귀화한 원호(元戶)인과 귀화하지 않고 고용인 생활을 하던 여호(余戶)인 사이의 내부적 갈등으로 내홍을 겪고 있었음에도 불구하고, 자치주 건설운동을 전개하면서 러시아혁명의 성공을 위하여 노력하기도 하였다. 특히 한인들이 러시아혁명에 혼신을 다해 희생을 무릅쓰고 전투에 참가하고 저항한 이유는 소련 내에 주둔한 일본군을 격퇴하는 데 협력하면 소련군이 한반도에서 일본군을 몰아내는 데 기여할 것이라고 생각하였다(이광규, 2000:26). 또한 한인들은 1928년 이후 신경제플랜(NEP)의 일환으로 전개한 농업의 집단화 즉 콜호즈나 소포즈에

설운동은 소수민족들의 부르주아 민족주의적 경향을 거부하고 있던 소비에트정부로서는 이를 묵과할 수 없었다(전경수 편, 2002:9-10).[14] 또한 연해주 지역에 조선국적의 한인들과 러시아국적의 한인들이 공존하고 있고, 접경지역의 한인들이 일본과 내통할 우려 및 한인자치주 건설운동이 일본을 자극할 것을 우려한 대일 유화정책 등으로 좌절될 수밖에 없었다. 이러한 상황에서 스탈린정권은 전략적 요충지였던 연해주 지역의 안정을 도모하기 위해 민족자치제를 결성하려고 하는 한인들을 분산·분열시키고자 중앙아시아로의 이주를 계획하였다. 스탈린의 계획은 당장 실현되지 않았지만, 스탈린 정권은 민족적 역량이 커지는 한인들을 분산시키고자 하는 의도와 한인들의 일본제국의 첩자로서의 활용방지 및 중앙아시아지역 개발의 일환으로 시범케이스로 1937년 한인들의 강제 이주를 실천에 옮기기에 이르렀다.

---

소속되어 집단화 운동에 적극적으로 동참하여 많은 생산실적을 낳았으며, 빨치산 활동 등 대규모 사회주의운동에 적극적으로 참여하였다(전경수, 1996:74-91). 또한 홍범도를 비롯한 한인부대들은 러시아 혁명군들과 협력하여 극동지역의 일본 점령군에 대항하여 극동의 소비에트 정권수립을 위한 전투에 적극적으로 참여하기도 하였다.

14) 이러한 한인들의 노력에도 불구하고 러시아정부는 내전 종결 직후, 러시아 공산당 원동지역 간부들로 하여금 연해주 한인들을 집단 이주시키기로 결정하였다. 이 결정은 한인들을 이용한 일본의 영향력이 원동지역에 확산되는 것을 방지하기 위한 것이었다. 비록 이 계획이 러시아상층부와 연결되어 있던 한명세를 비롯한 한인들의 강력한 반대로 철회되었지만, 이것은 어디까지나 제정러시아 시절부터 한인들을 국경지방으로부터 내륙지역으로 이주시키고자 했던 러시아 당국의 인식과 맥락을 같이하는 것이었다(정동주, 1995:250-2). 결과적으로 소비에트정권은 한인들이 맨주먹으로 이룩한 농장을 집단농장에 편입시켰으며 사유재산을 몰수하였다. 그러면서 소비에트 정권은 부농청산이라는 미명하에 부유한 한인농민들의 토지도 몰수하였다. 따라서 집단농장화와 부농청산에 피해를 본 한인들은 중앙아시아지역의 강제 이주 선행자가 되는 비운을 겪었다(이광규, 2000:26-7).

# Ⅵ. 한인들의 강제 이주 배경과 과정

## 1. 강제이주동기

극동시베리아총독들의 한인에 대한 혐오와 의심, 한인과 러시아인 사이의 토지분규, 한인자치주건설운동, 스탈린의 민족분산정책 등 한인들을 국경지역으로부터 먼 지역으로 이주시키고자 하는 계획들이 오래전부터 진행되어 왔다. 그러나 1937년 이전까지 그러한 이주계획들은 간헐적으로 소규모 단위로 이루어졌다. 그러다가 1937년 대규모로 단시일 내에 진행된 강제 이주는 많은 것을 함축하고 있다. 중앙아시아지역으로 갑작스러운 강제 이주는 한인들에게는 엄청난 고통과 슬픔, 시련을 안겨준 한편, 약소민족으로서의 비극을 철저하게 체험하게 만들었다. 또한 그것은 정치적(군사적)·경제적으로도 복잡한 내용들을 내재하는 것이기도 하였다.

한인들을 강제 이주시키기 이전에 소비에트정부는 이를 은폐하고 한인들의 반발을 철저히 봉쇄하기 위하여 한인지식인 및 지도자 2,500명을 체포·처형하였다. 또한 한인들이 세운 조선인사범학교를 비롯한 학교·문화기관을 폐쇄시켰으며, 한인들의 동태를 파악하는 등 사전정지작업을 수행해 나갔다(반병률, 2001:83-4). 소비에트정부의 그와 같은 반인륜적 행위는 강제 이주에 따른 한인들의 저항을 미연에 봉쇄하기 위하여 한인들의 두뇌역할을 했던 인텔리의 제거 및 교육문화기관의 폐쇄였던 것이다. 오히려 소비에트당국은 한인들의 이주결정을 발표하면서 중앙아시아지역이 농사지을 수 있는 환경에 적합하다고 선전하면서 한인들은 오히려 특혜를 받은 것이라고 강조했다(서대숙, 71-2). 이러한 사전정지 작업 속에 소비에트정부는 명목상 일본간첩들의 침투를 차단한다는 취지로 1937년 8월 21일 소련공산당 중앙위서기장인 스탈린과 인민위원회의장 몰로토프가 서명한 결의안에 따라, 1938년 1월 1일까지 약 18만 명에 이르는 한인들을 중앙아시아로 강제 이주시키기로 결정하였다.[15] 스탈린의 명령은 소련비밀경찰기구인 국내문제인민위원회의 책임자인 예조프에게 하달되어, 극동분국의 행정담당 내무위원부장이었던 류쉬코프에 의해 실천에 옮겨졌다(최협 외, 178).

강제 이주의 근본적인 동기들에 대해서는 많은 언급들이 있다. 앞에서도 언급했다시피 가장 큰 동기는 정치적 이유로서 한인들이 일본을 위한 간첩활동을 한다는 불신에 근거한다. 일제가 소비에트국경을 자주 침범하고 그로 인해 충돌이 빈번하여 긴장이 고조되는 상황에서 연해주 지역에 거주하는 한인들은 일본이 지배하는 한반도지역의 사람들이고, 소비에트 국경수비대에 투항하는 자들 중에 한인들이 섞여 있음으로 인해 소련당국은 이를 주시하지 않을 수 없었다. 더구나 한인들은 일본인과 잘 구별할 수 없고, 러시아어를 자연스럽게 구사한다는 점에 대해서 한인들에 대한 대책을 강구하지 않

---

15) 스탈린정권이 주장하듯이, 강제 이주의 가장 큰 동기가 한인들이 일본제국주의들의 첩자로 이용되고 있으며 앞으로도 이용될 가능성이 높음으로써 일본의 대소항전의 빌미를 제공할 가능성이 크다는 그들의 지적은 리 블라지미르 교수의 언급에서 허구임이 드러난다. 블라지미르 교수에 의하면, 한인들이 일본인들의 첩자노릇을 한다는 정찰보고는 그릇된 것으로 첩자들 대부분이 일본인들에 의해 양성되어 파견된 특무정찰병이었다는 것이다(한국정신문화연구원, 1991:229).

을 수 없었다(김창수, 1996:13-32). 따라서 소련당국은 일본의 첩보
활동에 이용되고 첩자가 될 가능성이 농후한 한인을 멀리 격리시키
는 것이 당연하다고 판단하여 강제 이주시키는 조치를 취했다고 할
수 있다. 그러나 그 이면에는 그동안 자치주운동을 통해 민족적 역
량이 증대되었던 한인들의 자립의지를 분쇄시키고 동시에 한인들을
자동적으로 분산·분열시켜 지배하겠다는 의도가 숨어 있었다(윤인
진, 2004:97). 또한 스탈린정권은 이를 빌미로 타민족들의 동요방지
에 대한 시범케이스로서의 효과도 노리고 있었다.[16]

전술한 바와 같이 이 당시 접경지역은 소련군과 일본군의 잦은
충돌로 소련과 일본 간의 긴장이 고조되고 있는 상황이었다. 소련과
일본은 상호첩자를 파견하여 상대방을 탐지하였고 이 과정에서 일본
이 연해주에서 한인을 이용하여 간첩활동을 한다는 소문이 돌았다.
이에 스탈린은 국경지역에서의 불안과 긴장감을 해소하기 위한 차원
에서 한인을 격리시키려는 생각을 더욱 갖게 되었다. 이러한 생각의
근저에는 점점 막강한 힘을 발휘하는 일본제국주의 세력에 대한 소비
에트정권의 자구책 내지는 대일유화정책의 협상카드로서, 일본과의 안
정적 관계유지의 일환으로 반일감정을 갖고 있는 한인을 강제 이주시
켰던 것이다(윤인진, 2004:97, 이광규, 2000:27, 전경수 편, 11-2).[17]

---

16) 물론 한인들만 강제 이주시키지는 않았다. 제정러시아와 소련의 소수민족정
   책, 1930년대의 국제관계, 소련의 내부정치경제 상황 등의 요인들이 폭넓게
   맞물려 다른 소수민족들도 이주시키려는 계획이 있었다. 하지만 불행하게도
   한인들이 그들 계획의 첫 번째 희생자가 되었던 것이다.
17) 소비에트정권의 일제에 대한 두려움의 근원은 1904년 러·일 전쟁 당시 제정
   러시아의 패배가 소비에트정권에 두려움으로 남아 있었으며, 1918~1922년 일
   본의 극동원정 침략에 대한 기억이 생생했기 때문이다. 더구나 일본이 1931년
   만주사변을 일으켜 만주국을 세웠던 저력을 충분히 고려하였음이기도 하였다.

따라서 소비에트당국은 접경지역에서의 한인들이 간첩으로 활용될 가능성의 사전봉쇄 및 후방교란 등 적대적 활동을 근본적으로 차단시키겠다는 의도하에 한인들의 강제 이주를 단행하였다.

또한 강제 이주의 부차원 원인으로 지적되는 것은 한인들의 노동력과 벼재배능력을 불모지인 중앙아시아지역에 적극 활용하고자 하는 의도였다. 소비에트당국은 한인들이 연해주 지역에서 쌀재배를 성공하고 쌀농사의 주역으로 등장했다는 사실에 근거하여 한인들의 농사법을 중앙아시아에 보급시키기 위한 것이었다는 주장도 있다(유의영, 1980:85, 이문웅, 1981:195－236). 원래 중앙아시아 지역은 반사막지대로 척박한 곳이기도 하였지만, 1920년대 스탈린정권의 전면적 집단화 정책으로 대규모 인구감소가 일어나 노동력이 극히 부족한 곳이었다(김 게르만, 1991:239, 윤인진, 2004:97).[18] 따라서 스탈린정권은 한인들의 노동력을 이용하여 이곳을 재건하려는 의도를 갖고 있었다. 그러면서 스탈린정권은 중앙아시아지역으로 한인들을 강제 이주시킴으로써 공백이 된 한인들의 연해주 터전을 러시아군대 주둔지로 활용하려는 의도도 갖고 있었다. 그와 같은 연유에서 미개척지로 남아 있던 중앙아시아 지역에 한인들을 정착시킴으로써 이 지역의 광활한 토지도 개척하고 쌀도 생산하겠다는 경제적 계산이 깔려 있었다. 즉 정치적·경제적 계산하에 국경지대의 불안을 줄임과 동시에 땅도 개척하고 쌀도 생산하자는 다목적 의도가 있었던 것이다.

---

18) 이는 스탈린이 신경제플랜의 일환으로 전개한 농업의 집단화를 통한 중앙아시아지역 개발과 맥락을 같이하는 것이다. 그러나 그것은 어디까지나 한인에 의한 개척은 강제 이주계획의 의도되지 않는 하나의 부산물이었다고 할 수 있다.

아무튼 소련정부의 한인에 대한 강제 이주의 근본적 동기는 짜르 정부로부터 소비에트정부에 이르기까지 한인들을 믿을 수 없는 존재로 보고 국경지역에 신뢰할 수 없는 소수민족을 예방차원에서 내륙지역으로 이주하려고 한 러시아인의 시각과 민족정책에서 찾을 수 있다. 소비에트정권은 강제 이주와 같은 집단테러를 통해 국경지역의 불순세력, 민족적 역량이 커가는 위협세력을 제거함으로써 정치사회적 불안을 차단하고자 하였던 것이다. 궁극적으로 한인들에 대한 강제 이주결정은 러시아의 국익을 위하여서는 한인들의 그간의 경제적 기여나 대일항전 참여는 아무런 가치도 없었음을 의미한다. 그것은 나라 없는 약소민족으로서 당할 수밖에 없었던 결과였으며, 소비에트정권과 일본제국주의 간 대립의 희생물이던 것이다.

## 2. 강제 이주 과정과 정착

한인들의 강제 이주는 "원동지방 국경부근 구역에서 한인 거주민을 이주시키는 문제에 관하여"라는 결의안 No.1428-326cc를 채택하여 실천에 옮겨졌다.[19] 단 며칠간의 통지로 한인들은 모든 재산을 남겨 놓은 채, 시베리아횡단열차의 화물칸 혹은 짐칸에 실려 2, 3개월이 걸리는 머나먼 강제 이주의 길을 떠나야만 했다. 강제 이주계획에 대해서 강제 이주 2~3개월 전에 인지한 한인들도 있었으나 농

---

19) 강제 이주에 관한 기사가 처음 보도되기 시작한 것은 3월이다. 3월 16일자 프라우다신문에 일본간첩망에 대한 기사가 실렸으며, 4월 23일자 기사에는 소련의 극동지역에 외국인 스파이가 많다는 기사가 실렸다. 7월 29일에는 일본비밀정보부의 파괴적 행위에 관한 기사가 실렸다(이광규, 2000:28).

촌에서는 대부분 강제 이주 일주일 전에 통보를 받았다. 대체로 1937년 9월 10일부터 1938년 초까지 약 18만 명에 이르는 한인들이 중앙아시아로 이주되었다. 강제 이주는 2차로 나누어 진행되었는데 1차 이주 때는 포시에트, 바라바스크, 나제지그스고에 등 국경지역 거주 한인들, 2차 이주 때는 하바로프스크—우아세므스크, 비킨 등 내지 한인들과 사할린에 거주하는 한인들이 대상이었다. 1938년 2월의 보고서에 의하면, 총 124대의 수송열차에 실려 36,442가구 171,781명이 중앙아시아로 떠났다. 이 가운데 20,170가구 95,256명은 카자흐스탄공화국으로 16,272가구 76,525명은 우즈베키스탄공화국으로 이송되었다(반병률, 86). 강제 이주 명령이 통보된 후 한인거주지역에는 계엄령이 선포되었으며, 상호간의 연락이나 이동이 일체 금지되었다.

그 당시 소비에트당국은 모든 재산은 그대로 두고 떠날 것, 수확기에 있는 곡물은 제자리에 두고 떠날 것, 이주민은 친척 방문차 외지에 갔을 경우라도 그 자리에서 떠날 것, 식량준비는 2~3일 분량만 휴대할 것 등을 명령하였다(최협 외, 179). 갑작스러운 이주로 한인들은 이주 시 필요한 생활필수품이나 양식을 충분히 준비할 수 없었다. 한인들이 소유하고 있던 재산이나 가옥, 곡물, 가축, 농업용구 등을 매각할 시간적인 여유도 없었다. 대부분의 한인들의 재산은 현지에 남겨둔 채 떠나야만 했다. 또한 소비에트당국은 한인들의 신분과 관련된 증명서(공민증)를 압수하였으며, 외지로의 여행을 근본적으로 차단하는 거주제한조치를 취했다.

## 스탈린 폭정시기 1937년 한인들의 강제이주 경로

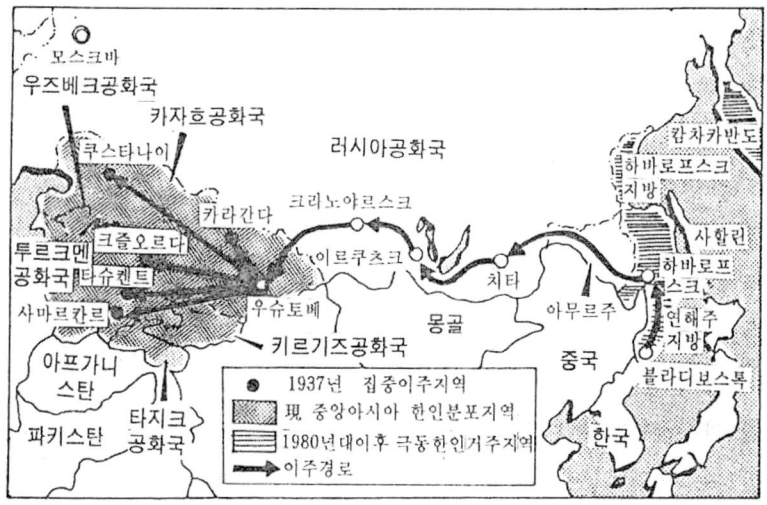

\* 김 피오트르 게르노비치 · 방상현, 1993, 『재소한인 이민사』, 탐구당, p.34.

강제이주명령으로 아무런 대책 없이 떠난 한인들은 일생일대의 최대의 시련을 겪었다.

시베리아횡단열차에 몸을 실은 한인들은 협소하고 비위생적인 기차 내에서 4가구가 위아래층으로 나뉘어 지냈다. 그들은 배설문제로 많은 고생을 하였으며, 식수, 배고픔 및 추위, 질병, 전염병 등으로 갖은 고초를 겪었다. 심지어 배변을 보다가 기차를 놓쳐 이산가족이 되었는가 하면, 질병으로 사망한 노약자, 병자들을 매장하지 못해 곤란을 겪기도 하였으며, 아픈 사람을 색출하여 가족과 격리시키는 일도 빈번하였다. 이 과정에서 어린아이들, 병약자, 노인들 대부분은 사망하였다(정동주, 243-4). 1937년 9월 말 최초로 한인들을 실은

열차가 처음 기착한 곳은 카자흐스탄의 우슈토베였으며, 그 외 다른
지역인 알마티, 크즐 오르다, 카라간다, 쿠스타나이 등 카자흐스탄
전역과 우즈베키스탄 등지로 이주 행렬은 계속되었다.[20]

　강제 이주당한 한인들에게 가장 시급했던 것은 주택, 식료품, 벼
재배를 위한 토지와 관계시설, 농기구 등 기본적인 생활과 관련된
것이었다. 한인들은 잠잘 곳이 없어서 현지인들의 헛간이나 회교사
원, 창고에서 지냈다. 그렇지 못한 한인들은 갈대를 벤 곳에 움막집
을 짓거나 토굴에서 지냈다(김 게르노비치·방상현, 1993:85). 이들
에게 더 무서웠던 것은 춥고 습한 공간이 아니라 모기와 독거미, 독
사였다. 물이 바뀌고 기후가 바뀐 상태에서 아이들은 설사를 하고
열이 나도 약이 없어서 많이 죽었다. 두 살 아래의 어린이는 거의
사망하였다(최협 외, 181). 그러나 한인들은 강제 이주한 곳에서 온
갖 고생을 하면서 삶의 터전을 만들어 나갔다. 사막지대에서 한인들
은 필사적으로 물을 찾아 도랑을 만들고 염분이 남아 있는 곳에 논
을 만들며 생존해 나갔다.

　현지 사정이 나쁘고 적응하지 못한 한인들은 제2차 이주를 불가
피하게 하였다. 1938년 3월 하순에 시작된 재이주는 5월 초순까지
행해졌는데 전체 이주한인의 60%가 재이주하였다(전경수 편, 21-2).
이때부터 한인들은 영구정착지로 분산되어 미개척지와 황폐한 땅, 파
산된 국영농장 소포즈로 분산되어 삶의 터전을 가꿔 나갔다. 소비에
트정권에 의해 강제 이주당한 한인들은 갖은 신산고초를 겪으며 생

---

20) 이들의 비참한 삶의 여정은 소련의 반체제 작가 솔제니친의 작품 수용소군
　　도에서도 소련의 비인도적인 이주정책에 대해서 적나라하게 언급되고 있다
　　(신연자, 1988:34).

활기반을 다져나갔다. 결과적으로 나라 없는 설움으로 아무런 영문도 모른 채 선량한 대다수의 한인들은 무연고지인 시베리아벌판에서 생존투쟁을 벌여 나갔다.

# VII. 한인들의 강제 이주 결과

## 1. 강제 이주 후 보상과 일본의 반응

강제 이주당한 한인들은 당연히 물질적·경제적으로 궁핍한 상태에 있었다. 원래 강제 이주 결정안에는 보상문제도 언급되었다. 소비에트당국은 국가예산에서 한 가구당 4,000루블씩을 보상액으로 책정하였으나 실제로 행해진 보상은 보잘것없었다. 스탈린 정권에 의해 그와 같은 조치가 내려졌지만 제대로 이행되지 않았다. 경제적, 재정적 지원을 한다는 명목으로 몇 번의 결정하에 카자흐공화국과 우즈베크공화국 지역정부로 하여금 한인들의 정착에 필요한 재정적 지원을 하라는 것이었지만 미미한 정도의 지원만 있었을 뿐 약속은 제대로 이행되지 않았으며 오히려 막대한 돈이 지방관리들에 의해 유용되었다(박 니콜라예비치, 1992:1269-1313, 한 막스, 1998:17-22). 강제 이주당한 한인들을 위한 보상안은 있었지만, 실제로 개인재산에 대한 보상이 제대로 이루어지지 않은 상태에서 한인들은 척박한 환경에서 힘겨운 생존투쟁을 벌여야 했다.

한편 한인들의 강제 이주에 대해서 일제는 자국의 이익과 입지강화를 위해 외교상의 경로를 통해 항의하였다. 일제는 소비에트한인들에 대해서 조선의 법은 조선인들이 비록 다른 국적을 획득했을지라도 그들 본래의 국적 또한 계속 유지되는 것이며 더구나 그들은 자기네들이 식민지배하는 곳의 신민이기 때문에 이들을 마음대로 이주시킨다는 것은 불법이라고 항의하였으나 소비에트정부는 이를 무시하였다(서대숙, 73).[21] 일제는 이미 한인들의 강제 이주에 대해서 인지하고 있었지만 강제 이주가 종료된 뒤 항의는 아무런 의미가 없었다. 비록 한인들의 강제 이주가 불법적인 것이긴 하였지만 제국주의 세력들 간의 다툼 속에 약소민족의 주권과 인권은 유린될 수밖에 없음을 보여줄 뿐이었다.

## 2. 강제 이주 후 적응

중앙아시아로 강제 이주된 한인들은 정착과정에서 엄청난 고통과 인내를 감수해야 했다. 한인들은 판이하게 다른 자연환경 및 사회문화적 풍토에서 생활의 기반조성을 위하여 강한 의지와 집요함을 발휘하여 나름대로 성공적으로 적응해 나갔다. 그들은 개간한 땅에서 쌀과 채소 등의 농작물들을 재배하여 기대 이상의 성과를 거두었다. 그들의 성공적인 적응은 그 지역의 원주민뿐만 아니라 소비에트 전체에 유익한 보탬이 되었다. 이로 인해 중앙아시아 제 민족집단과의

---

21) 중앙아시아로 강제 이주당한 한인들 대부분이 구한말, 한일합병전에 이주하거나 합병 이후 항일을 위해 이주한 사람들에 대해 일제가 마치 자기네 신민으로 간주하여 항의한다는 것은 비록 인도주의적 차원의 항의였다 할지라도 일본 측의 항의는 어불성설이라고 할 수 있다.

관계도 개선되었고 잘 동화되기에 이르렀다.

그러나 강제 이주된 한인들이 초기에 겪었던 가장 큰 아픔은 이주 과정에서 혈육을 잃거나 이산으로 인한 슬픔과 고통이었다. 한 맺힌 사연의 역사가 이주 후 한참 동안 지속되었다. 한인들의 가장 큰 문제는 연해주 지역에서 형성하였던 경제적 기반상실 및 문화적 기반상실을 어떻게 극복하느냐였다. 그러나 한인들은 경제적, 문화적, 인적 토대를 박탈당하는 강력한 해체 속에서도 한민족의 우수한 두뇌와 노력으로 경제적 기반을 회복시켰으며 가족공동체를 재생시켰다. 또한 타민족들과의 관계를 돈독히 하면서 한인들이 주축을 이루는 한인사회라는 공동체를 재형성시켰다(이정옥, 150-1).

특히 이주 초기 한인들은 참담했던 생존환경을 극복하기 위해 계절임차농 즉 고본질이라고 하는 사적영농제도를 실시하여 사회경제적 지위를 확보해 나갔다(백태현 외, 2000:63-131). 즉 생산성을 향상시키기 위하여 농업분야에 자본주의 방식을 도입하여 성공을 거두었다. 이를 토대로 한인들은 생활기반을 착실히 다져나갔다. 한인들은 살아야겠다는 의지와 일념으로 불모지나 다름없던 곳에서, 피나는 노력의 결실을 거두었다. 한인들은 힘든 삶 속에서도 자식들을 교육시키고 자립시켰다. 소수민족으로서의 능력을 최대한 발휘할 수 있는 전문기술직, 화이트 칼라직, 교육계 등 각계 각 분야에서 한몫을 담당하게 만들었다.[22]

---

22) 한인들은 적성민족이라는 신분상 제약으로 인해 정치, 군사, 공직분야로의 진출은 어렵게 됨으로써 자신의 재능과 노력으로 승부할 수 있는 경제분야 특히 고본질, 집단농장, 자영농업 등에서 경제적 자립의 토대를 마련하였다. 특히 농업분야에서는 쌀, 야채, 과일과 같이 현지 원주민들이 경작하지 않는 작물에 집중함으로써 그들과의 경쟁을 피해 나가는 방식으로 삶을 이어

중앙아시아로의 강제 이주는 한인사회의 문화발전에 결코 보상받을 수 없는 치명적인 상흔을 남겨 주었다. 한인들은 생존하기 위해 적응하는 과정에서 한인으로서의 정체성을 상실하거나 고유문화와 전통을 상실하였다(강인철, 1998:74−5). 자기 민족의 역사를 모르는 민족은 스스로 미래의 올바른 길을 발견할 가능성을 박탈당할 수밖에 없는 것처럼 미지 세계 정착에 따른 후유증은 한인들의 민족문화를 단절시켰다. 특히 젊은 세대들에게 심각한 교육문제를 초래하였다. 생존을 위하여 러시아사회에 동화되어 살다 보니 2세들의 언어교육이 제대로 이루어지지 못하였다. 한인 2, 3세들이 모국어인 한국어를 제대로 배우지 못해 한인으로서의 정체성, 동질성을 상실하였다. 또한 한인 고유의 전통, 풍습이 변질되거나 잊혀 갔다. 한인들은 생존을 위한 삶의 과정에서 러시아문화에 어쩔 수 없이 동화됨으로써 한인으로서의 민족적인 아이덴티티를 유지할 수 없었던 것이다. 오히려 러시아사회의 지배적인 문화에 흡수되거나 용해되어 버려 한인들의 고유문화를 유지하기 어려웠다.

# Ⅷ. 결 론

공식적으로 1863년부터 러시아국경 연해주에 이주한 한인들은 먹고살기 위해, 자유를 찾아 갖은 고생을 하며 연해주에 정착했다. 그곳에서 한인들은 벼재배를 성공시켰고, 불모지나 다름없던 연해주

---

나갔다(윤인진, 2004:90).

지역을 개발하였다. 몇몇 연해주총독들의 한인에 대한 우호적 태도의 본심은 이민족의 힘을 이용한 연해주개발이라는 의도와 맞물려 있었다. 이러한 가운데 한인들은 러시아 사회에 적응하면서 생활기반을 착실히 다져 나갔다. 또한 한인들은 소비에트정권에 협력하면서 민족적 역량을 키워 나갔다. 그들은 1910년 한일합병으로 국권이 상실되자 민족독립운동의 적극적 수행과 민족적 공간 확보를 위해 자치주건설운동을 전개하였다.

그러나 러시아정부의 한인들에 대한 반감과 의심, 한인자치주건설운동에 자극받은 소비에트 정권은 한인에 대한 일인들의 첩자활용 방지, 국경지역에서의 불안과 긴장해소, 한인들의 민족적 역량차단 및 분산·분열시키기 위해 중앙아시아로의 강제 이주를 결정하였다. 또한 연해주에서 쌀재배에 성공한 한인들을 집단화 정책으로 불모지나 다름없던 중앙아시아지역에 이주시켜 이 지역을 개발하고자 하는 의도도 깔려 있었다. 한인들은 다시 나라 없는 설움에 강제 이주라는 비극을 현실로 받아들여야만 했다. 모든 것이 국가가 부재함에 기인한 것이었다.

18만 명에 달하는 한인들은 연해주에서 쌓았던 경제적 기반을 완전히 상실한 채, 1937년 9월 시베리아횡단열차에 실려 불모지나 다름없던 중앙아시아로 머나먼 길을 떠나야만 했다. 이주 과정에서 그들은 가족을 잃거나 이산되는 아픔을 겪었다. 이들은 오로지 살아야겠다는 일념으로 척박한 자연환경과 힘겨운 싸움을 벌이면서 생존기반을 다져 나갔다. 그들은 이곳에서 벼농사에 성공하였으며, 채소 등을 가꾸면서 중앙아시아 민족들과 동화, 적응하며 살아갔다. 그러나 중앙아시아로의 강제 이주는 한인사회의 삶에 결코 보상받을 수 없는 상흔을 남겨 주었다. 한인고유의 전통, 풍습이 변질되거나 잊혀 갔으며 한인으로서의 정체성을 상실하였다.

한민족의 비참한 질곡의 역사는 1980년대 말에 와서 종지부를 찍는 듯했다. 중앙아시아로 강제 이주당한 한인 및 여러 민족들에 행한 강제 이주조치는 위법이라는 결론이 1989년 9월 소련공산당 중앙위원회에서 거론되어 동년 11월 14일자 소련최고회의는 "강제이주에 처해졌던 민족들을 억압해 온 제 법규들을 위법적이고 범죄적인 것으로 인정하고 이주민들의 권리를 보장한다"는 획기적인 선언을 채택하였다(권희영, 151). 이때부터 한인들은 다시 과거에 살던 연해주로 이주하게 되는 기회를 갖게 되어, 실제로 많은 이들이 이주하기도 하였다. 그러나 그 후 고르바초프의 개방화 정책으로 구소련사회가 해체됨으로써 중앙아시아에 거주하는 한인들은 또 한 번 시련을 겪어야 했다. 그들은 중앙아시아지역에 새로 독립한 공화국에서 또 다시 차별받으며, 새로운 언어를 습득하고 적응해야 하는 힘겨운 처지가 되었다. 나라 없이 떠돌던 비참한 삶의 역사가 다시 시작되었던 것이다. 모든 것이 나라가 없고 국가가 힘이 없었기 때문에 생긴 일이었다. 이들은 아직도 그곳에서 제 민족들의 편견과 차별 속에 공존하면서 힘겨운 생존투쟁을 벌여 나가고 있다.

여기서 우리는 다음과 같은 점을 생각해 보아야 한다. 우리는 우리의 국력을 바탕으로 이들에게 속죄하는 마음으로 어느 정도의 물질적·정신적 보상을 고려해야 할 필요가 있다. 지금까지 우리는 러시아에 거주하는 한인들의 고단한 삶에 대해서 아무도 몰랐으며 관심도 없었다. 우리에게 잊혔던 그들에 대하여 우리는 아무런 도움을 주지 못했다. 우리는 이제라도 나라 없음으로 인해 억울하게 당했던 그들의 비참했던 강제 이주의 고단한 삶을 어루만져 주어야 한다. 비록 국토가 분단되고 동족상잔의 아픔이 있었지만, 이만큼 경제적 번영을 이룩한 우리들이 그들에게 최소한 해 줄 수 있는 방법을 모색하여야 한다. 이것만이 강제 이주로 인한 고통과 슬픔을 어느 정도 달래 줄 수 있고, 민족의 동질성과 정체성에 혼란을 겪고 있는 한인들에게 한민족이라는 자긍심과 위신을 세워줄 수 있다. 그들에게 모국이라는 존재를 알림으로써 정신적 의지가 될 수 있음은 물론 그들 자신의 삶이 결코 외롭지 않고, 비관적이지만은 않다는 것을 깨닫게 할 것이다.

## ≪참고문헌≫

강만길, 1999, 『회상의 열차를 타고』, 한길사
강성학, 1999, 『시베리아 횡단열차와 사무라이』, 고려대학교출판부
강인철, 1998, 『그래도 고려인은 살아 있다』, 혜인
고송무, 1984, 『소련 중앙아시아의 한인들』, 한국국제문화협회
고재남, 2002, 『시베리아의 여명을 뚫고』
권영훈, 2001, 『고려인이 사는 나라 까자흐스딴』, 열린책들
권희영, 1996, 『세계의 한민족』, 통일원
김 게르만, 1995, 「카자흐스탄 한인사회의 형성과 발전」, 한국민족독립
　　　　운동사연구회, 『한국민족운동사연구』, 7
김 부르트, 장실 역, 1989, 『우리는 누구인가: 소련의 한인들 125년사』,

슬라브연구사

김 블라지미르, 조영환 역, 1997, 『재소한인의 항일투쟁과 수난사』, 국
　　학자료원

김승화, 1965, 『소련한인사 개론』

김우효·김영웅, 1994, 『스딸린체제의 한인 강제 이주』, 건국대학교출판부

김창수, 1996, 「중앙아시아의 한인의 이주 과정」, 해외한민족연구소, 『한
　　민족공동체』, 제4호

김 표트르 게르로비치·방상현, 1993, 『재소한인 이민사』, 탐구당

동아일보, 1937, 11월 13, 19, 29일자, 12월 14일자

박 드리트리 니콜라예비치, 1992, 「재소한인의 강제 이주약사」, 박영석교
　　수화갑기념논총간행위원회, 『한민족독립운동사논총』, 탐구당

박 　환, 1998, 『재소한인민족운동사』, 국학자료원

박 　환·허승철 편, 2003, 『시베리아의 여명을 뚫고』, 지식마당

백태현·이에리아, 2000, 「중앙아시아 고려인의 고본질」, 서울대학교 비
　　교문화연구소, 『비교문화연구』, 제6집 1호

반병률, 2001, 「한국인의 러시아이주사」, 이기백 편집, 『한국사시민강좌』,
　　제28집, 일조각

서대숙, 이서구 역, 1989, 『소비에트 한인백년사』, 태암

신연자, 1988, 『소련의 고려사람들』, 동아일보사

전경수, 1996, 「중부아세아 고려인 사회의 여정과 진로-제국주의 역사
　　와 신소수민족」, 해외한민족연구소, 『한민족공영체』, 제4호

전경수 편, 2002, 『까자흐스딴의 고려인』, 서울대학교출판부

정근식, 1996, 「중앙아시아 한인의 일상생활과 문화」, 한국사회사학회, 『중
　　앙아시아 한인의 의식과 생활』, 문학과지성사

정동주, 1995, 『까레이스끼, 또 하나의 민족사』, 우리문학사

조정남, 1988, 『소련의 민족문제』, 교양사

스티븐 E. 암브로스, 손원재 역, 2003, 『대륙횡단철도』, 청아출판사

양원식, 1998, 「중앙아시아 카자흐스탄 고려인들의 사회문제」, 재외한인학회, 『재외한인연구』, 7

오기완, 1966, 「평양, 모스크바, 서울」, 『신동아』, 5, 6, 7월호

와다 하루키, 1989, 「소비에트 극동의 고려인들」, 서대숙 역, 『소비에트 한인 백년사』, 태암

윤인진, 2004, 『코리안 디아스포라』, 고려대학교출판부

이광규, 2000, 『재외동포』, 서울대학교출판부

이광규・전경수, 1993, 『재소한인』, 집문당

이계룡, 김마리나 역, 2003, 『터 밭의 고려인 러시아 대지를 가꾸다』, 행복한집

이동언, 1991, 「노령지역 초기한인사회에 관한 연구」, 한국독립운동사연구소, 『한국독립운동사연구』, 5

이문웅, 1981, 「중앙아시아의 한국인 사회」, 서울대학교 인문대학 동아문화연구소, 『동아문화』, 18

이사벨라 버드 비숍, 이인화 역, 2001, 『한국과 그 이웃나라들』, 살림

이상일, 2002, 「1937년 연해주 한인의 강제 이주 배경과 일본의 대소 정보활동」, 한국독립운동사연구, 『한국독립운동사연구』, 제19집

이정옥, 1996, 「중앙아시아 한인가족구조의 변화」, 한국사회사학회, 『중앙아시아 한인의 의식과 생활』, 문학과지성사

이철, 1990, 『시베리아 개발사』, 민음사

최협・이광규, 1998, 『다민족국가의 민족문제와 한인사회』, 집문당

한국정신문화연구원, 1991, 『세계속의 한국문화-재외 한인의 생활과 문화』

한 막스, 1998, 「한인 강제 이주의 역사적 의의」, 재외한인학회, 『재외한인연구』, 7

한 세르게이 미하일로비치・세르게이비치, 1999, 『고려사람 우리는 누구

인가』, 고담사

허진, 1996, 「재소 고려인의 사상의식의 변화」, 해외한민족연구소, 『한
　　민족공동체』, 제4호

현규환, 1967, 『한국유이민사』, 상권, 어문각

丸毛忍, 1965, 「中央アジアの 朝鮮人」, 『アジア經濟』Vol.6, No.6

Alexandr Solzhenitsyn, 1978, The Gulag Archipelago, vol. Ⅱ－Ⅶ

H. A. Muio 외, 1967, *Uciopua u Kuifiypd hapogof Cebepa Gaiohezo
　　Focioka －Hayda*

Kim, Syn Khva, 1965, *Ocherki po istorii Sovetskikh Koreitsev*, Alma
　　Ata

Kolarz, Walter, 1954, The Peoples of the Soviet Far East, N.Y.: Praeger

Stephan, John J., 1971, "the Korean Minority in the Soviet Union", in
　　*Mizan*(Incorporating Central Asian Review, published by the
　　Central Asian Research Centre, London), Vol.Ⅷ, No.3

Pravda, 20 December 1937

# Trans Siberian Railroad and the Deportation Process of Soviet Koreans

## ─ On the Deportation during the Stalin Era ─

This paper studies reasons and process of deportation of Koreans who were forcibly moved from the Russian Far East to Central Asia by Stain's Socialism in One Country and the Diaspora policy. Since the 1860s, Koreans who came from the Korean Peninsula with economic and political reasons had settled in the Littoral Province of Siberia. Korean settlers cultivated the wasteland of Russian Far East, and brought them into rice fields. Also, they supported anti─ Japanese movements for colonized Korea, and tried to establish a Korean autonomous province in the Russian Far East. In 1937, however, they were forcibly moved to Central Asia in various reasons including Siberian governors' yellow peril, disputes on the landownership, Koreans' autonomous government movement, Stalin's Diaspora policy, the prevention of Japanese espionage, and the development of Central Asia.

Even without knowing such reasons, Koreans in the Russian Far

East were deported to Central Asia by the trans−Siberian trains. During the deportation, many families broke up, and many old people and children died from diseases. Despite of such painful sufferings, Koreans cultivated the semi−desert soil of Central Asia and succeeded in rice farming. They have gradually assimilated into Russian society. However, they have lost their own Korean language, culture, and customs, which were assumed to be their identical base. With the feeling of loss and reconciliation, many Koreans in Central Asia are still struggling with adversity.

제3장

# 남북한 철도의 발달과
# 산업사회의 갈등

# 요약

    근대문명과 기술발전의 총아였던 철도는 남북한의 산업화에 중요한 역할을 수행하였다. 각종 지하자원개발, 농·공업발전 및 지역균형개발에 박차를 가하는 데 있어 철도는 경제발전의 원동력 역할을 수행하였다. 북한은 1950년대 중반부터 본격적인 산업화를 추진하면서 지리적 한계를 극복하기 위해 간선철도를 비롯한 많은 지선을 건설하였다. 남한에서는 한국전쟁 후 3대산업선을 중심으로 경제발전을 위한 주 운송기관으로 활용되면서 발달하기 시작하였다.

    철도가 경제발전의 필수적인 수단으로서 기여하는 가운데 남북한은 상이한 체제하에 수차례의 경제개발계획을 추진하였다. 산업화 과정에서 남북한은 미소열강이 제공한 원조의 혜택을 받았다. 남한은 1960년대 초부터 미국의 1차산품 위주의 원조를 중심으로 대외의존적 산업화를 추진하였다. 반면 북한은 소련과 동구사회주의국가들의 시설재중심의 원조를 토대로 1950년대 중반부터 군수산업 위주의 중공업정책하에 대내지향적 산업화를 추진하였다. 이를 토대로 남한은 산업화 초기 경공업제품 위주의 수출정책을 추진하여 산업화의 기틀을 마련하였으며, 70년대 중반부터는 중화학공업정책으로 경제성장의 발판을 마련하였다. 북한은 미·소 화해, 남한의 군사정권등장, 중·소 갈등 등 외부위협에 능동적으로 대처하기 위하여 자립적 경제정책하에 군사경제병진정책을 추진하였다. 1970년대 초반까지 남한경제보다 우위에 있던 북한경제는 지나친 군사비 과다지출, 중공업비대에 따른 기형적 산업구조, 대외진출봉쇄, 북한내부의 구조적 문제 등의 요인으로 경제성장이 지연되고 경제침체가 가속화되어 외부세계의 지원 없이는 생존조차 힘들게 되었다.

남북한의 상이한 체제하의 산업화는 많은 문제를 야기하였다. 남북한 공히 노동계층이 급증하는 가운데 계층 간 갈등, 가족구조와 가치관의 변화 및 기타 문제를 가져왔다. 남한은 중산층이 증가하는 가운데 소득재분배의 불균형심화로 계층 간의 대립과 갈등이 노정되었으며, 농촌해체를 급진전시켰으며, 물질주의적, 소비지향적, 이기주의적 가치관을 형성시켰으며 가족을 둘러싼 문제를 확대시켰다. 북한은 신중간계급의 증가로 계층 간의 갈등을 심화시켰으며, 여성들의 경제활동참여가 증가하였으나 이중노동에 시달리게 하였다. 또한 사회주의적 가정으로 변화시킴으로써 가족구성원들 간에 상이한 가치관을 형성시켜 전통적 가족의 모습을 찾아볼 수 없게 하였으며, 공동생산, 공동분배정책으로 인한 노동동기 약화로 노동을 기피하고 나태하게 만들어 의존적, 수동적 가치관을 형성하였다.

# I. 머리말

해방의 기쁨도 잠시, 한반도는 미국과 소련이라는 열강에 의해 남
북으로 분단되었다. 한민족에게 수탈과 착취의 굴레를 제공했던 철
도도 같은 운명에 처했다. 그 후 남북한은 반세기 이상을 각자 제한
된 지역에서 상이한 이데올로기하에 나름대로의 삶을 지속했다. 민
족분단의 상징인 철도가 남북으로 단절된 후부터 남북한은 상이한
산업화를 추진하였다. 남한은 자본주의적 시장경제원리를 토대로 북
한은 사회주의적 계획경제방식으로 산업화를 추진하였다. 상이한 산
업화의 결과 남북한은 정치, 경제, 사회, 문화 등 모든 부분에서의
변화를 가져왔다.

근대화 초기 산업화를 추진하는 과정에서 철도는 육상운송기관으
로서 중요한 역할을 담당하였다. 근대문명과 기술발전의 총아였던
철도는 남북한의 산업화에도 중요한 역할을 수행하였다. 각종 지하
자원개발, 농공업발전 및 지역균형개발에 박차를 가하는 데 있어 철
도는 경제발전의 원동력 역할을 수행하였다. 북한은 1950년대 중반
부터 본격적인 산업화를 추진하면서 지리적 제약을 극복하기 위해
간선철도를 비롯한 많은 지선을 건설하였다. 반면 남한에서의 철도
는 한국전쟁 후 3대산업선을 중심으로 경제발전을 위한 주 운송기관
으로 활용되면서 발달하기 시작하였다. 그 후 남북한은 경제발전을
촉진시키기 위한 견인차로서, 대동맥으로서 철도를 신설하거나, 복
구, 연장, 복선화하면서 발달을 거듭하여 왔다.

철도가 경제발전의 필수적인 수단으로서 기여하는 가운데 남북한

은 상이한 체제하에 수차례의 경제개발계획을 추진하였다. 산업화 과정에서 남북한은 미소열강이 제공한 원조의 혜택을 받았다. 남한은 1960년대 초부터 미국의 1차산품 위주의 원조를 중심으로 대외의존적 산업화를 추진하였던 반면 북한은 소련과 동구사회주의국가들의 시설재중심의 원조를 토대로 1950년대 중반부터 군수산업 위주의 중공업정책하에 대내지향적 산업화를 추진하였다. 이를 토대로 남한은 산업화 초기 경공업제품 위주의 수출정책을 추진하여 산업화의 기틀을 마련하였으며, 1970년대 중반부터는 중화학공업정책으로 경제성장의 발판을 마련하였다. 반면 북한은 미 · 소 화해, 남한의 군사정권등장, 중 · 소 갈등 등 외부위협에 능동적으로 대처하기 위하여 자립적 경제정책하에 군사경제병진정책을 추진하였다. 1970년대 초반까지 남한경제보다 우위에 있던 북한경제는 지나친 군사비 과다지출, 중공업비대에 따른 기형적 산업구조, 대외진출봉쇄, 북한내부의 구조적 문제 등의 요인으로 경제성장이 지연되고 경제침체가 가속화되어 외부세계의 지원 없이는 생존조차 힘들게 되었다.

남북한의 상이한 체제하의 산업화는 많은 문제를 야기하였다. 남북한 공히 노동계층이 급증하는 가운데 계층 간 갈등, 가족구조와 가치관의 변화 및 기타 문제를 가져왔다. 남한은 중산층이 증가하는 가운데 소득재분배의 불균형심화로 계층 간의 대립과 갈등이 노정되었으며, 농촌해체를 급진전시켰으며, 물질주의적, 소비지향적, 이기주의적 가치관을 형성시켰으며 가족을 둘러싼 문제를 확대시켰다. 반면 북한은 신중간계급의 증가로 계층 간의 갈등을 심화시켰으며, 여성들의 경제활동참여가 증가하였으나 이중노동에 시달리게 하였다. 또한 사회주의적 가정으로 변화시킴으로써 가족구성원들 간에 상이한 가치관을 형성시켜 전통적 가족의 모습을 찾아볼 수 없게 하였으며, 공동생산, 공동분배정책으로 인한 노동동기 약화로 노동을 기피하고 나태하게 만들어 의존적, 수동적 가치관을 형성하였다.

본고는 이러한 내용을 중심으로 남북한 철도발달과 산업사회의 갈등을 논의하고자 한다. 먼저 남북한이 분단된 이후 상이한 체제하에서 서로 다른 경제발전의 길을 걸어오면서 철도가 양 체제 경제발전에 어떻게 기여했는가를 철도를 중심으로 고찰하고자 한다. 즉 남북한이 산업화를 추진하는 과정에서 경제발전 및 산업진흥의 긴요한 동력이자 동맥으로 활용된 철도가 어떠한 발달경로를 걸어 왔는지를, 남한은 경제개발계획시기별로, 북한은 3대철도축과 주요간선을 중심으로 살펴보고자 한다.23) 그 다음 상이한 체제하에 추진된 남북한 산업화가 어떠한 과정을 걸어 왔으며, 어떤 방식의 경제발전정책을 폈는가, 그리고 그것이 양 체제 경제발전에 어떠한 영향을 미쳤는가를 살펴보고자 한다. 그 다음으로 상이한 산업화 정책 추진결과 남북한 사회에 어떤 변화가 있었고 어떤 문제를 내포하고 있었는가를 상호비교 논의하고자 한다. 특히 북한경제가 심각한 위기에 빠진 원인과 결과에 대해서도 언급하고자 한다.

---

23) 왜 이 논의를 하는가는 남한의 성공적인 산업화에 대한 기존의 논의들 대부분이 집권자의 근대화에 대한 강한 의지, 교육과 근면을 중요시하는 유교 이데올로기, 군사정권의 정당성의 부재만회, 군의 강한 응집력과 추진력, 미국의 원조, 잘 훈련된 유능한 관료들의 노력, 대다수 국민들의 잘살겠다는 강한 열망 등 복합적인 요인들에 의해 이루어졌다는 많은 논의들이 있었지만, 철도가 산업화에 결정적 역할을 수행하였다는 구체적 논의는 거의 없었다. 따라서 본고는 이러한 점에 착안하여 철도가 남북한의 산업화에 어떤 식으로 기여하였으며 어떠한 결과를 가져왔는가를 실증적 사례를 들어 논의하고자 한다.

# Ⅱ. 이론적 배경: 철도의 역할, 산업화와 갈등

## 1. 철도의 역할

교통기관의 발달은 국가발전에 필수 불가결한 요소로서 경제발전의 원동력 역할을 수행함과 동시에 인간생활의 질적 향상을 가져온다. 특히 철도는 문명의 이기로서 산업혁명의 총아역할을 수행하였는바, 한 국가발전의 토대를 마련할 뿐만 아니라 경제활동의 매개체로서 인간생활을 변혁시키는 중요한 요인으로 작용하였다. 영국의 산업혁명기시 철도는 산업화의 중추적인 역할을 수행하였으며, 경제발전에 커다란 전기를 가져왔다. 철도는 근대화 시기에 있어 최초의 사회간접자본으로서 국가의 부를 증대시키는 데 견인차역할을 하였으며 산업발전에 지대한 영향을 미쳤다(홍갑선, 1996:47). 이러한 철도는 산업구조부문에서 전면적 개편을 불러왔으며 지역경제발전과 도시발달을 촉진시키는 데 획기적인 역할을 수행하였다. 세계 각국은 철도의 중요성을 인식하고 국가에 가장 긴요한 기간산업의 하나로서 많은 투자를 하여 왔다. 철도가 산업화 시기에 있어 경제발전의 동력으로서, 사회의 공기로서 산업의 대동맥으로 중요한 역할을 수행하였음을 의미한다.

철도는 경제발전을 위한 도약의 선행역할을 수행하였으며, 경제규모를 확대시키는 데 선도적 역할을 수행하였다. 철도는 성장동력으로써 사람들을 실어 나르고, 사람들이 생산한 제품을 운송하고, 생산에 필요한 원료를 실어 나르는 데 효율적인 수단이었다. 또한 철도는 도시와 농촌을 연결시켜 농산물과 공산품을 원활하게 수송하는 역할을 담당하였다. 이와 같이 철도는 여객과 화물을 도시 간, 지역 간 수송을 독점하여 시장의 확대를 가져왔으며, 경제활동인구의 원활한 이동을 가능하게 함으로써 산업발전에 기여하였다(Murray, 2003: 46). 또한 철도는 공업의 발전, 농촌근대화, 산업도시형성, 지역개발 및 분업촉진 등의 대변혁을 가능하게 하였으며, 경제발전의 필수적인 자원개발, 유통망 확장에 기여하여 산업진흥에 직접적인 영향을 주었다. 이러한 모든 것들이 철도라는 매개체가 존재하였기 때문에 가능한 것이었다. 철도는 다른 교통수단보다 저렴하고 광역적 대량수송이 가능함으로써 시장의 확대 및 시공간적 활동범위의 확대를 가져와 산업발전을 촉진시켰다. 즉 철도는 광역성, 저렴성, 고속성, 안정성, 정시성 면에서 탁월하였기 때문에 국가의 중추적인 운송기관으로서의 자리매김했다.

철도는 그 외에도 사회경제구조의 변동과 맞물려 많은 변화를 가져왔으며 인간들의 삶의 질을 획기적으로 변화시켰다. 철도는 도시 간 혹은 지역 간의 사회적 교류 및 인적 교류의 확대를 통하여 경제활동의 폭을 확장시켰으며 경제를 활성화시키는 데 기여하였다. 철도는 모든 재화와 용역에 새 생명을 불어넣어 생산과 소비를 진작시켰다. 철도는 사람과 상품을 일정한 시간에 목적지까지 이동시키고 이동거리를 확대시킴으로써 유통범위의 확대 및 잠재적 수송수요를 유발시켰다. 철도는 물자의 원활한 공급을 가능하게 함으로써 인간들의 생활수준의 질적 향상을 가져왔다. 또한 철도는 합리성과 효율성을 자극시켜 근대적인 사고를 고취시켰으며 생산성 증대에 기여하였다. 특히 철도는 시간의 중요성을 각성시켰으며 표만 사면 누구나 신분차별 없이 목적지까지 도달할 수 있음으로써 평등사상을 심어 주기도 하였다(原田勝正, 1998). 철도는 지역 간 격차해소에도 기여하였으며 도시기능을 더욱 강화시켜 대도시로 성장하는 데 기틀을 마련하였다. 또한 철도는 활동수행상의 이동 용이로 말미암아 대다수 인간들에게 문화생활의 향유를 보편화시켰으며, 질 높은 교육욕구의 충족 및 보다 나은 교육적 혜택을 보편화시키는 데 기여하였다.

그러나 철도는 도로의 발달과 자동차 증가로 그 중요성이 퇴색하고 있다. 그렇기는 하지만 대량성, 광역성, 저렴성, 안정성, 정시성, 신속성으로 말미암아 여전히 주요한 교통기관으로 남아 있다. 철도는 그 자체의 환경친화성, 에너지효율성, 토지 및 수송효율성 측면에서 도로운송보다 우수한 이점을 갖고 있기 때문에 그 중요성이 더욱 부각되고 있다(이갑수, 2001:107). 점점 증가되는 물동량의 증가로 말미암아 도로교통체증, 보상비의 급증에 따른 도로확장의 한계, 환경오염의 심화로 더욱 그 필요성이 부상되고 있다. 더 나아가 향후 지속적으로 증가할 교통수요의 처리와 지속 가능한 사회발전을 위한 교통체계 구축에 필수적인 수단으로 재인식됨으로써 그 중요성이 다시 부각되고 있다.


## 2. 산업화와 갈등

저발전사회나 신생독립국의 경제발전을 설명하기 위해 등장한 산업화 논의는 학자들 간에 일치된 정의는 없다. 하지만 통상 전근대 사회가 보다 향상되고 발전된 사회로 이행되는 것을 의미한다. 따라서 산업화는 경제발전, 공업화, 도시화, 기술발전 등과 같은 의미로 사용된다.

레비(Levy), 스멜서(Smelser), 무어(Moore) 등에 의하면, 산업화가 진전되면 될수록 인간의 노동이나 축력의 이용이 감소하는 대신 기계와 기술과 같은 도구사용이 증대됨에 따라 인간의 노력이 배가된다고 한다(Appelbaum, 1983:40, Smelser, 1987:146). 특히 레비는 기계사용의 비율이 높아지는 산업화는 사회조직의 전문화를 가져오며, 사회체계 간의 상호의존성을 높이며, 도시와 농촌간의 상호의존성을 심화시키며, 가족의 기능을 축소시킨다고 한다(Appelbaum, 1983:40). 스멜서는 산업화를 경제발전과 밀접히 관련되는 것으로 언급하면서, 가족의 영역에서 핵가족화 경향이 나타나며, 계층의 영역에서는 귀속적 위계체계가 약화되며, 인간들 간의 접촉증가로 이질성과 문화해체를 초래하는 것으로 본다. 또한 러너는 산업화가 경제적으로 어느 정도의 자립지속적 성장을 가져오게 하며, 사회계층 간의 이동증대를 가져오며 사회구성원들의 가치관의 변화를 가져온다고 언급한다(Lerner, 1968).

한편 로스토우(Rostow)는 산업화가 경제발전의 필수 불가결한 요인임을 인식시켜 교육기회를 확산시키고, 공업과 농업에 있어 기술발전이 자극함으로써 농업이 상업화되고 농업기술의 혁신이 이루어지는 등 경제성장을 진전시킨다고 언급한다(Rostow, 1962:310). 미르달(Myrdal)은 산업화가 생산성 제고, 생활수준의 향상, 사회경제적 평등화를 실현시킨다고 언급한다. 오갑환은 농업사회에서 공업사회로 이행 즉 기술발전을 의미하는 산업화는 경제발전은 물론 노동생산성을 높여주고 도시화를 촉진시켜 분업화, 전문화가 촉진되고 기술발전과 생산성 증대 및 경제성장을 가져온다고 한다(오갑환, 1996:289, 315).

이와 같이 산업화는 공업화, 경제성장, 도시화, 사회발전과 맥락을 같이함을 알 수 있다. 그것은 경제를 발전시켜 한 국가의 국민소득을 증가시켜 생활수준을 향상을 가져오며, 산업구조의 개편을 불러일으켜 1차산업의 인구를 고용창출효과가 큰 2, 3차 산업에 종사케 하여 2, 3차 산업 인구를 증가시킨다. 또한 산업화는 교통통신의 발달을 촉진시키며, 교육기회의 확대 및 보편화를 가져와 자유와 평등의식을 고취시켜 정치적 민주화를 촉진시키고, 도농 간의 인구이동을 확대시켜 도시화를 급진전시키며, 중간계층의 확대로 인한 계층분화 현상을 보편화시킨다.

그러나 산업화는 취업이나 교육을 위해 도시로 인구를 흡인시킴으로써 농촌사회의 공동화를 가져오며, 가족구조의 단순화 및 가족가치관의 변화로 노인부양, 이혼 및 세대간 갈등과 같은 가족문제를 발생시키며, 아노미와 같은 사회병리현상을 만연시켜 사회문제를 증폭시킨다. 또한 인간들 간의 교류를 증진시켜 사회적 연대감을 형성시키기는 하나 군중속의 고독, 소외감, 이질성을 심화시키며, 전통문화의 와해 및 미풍양속의 해체를 초래한다. 또한 경제성장일변도에 따른 부정부패의 만연, 가진 자와 못 가진 자 간의 빈부격차, 노사 간의 갈등, 가족해체, 환경오염 등과 같은 문제를 초래한다.


# Ⅲ. 남한철도의 시기별 발달과 경제발전

한국철도부설의 시작은 일제가 한반도를 식민지배하면서 비롯되었다. 일제는 대륙침략을 위한 병참선으로 활용하기 위해, 한반도 내 각종 자원을 효율적으로 수탈하기 위해서 철도를 부설하였다. 이러한 배경하에 부설된 철도는 경부선, 경의선, 경원선, 호남선, 평원선 등 주요간선을 주축으로 많은 지선들이 혈관처럼 남북을 관통하거나 동서로 연결되면서 발달되었다.

남북의 철도는 1945년 8월 15일 광복을 맞으면서 남과 북으로 단절되었으며[24] 경인선을 제외하고는 거의가 운휴상태에 들어갔다. 1950년에 발발된 한국전쟁은 그나마 부분적으로 운영되어 오던 철도를 완전히 파괴하여 운행을 중단시켰다. 남북의 철도는 상이한 이데올로기하에 단절과 파괴의 수난을 겪으면서 상이한 체제 속에 독자적인 발달의 길을 걸었다. 남과 북의 철도는 각종 지하자원개발, 지역사회개발, 공업기지건설 등 경제발전과 산업개발을 위해 나름대로의 발달과정을 겪으면서 오늘에 이르고 있다.

## 1. 해방 후~1960년대 초 복구기: 3대산업선시기

정부수립 후 산업철도로 1949년에 처음으로 기공된 영암선은 중앙선의 영주에서 철암까지 86.4㎞의 노선으로 산업개발의 동서 간 횡관선 역할을 수행하였다. 이 선은 강원도지역에 상당량 매장된 무연탄(삼척탄전)을 비롯한 각종 지하자원의 개발 및 원활한 수송을 위해 부설되었는데[25] 정치, 경제, 사회, 문화, 군사적으로 중대한 의

---

24) 해방 당시 한국의 철도는 총연장 6,362㎞였으며, 분단으로 남북의 철도가 단절된 후 북한철도는 3,720㎞였으며, 남한철도는 2,642㎞였다(한국철도학회지, 2000:5, 이철우, 2005:9).
25) 영암선이 개통되기 전까지 장성, 도계탄광에서 생산되던 석탄을 묵호항을

의를 갖고 있었다. 그 후 영암선은 묵호, 강릉을 거쳐 경포대까지 연
장되었고 기존의 철암선, 삼척선 그리고 동해북부선 등을 통합하여
1963년 영동선으로 개칭되었다(대한토목학회, 1996:54). 영월선의 연
장으로 제천에서 분기되어 함백에 이르는 연장 60.7㎞의 함백선은
교통이 불편한 고지대에 위치하여 수면상태에 있던 영월탄전(영월화
력발전소공급)과 약 2억 톤의 매장량으로 추정되는 함백탄전을 개발
하기 위해 건설되었다. 3대산업선 중에 최초로 부설된 경북선의 점
촌에서 가은까지 연결되는 연장 22.5㎞의 문경선은 동해중부선, 진
삼선, 경전중부선을 중단시키면서까지 제1차 철도건설계획에 의하여
부설된 것이었다. 문경선은 소백산맥지역의 무연탄을 비롯한 이 지
역의 각종 지하자원을 개발하기 위해서, 또 문경지역의 시멘트공장,
석탄공장이 건설됨으로써 산업자원의 효율적 수송을 위해 산업선의
일환으로 건설되어 경제발전에 기여하였다(대한토목학회, 57).[26] 한
편 경제개발에 필요한 각종 지하자원의 개발 및 산업의 동력자원으
로 활용하기 위해 개발된 태백선도 이 당시 수송부진으로 연탄파동
을 겪고 있는 도시지역의 난방을 위한 원료로 이용하기 위하여 채굴
된 무연탄을 전국으로 원활하게 수송하여 국민생활의 안정과 산업발
전에 기여하였다.

이 밖에도 1953년 11월부터 1958년 12월까지 진행된 충북선 복구

---

거쳐 배로 서울까지 운반하는 데 600시간이 소요되었는데, 영암선의 개통으
로 철암역에서 청량리역까지 10시간으로 단축되었으며, 수송비용도 10분의
1로 절감되어 국민생활과 경제안정 및 산업발전의 전환점이 되기도 하였다
(대한석탄공사, 2001).
26) 1955년에 착공한 충북선의 일부는 미국의 원조계획에 의한 충주비료공장의
건설을 위한 것이었다(최강희, 1996:26).

및 연장사업은 경부선과 중앙선을 동서로 연결시킴으로써 중부내륙 지역을 전국의 육상교통체계 속에 편입시키는 데 크게 기여하였으며, 충청북도의 지역경제발전 특히 농업진흥에 크게 기여를 하였다. 주인선은 화물이 폭주하고 있는 인천항에 발착하는 화물선적시간을 단축하는 데 기여하였다. 오류동선은 경기도 부천에 위치한 비료공장에서 생산되는 원료와 연료를 수송하기 위하여 건설된 산업선이었다. 1951~1952년 부산, 울산지역에 건설된 우암선, 울산선, 장생포선은 전쟁 기간 중 병력과 군용물자 수송을 위해 건설되었는데 이후 부산항의 화물의 신속한 수송으로 항만시설의 효율적인 운영을 도모하였으며 물자수용능력을 확장하는 데 기여하였다. 1952년 9월에 착공되어 1953년 5월 준공된 사천선은 사천비행장의 군사수송을 원활히 하는 데 주목적이 있었다. 1957년 5월 착공하여 1년여 만에 준공한 강경선 역시 연무대의 논산훈련소에 병력과 군수물자를 수송하는 데 기여하였다(철도건설국 편, 1969). 이 당시에 건설되고 복구, 연장된 철도는 군용목적뿐만 아니라 모두 경제부흥을 위한 주요 자원개발을 주목적으로 하는 것이었으며, 결과적으로 경제개발 5개년계획이 시행되는 데 있어 초석이 되었다.[27]

---

27) 한편 3대산업선 이외에 UN군(미8군)이 주관하여 부설한 두 개의 철도가 있다. 1950년 한국전쟁발발로 말미암아 철도의 운영권이 미군에 이양되고 전시운영체제로 전환되고 있는 상황에서, 미군은 군용화물을 수송하기 위하여 경인선의 소사에서 분기하여 김포비행장까지의 약 12㎞의 김포선을 1951년 완공하였으며, 군산선의 종점 군산에서 옥구까지 약 12㎞의 옥구선이 1953년 완공되었다. 특히 옥구선은 양곡을 군산항으로 운반하는 데 기여하였다. 이러한 철도부설은 미군정의 철도부흥정책에 힘입은 것이었다. 이 당시 미군(UN)은 한국 최초로 35량의 디젤기관차를 도입하여 철도근대화에 기여하였다. 미군에 의해 운영되던 철도가 1955년 6월 운영권이 한국정부로 인수

이 시기에 철도정책은 화물 및 인력수송은 물론 미국의 한반도 주둔과 관련된 군사정책의 일환으로서 전개되었다. 전후에는 미군으로부터 한국철도를 회수하여 국유화하고 복구 및 새로운 건설을 단행하여 산업발전에 기여하였다. 특히 해방 이후 철도시설물의 보강과 기술의 발전이 시작된 시기이며 동시에 전국화물수송의 80% 이상, 여객수송의 50% 이상을 차지한 것에서 보듯이 모든 수송의 대동맥으로 활용되던 시기였다. 1960년대에 들어서부터는 이를 발판으로 남한의 경제발전과 지역개발 및 자원 확보를 위한 철도건설이 추진되어 철도를 통한 산업화가 적극적으로 전개되었다.

## 2. 제1차 경제개발 5개년계획시기(1962~1966년)[28]

1차 경제개발 5개년계획기간은 철도건설이 가장 활발하게 이루어진 시기였다. 정부는 빈곤척결과 경제발전이라는 큰 목표하에 산업발전과 지역사회개발에 따라 격증하는 수송수요에 부응하기 위하여 횡적인 철도건설은 물론, 생산지에 이르기까지의 철도를 건설할 필요성이 증대되었기 때문이다. 이 기간 동안 능의선(의정부-능곡, 31.8㎞), 영동선(북평-속초, 110.3㎞), 경인복선(영등포-동인천, 27.8㎞), 경북선(점촌-영주, 57.5㎞), 동해북부선(북평-속초, 110.3㎞), 망우선

---

된 후, 서울과 부산 간 통일호 운행이 개시되었으며, 함백선 60.7킬로미터 전구간이 개통되기도 하였다.

28) 이하 철도를 통한 산업화와 관련된 내용들은 한국철도100년사(철도청, 1999), 철도건설사(철도건설국 편, 1969), 철도기술백서(철도기술연구원, 2003), 대한토목학회지(대한토목학회, 1996) 및 철도와 관련된 인터넷자료(http://library. krri.re.kr 등)를 토대로 하였다.

(망우-성북, 4.9㎞) 등 11개 노선 총 283.2㎞를 완성하였다. 이들 철도는 대부분 농수산물과 광산물을 원활하게 수송하고 고립되어 있던 영호남을 잇는 역할을 담당하였다. 능의선의 경우는 서울인구의 분산과 대도시 건설을 촉진시키고 관광객 유치를 목적으로 건설되었다. 경인선의 복선화는 우리나라 정치, 경제, 문화, 군사의 중심도시로서 폭증하는 인구를 분산시키고 경인공업지역의 발전에 대처하기 위한 것이었다. 경북선은 태백산지구 종합개발계획의 수송력을 향상시키기 위하여 건설되었는데 영남지방의 산업발전과 에너지자원의 확보, 생산력의 향상 및 기간산업을 확충하고자 하였으며, 삼척지구 무연탄과 동해지구의 수산물과 광산물을 수송하는 데 우회수송의 불편을 덜어 주었다. 망우선은 청량리, 성북, 망우를 연결하여 무연탄의 수송효율을 높이는 데 기여하였으며, 중앙선의 수송화물을 직결시켜 산업발전에 기여하였다. 동해북부선은 태백산에 연한 동해안 일대의 풍부한 지하자원의 개발을 촉진시키는 데 기여하였으며, 수산자원의 개발을 촉진하고 풍부한 임산자원의 활용 및 산업경제 면에서 경제적인 수송을 도모하고 지역사회개발을 촉진하는 데 기여하였다. 정선선 역시 함백 및 정선지역에 매장되어 있는 지하자원을 개발하는 데 수송을 담당하기 위하여 건설되었으며 기간산업발전에 크게 공헌하였다.

그 외에도 남포선(남포-옥마, 4.5㎞)은 충남에 위치한 성주탄좌의 무연탄의 개발을 촉진하기 위하여 건설되었는데 군산의 화력발전소, 장항의 비료공장 등에 연료를 공급함으로써 산업발전에 기여하였다. 1964년 4월에 착공하여 이듬해 12월에 개통한 진삼선(사천-삼천포, 18.5㎞)은 남해안 지역의 교통난 해소 및 산업경제의 중심지로 발전시키기 위한 목적으로 건설되었으며 지역사회개발의 중요성 차원에서 부설된 선이었다. 이 선은 부근 군소도서지방 어민들의 수산자원 개발에 박차를 가하였으며, 남해안의 수산자원의 수송과 인근도시와의 교통망을 연결함으로써 이후 남동임해공업지역의 발전에 이바지하였다. 경부선과 호남선 남단부를 연결하는 경전선(진주-순천, 80.5㎞)은 남해안 지역에 교통의 혜택을 줌과 동시에 인구, 경제, 문화 면에서 영남과 호남, 두 지방을 소통시켜 대횡단철도로서 산업과 경제를 균형 있게 발전시키는 데 기여하였다.

한편 1962년에 착수된 황지선(통리-심포리-백산-황지, 14.5㎞)은 산업의 원동력이 되고 자립경제건설의 기본요소가 되는 석탄을 증산개발하기 위한 것이었으며, 태백지구의 본격적 종합개발을 위해 건설되었다. 1965년 7월 기공식을 가진 광주선(광주-금지, 65㎞)은 호남지역의 개발은 물론 호남의 곡창지대와 영동의 공업지대를 연결하여 두 지역의 경제발전을 추진하고 국가 전체의 경제발전에 기여하였다. 이 선은 또한 광주, 목포지구의 공업화와 당시 정부가 추진하고 있는 지리산지구 종합개발계획을 촉진시키는 데 중추적 역할을 수행하였다. 1966년 12월에 시작되어 1967년 11월에 준공을 본 북평선(북평-묵호), 복선공사를 한 영동선 역시 이 지역의 수산물, 광물 수송을 원활하게 하기 위한 산업철도의 역할을 담당하였다. 특히 북평선은 동해공업지구를 발전시키는 데 중요한 역할을 담당하였다.

## 3. 제2차 경제개발 5개년계획시기(1967~1971년)

이 기간 동안 철도는 태백선(예미-정선, 41.6㎞), 문경선(점촌-문경, 22.3㎞) 등 13개 노선 총 228.1㎞가 연장·부설되었다. 이전 시기보다 긴 길이의 철도건설은 정부의 강력한 성장정책을 반영하고 있었다. 1967~1968년 착공해서 준공된 광주공업단지선, 전주공업단지선도 모두 정부의 경제개발계획 방침에 따른 두 지역의 공업단지 조성과 직접적인 관련 속에서 부설된 지역노선이었다. 광주공업단지선은 광주시를 공업도시로 발전시키기 위해 공업단지의 조성을 촉진하였으며 자동차공장을 비롯한 기타 중소기업진흥에 기여하였다. 전주공업단지선은 전주지역에 공업단지조성을 촉진시켰으며 각종 공장의 공업원료와 제품의 경제적 수송에 기여하였다.

포항종합제철선은 경제개발 5개년계획의 일환으로 연간 300만 톤을 생산하는 포항종합제철소를 지원하기 위해 신설되었는데, 포항제철소에 원자재를 공급하고 생산된 제품을 국내 및 해외에 공급하기 위한 수송선으로 활용하기 위해 단일 목적하에 건설되었다. 또한 여수항을 중심으로 한 대규모 임해공업단지가 건설됨에 따라 이를 지원하기 위해 건설된 여천선은 특히 1973년 10월 호남종합화학기지가 조성되어 국제규모의 석유화학공장을 완공함으로써 세계굴지의 석유화학공업임해단지로 개발하는 데 큰 기여를 하였으며 농산물 가공공장, 시멘트공장 등 호남지역의 공업발전을 촉진시키는 데 기여하였다. 또한 호남선의 일부구간 복선화가 추진되었는데 영산강과 동진강 지역의 개발을 촉진하고 호남지방일대의 공업단지를 조성하는 데 기여하였다. 중앙선의 복선화도 추진되었는데 무연탄, 시멘트를 비롯한 각종 지하자원을 개발하여 산업자원의 수요공급을 충족시키는 데 기여하였다.

## 4. 제3차 경제개발 5개년계획시기(1972~1976년)

이 시기 철도는 중앙선(청량리-제천, 155.2㎞), 태백선(제천-고한, 80.1㎞), 경부선(서울-수원, 41.5㎞) 및 경인선(서울-인천, 38.9㎞)의 복선전철화, 영동선(고한-동해, 85.5㎞, 산업선 전철화) 등 14개 노선 총 449.2㎞가 부설되었다. 부설길이는 이전 시기에 비해 두 배나 증가한 것으로 이는 모두 정부의 수출공업육성을 위한 자원수송 및 공단조성과 밀접한 연관을 가졌다. 특히 풍부한 노동력과 시장을 끼고 있는 경인선의 복선화 작업은 자립경제체제확립과 경제개발을 집중적으로 추진하기 위한 목적으로 추진되었는데 수도권일대를 산업단지화하는 데 기여하였다. 즉 서울과 인천 사이를 연결함으로써 경인지역일대를 공업지대로 급성장시키는 데 기여하였다.

## 5. 제4차 경제개발 5개년계획시기(1977~1981년)

이 시기 철도는 노선확충만이 아니라 기존노선의 복선화 등 철도체계의 효율화가 추진되었다. 이때 부설된 철도는 호남선 복선(천안-대전, 88.6㎞), 충북선 복선(조치원-봉양, 113.2㎞), 경부선 복복선(영등표-수원, 32.2㎞) 등 8개 노선 총 291.9㎞가 부설되었다. 1975년 착공해 1980년 10월 완공된 충북선의 복선화는 수송능력의 획기적 증대를 가져왔으며, 충주지역의 공업발전 및 충청북도의 지역경제발전에 큰 도움이 되었다. 1978년 호남선의 천안과 대전의 복선화에 이어 대전과 이리 사이를 복선화한 정부는 이어서 이리-송정리 사이 101.2㎞의 복선화를 시작하여 1988년 9월에 완료하여 호남지역의 산업발전에 기여하였다. 이와 함께 정부는 경부선의 복복선화를 시작함으로써 철도운행 및 수송능력을 향상시켜 해당지역 및 전국차원의 경부축을 중심으로 한 산업발전과 균형적 경제발전을 추진하였다.

## 6. 제5차 경제사회개발 5개년계획기간: 1982년 이후

이 시기 철도는 호남선 복선(이리-정주, 43.9㎞) 등 9개 노선 총 64.9㎞ 길이가 부설되어 이전 시기에 비해 노선 길이와 사업 수에서 축소되었다. 이러한 이유는 철도확충이 포화상태에 이르렀으며 철도가 경제성장을 위해 건설보다는 효율적 이용단계에 들어섰음을 의미한다. 이후 철도건설은 다양화되었는바, 복선화, 전철화 등 노선체계의 개선과 다양한 철도개발을 전개하였다. 광양제철선(천원-장성, 29.3㎞), 중앙선(영주-단성, 35.0㎞, 전철화) 등 7개 노선 총 157.7㎞가 부설되었다. 특히 광양제철선이 조사 설계 후로부터 3년 9개월 만인 1987년 9월에 준공되어 광양제철소의 원자재 및 생산품 수송의 원활화는 물론 지역산업기지개발을 촉진하는 매개역할을 수행하였다.

# Ⅳ. 북한철도의 발달과 경제발전

## 1. 북한의 철도발달현황

북한은 1946년 8월 10일 중요산업국유화 법령을 선포하면서 철도를 인민의 소유로 귀속시킨 후, 국민경제발전의 중요수단으로 발전시켜 왔다. 1948년에 이르러 북한철도의 총연장길이는 3,766㎞에 달하였다(임명, 1993:111). 1949년에는 만포선과 평원선 일부구간이 전기화되어 농공업발전에 박차를 가하였다. 발전을 거듭하던 철도는 1950년 한국전쟁으로 철도시설이 대부분 파괴되었으나, 전쟁이 끝난 후 이렇다 할 육상운송수단이 없던 북한으로서는 철도설비복구에 총력을 기울였다.

전후 경제회복시기(1954~1956년)에 주요 철도간선의 복구에 전력을 다하였으며, 재건과정에 중국의 도움을 받기도 하였다. 제1차 5개년계획(1957~1961년)기간 중에는 철도전기화와 운수기자재의 생산에 역점을 두어 화물차 생산을 개시하였다. 7개년계획기간(1961~1967년)에는 철로전기화 추진을 도모하여 평의선과 평라선 총연장 1,000여㎞ 구간이 전기화되었으며, 황해남도지구 협궤철도를 표준궤도로 바꾸었으며, 운수장비의 기계화 수준도 높였다. 6개년계획기간 중(1971~1976년)에는 동서해안을 연결하는 주요간선의 건설로 이천과 세포 간 총연장 180㎞의 철도가 1972년 개통되어 강원도와 황해도의 농공산품 유통을 가능케 하였다. 강계-혜산-무산 간 약 400㎞의 철도가 건설되어 동서해안의 경제연계를 강화하였을 뿐만 아니라 북부내륙지역의 경제발전에 기여하였다. 또한 이 기간 중에 청진-나진, 평양-마동 간 160㎞가 넘는 철도전기화가 실현되었으며 남신의주-덕현, 은파-철광 간의 420㎞가 넘는 새로운 철도가 부설되었다. 제2차 7개년계획기간 중 북한은 철도전기화 건설을 계속 추진하여 평양-남포, 고원-봉산, 길주-혜산 간 1,500㎞의 철도전기화를 실현하였고 전기기차와 화물차 등 철도운수차량도 계속 증가하였다 (임명, 1993:112, 장세화, 1992:124-5). 북한은 수차례의 경제개발기간을 통하여 철도의 전기화 및 새로운 지선을 계속 건설하여 농공병진의 경제발전 및 지역개발에 적극적으로 활용하였다.

## 2. 북한의 철도현황과 3대 철도축

북한의 모든 화물과 여객운송은 철도에 의존하는 주철종도의 불균형적인 구조이다. 따라서 도로, 해운, 항공은 철도에 연계된 보조적 운송수단으로 활용되고 있다.[29] 북한의 간선도로가 기본적으로 철도노선을 따라 평행하게 발달되어 온 것처럼 철도는 중요한 육상운송기관으로서 평양을 중심으로 사면으로 뻗어 있다. 북한은 산악지형이 많아 경사가 급한 곳이 많기 때문에 대량수송이 가능하고 규칙적인 수송이 가능한 철도를 전기화하여 이용하여 왔다.

---

29) 북한의 수송부문은 전체화물수송의 90% 정도와 여객수송의 70% 정도를 철도가 담당하고 있다. 북한은 철도수송능력을 제고하기 위하여 철도의 전기화, 광궤화, 중량화, 복선화에 의한 정책을 꾸준히 추진하여 왔다. 1991년 현재 철도수송수단별로는 기관차 1,500여 대, 화물 및 여객용 차량 32,000여 대 및 전문차량으로 구성되어 있다(김재명, 2000:23).

북한철도는 1998년 말 현재 총연장 길이가 5,214㎞이고 이 중 4.132㎞가 전철화되었다(이영균 외, 2001:47). 북한은 일찍이 수차례의 경제계획기간 중에 철도전기화를 추진하여 현저한 성과를 거두었으며 주요간선인 평의선과 평라선, 만포선 등이 전기화되었다(임명, 1993:112). 북한의 철도망은 동서해안을 따라 형성되어 있는데 지하자원 및 산업, 인구밀집지역에 집중적으로 부설되어 있고 북부 오지지역과 동서를 가로질러 부설되어 있다. 북한의 철도망은 크게 서해안축, 동해안축, 동서횡단축으로 나누어져 있으며, 중국의 단동을 거쳐 북경까지 가는 국제선과 러시아의 핫산을 거쳐 모스크바까지 연결되는 국제선이 있다.[30]

① 서해안축: 개성·사리원·평양·신의주를 연결하는 총연장 423 ㎞의 경의선이 대표적인 노선으로 낭림산맥 서부의 주요철도와 교차하면서 서부평야지대의 주요산업 및 농업중심지를 관통하고 있다. 경의선은 평양-신의주 구간의 평의선과 평양-개성 구간의 평부선으로 구성되며, 평의선은 신의주에서 압록강철교에 의해 평양-북경간의 국제열차를 운행할 수 있는 철도교통축이기도 하다. 지선으로는 황해청년선(사리원-해주항, 100㎞), 평남선(평양-온천, 90㎞), 평덕선(평양-덕천, 154㎞), 개천선(신안주-개천, 29㎞), 평북선(정주-수풍, 124㎞), 양시선(신의주-양시, 29㎞), 다사도선(양시-다사도, 23㎞), 덕현선(신의주-덕현, 49㎞) 등이 파생되어 있다.

---

30) 북한은 지리적으로 중국 및 러시아와 접하고 있는바, 이들 국가들과 철도망이 연결되어 국제화물 및 여객을 수송하고 있다. 현재 신의주-단동(주 4회 왕복), 남양-도문(현재 중단), 만포-집안(비정기적 운행)의 대중국 3개 노선과 두만강-핫산(주 2회 왕복)의 대러시아노선 등 4개가 운행되고 있다 (김연규 외, 2000:31-4).

② 동해안축: 기본간선은 평라선으로 평양의 간리－나진을 연결하며 총연장은 809㎞이다. 본래 이 선은 원라본선(원산－나진)과 연결되는바, 원산에서 동해안을 중심으로 북쪽으로 함흥－길주－청진－고무산을 통과하여 중국국경 및 러시아국경과 연결되는 광궤, 단선철도이다. 특히 평라선은 동해안 해안선을 따라 북한을 종단운행하며, 화물수송량이 가장 많은 노선으로 1973년에 전철화되었다. 주요 지선으로는 산업선인 백두산청년선(구혜산선, 길주－혜산, 145㎞), 단풍선(단천－흥군, 80㎞), 신흥본선(함흥－부전호, 93㎞), 금골선(구한만선, 여해진－금골, 64㎞), 무산선(고무산－무산, 58㎞), 경원선(원산－평강, 101㎞) 등이 파생되어 있다.

③ 동서횡단축: 평라선의 일부인 평원선이 있는바, 동서를 횡단하는 총연장 862㎞로 서부지역의 중심지인 평양과 동부지역의 항구도시인 원산을 가로지르는 유일한 횡단철도이다. 이 노선은 해방 전부터 운영되어 왔으며 전철화, 단선으로 구성되며 광궤로 되어 있다. 지선으로는 평원선을 중심으로 만포선(순천－만포, 303㎞), 은산선(은산－개천, 41㎞), 고원탄광선(둔전－성암, 20㎞), 청년이천선(구지하리선, 평산－세포, 163㎞) 등이 파생되어 있다(이영균 외, 2001:48, 김재명, 2000:29).

## 북한의 철도축과 주요간선

| 철도축 | 노선명 | 구 간 | 총연장(km) | 비 고 |
|---|---|---|---|---|
| 내륙노선 | 만포선 | 순천─만포 | 303 | |
| | 백두산청년선 | 길주─혜산 | 145 | (구)길혜선 |
| | 백무선 | 백암─무산 | 194 | |
| | 강계선 | 강계─낭림 | 57 | |
| | 운산선 | 신현─금산 | 49 | |
| 서부노선 | 평의선 | 평양─신의주 | 225 | 1964년 전철화 |
| | 평북선 | 정주─수풍 | 124 | |
| | 평부선 | 평양─개성 | 187 | 평개선 이라고도 함 |
| | 평덕선 | 평양─덕천 | 154 | 평양─덕천 |
| 동서노선 | 청년이천선 | 평산─세포 | 163 | (구)지하리선 |
| | 평라선 | 평양─나진 | 809 | 전철화 |
| | 신흥선 | 서함흥─부전호 | 93 | 1992년 전철화 |
| | 금골선 | 연해진─금골 | 64 | (구)함남선 |
| | 함북선 | 청진─회령─나진 | 331 | |
| | 무산선 | 고무산─무산 | 60 | |
| | 강원선 | 고원─평강 | 145 | |
| | 금강산청년선 | 안변─구읍 | 102 | 1997년 개통 |
| 서부순환선 | 황해청년선 | 사리원─해주항 | 100 | |
| | 은율선 | 은파─철광 | 118 | |
| | 배천선 | 장방─은빛 | 60 | |

## 3. 북한의 주요간선[31]과 산업화

① 평의선: 평양과 신의주를 연결하는 간선으로 총연장선은 225㎞로 1964년 8월에 전구간이 전철화되고 중량레일로 교체됨에 따라 수송능력과 통과능력이 향상되었다. 철도경유지역에는 청천강공업지구, 신의주공업지구 및 낙원기계연합기업소, 용암포조선소, 청천강화력발전소, 안주지구탄광연합기업소 그리고 4개의 평야 등이 위치해 있다. 이 철도는 북쪽에서 석탄, 금속, 건축재료를 운반하고 남쪽에서 목재와 유색금속광석을 운반하며, 기계, 양곡, 일용공업품 등이 상호 운반되고 있다. 이 중 석탄은 개천지구 및 순천지구의 무연탄을 평양지구, 구장으로, 개천지구의 무연탄은 신의주지구로, 안주지구의 유연탄은 청천강 화력발전소로 수송된다. 철도연선에는 몇 개의 작은 지선이 있어 평양과 서북부의 정치, 경제, 문화의 중심지를 연결하고 있다. 압록강대교와 중국철도가 연결되어 1954년부터 평양-북경 간 국제철도간선이 운행되어 화물과 여객을 운송하고 있다.

② 평라선: 평양과 동해안 북부 항구도시 나진을 연계하는 철도간선으로 총연장 809㎞로 동서교류 물동량의 85~90%를 담당하는바, 6개년 경제계획(1971~1976년)기간 중에 전철화가 완료되어 수송능력이 향상되었다. 이 선은 동서해안지구를 연결하는 가장 중요한 노선으로 동부지역의 청진, 함흥, 나진 등을 평양과 직접 연결시켜 북한

---

31) 북한의 주요간선에 관한 자료는 「북한의 철도교통」(임명, 『대한교통학회지』, 제11권, 제1호, 1993), 『남북한 교통망연결을 위한 기초조사』(김연규・안병민・이선영, 교통개발연구원, 2000), 『남북한 화물운송체제 구축방안』(유석형・임종관, 해운산업연구원, 1993), 『동북아 운송체계 현황과 전망』(장세화, 해운산업연구원, 1992)을 참조하였다.

정치경제발전에 중요한 역할을 하고 있으며 해상운수와도 연계된다. 수송되는 화물은 공장, 기업소 등에서 사용되는 석탄, 콕크스와 같은 연료 및 원료, 공장 및 기업소에서 생산되는 건재, 비료, 금속 등 대량화물이 대부분이며 농산물도 수송된다. 석탄은 순천지구에서 하루에 수천 톤이 평양화력발전소로 수송되며, 시멘트는 순천시멘트연합기업소에서 수출항인 남포항을 비롯하여 전국각지로 보낸다. 금속은 김책제철연합기업소를 비롯한 동부지역의 주요 공업기지로부터 서부지역의 주요 소비지로 수송된다. 화학비료는 함흥지구에서 황해남북도의 평야지대로 수송되며 양곡은 이와 반대로 동부지역으로 수송된다. 그리고 흥남의 흥남비료연합기업소, 부령합금철연합기업소, 흥남제련소, 용성기계연합기업소를 비롯한 함흥지구 공장, 기업소들과 연결된다. 단천의 마크네샤공장, 제련소와 연결되며 성진제강연합기업소, 성진내화물공장 등은 김책항과 연결된다. 특히 두만강 일대의 물동량은 나진, 선봉역에 집결되어 중국 및 러시아와 대외무역화물의 연대수송을 담당하고 있다. 이 선은 평의선, 평덕선, 함남선, 단홍선, 길혜선(백두산청년선) 등의 지선과 내지지구의 탄광, 광산, 산림지대를 연결하고 있다. ③ 평남선: 평양을 거쳐 항구도시 남포에서 온천까지의 총연장 90㎞의 철도간선이다. 이 선은 대동강 하류의 탁선, 대안, 용품, 남포 등을 연결하며 금속과 기계공업 중심지 및 광양만, 온천 등 염전의 중요한 노선이다. 여객운송 외에 공업원료와 제품, 농산물 및 소금을 운송한다. 이 선은 평양과 남포항을 직접 연결하며 지선에는 광공업지역이 있어 이곳에서 생산되는 제품을 대외로 수출하는 데 중요한 역할을 수행하고 있다. 그 연선공업중심의 규모가 계속해서 확대됨에 따라 그 역할도 날이 갈수록 커지고 있다.

④ 평부선: 평양과 개성을 연결하는 총연장 187㎞로 이 선상에는 금속공업단지, 기계공업단지, 화학공업단지 이외에 규석광산이 입지하고 있어 수송량이 많다. 즉 황해제철연합기업소, 2·8시멘트연합기업소, 사리원방직공장, 황북지구 무연탄종합기업소, 재령평야 및 연백평야 등이 위치해 있어, 기업소, 광산, 평야지대를 중심으로 한 화물수송이 이루어지고 있다. 수송품목으로는 석탄이 가장 많은 비중을 차지하며 선철, 강재를 비롯한 흑색금속, 비료, 원목, 석재, 모래자갈, 시멘트, 화학제품, 농산물 등이다.

⑤ 만포선: 순천에서 만포를 연결하는 총연장 303.4㎞로 1980년에 전철화가 완료되었으며 북한 서북지구를 관통하여 평양지구와 압록강 중류지구를 연결하는 중요한 간선이다. 이 선은 북한의 주요 탄광지대인 개천 및 구장지구와 기계공업의 중심지인 희천, 강주, 남포 등 중요한 공업중심지를 서로 연결시켜 화물수송에 중요한 역할을 수행하며 절강도의 경제, 문화발전을 촉진시키는 데 중요한 역할을 수행하고 있다. 만포선의 기본화물은 시멘트, 석탄과 목재로 석탄은 구장탄광지대와 조양탄광 등지에서 생산되어 개천과 구장을 통해 주요 공장 및 기업소에 공급되며, 운봉지역에서 집산된 수십억 톤의 목재는 만포를 경유하여 전국각지로 수송된다. 만포 - 집안 간의 지선은 중국철도와 연결되어 화물의 수출입을 도모하고 있다.

⑥ 함북선: 청진에서 회령을 거쳐 나진까지를 연결하는 총연장 331㎞의 함북선은 중국 및 러시아와 접해 있어 대외화물수송에 중요한 역할을 한다. 주요 취급화물은 석탄, 광석, 목재, 원유, 화학비료, 콕스탄 등으로, 석탄은 회령탄광, 세천탄광, 무산광산, 온성탄광 등지에서 회령탄광선과 무산선을 이용하여 함북선과 연계 수송되며,

광석은 무산광산연합기업소와 김책제철연합기업소에 자철정광을 공급한다. 목재는 두만강역에서 들어오는 화물을 각 지역으로 수송되며, 대외무역화물은 자철정광, 마그네샤크링카, 유색금속 및 유색금속정광이 주요 화물이다. 이 선은 중국으로는 남양역, 도문역과 연결되며 러시아지역으로는 함북선의 지선인 홍의지선이 두만강역에서 핫산역과 연결되어 중계무역에 기여하고 있다.

⑦ 청년이천선: 평산과 세포 사이를 연결하는 총연장 141㎞로 1972년에 개통되었다. 이 선은 동서를 연결하는 단선전철노선으로 평산에서 평부선, 세포에서 강원선과 연결되며, 주로 산간지대의 지하자원 수송을 담당한다. 황해남북도의 곡창지대에서 생산된 농산물을 동부지구로 수송할 때 이용되며, 황해제철연합기업소의 철강재와 2.8시멘트연합기업소의 시멘트를 각 지역으로 수송하는 데 중요한 역할을 한다.

⑧ 백두산청년선: 길주와 혜산을 연결하는 총연장 142㎞로 1990년 전철화가 완료되었다. 이 선은 혜산에서 혜산만포청년선과 연결되어 북부 내륙지대를 동서로 횡단하며 중국과 연결되는 국경철도로 목재, 광산물, 농수산물을 주로 수송한다. 기본화물은 목재와 석탄, 광석이며 이 밖에 농수산물과 시멘트, 비료 등을 수송한다. 목재는 백무선을 통해 들어오는 통나무를 길주의 펄프공장과 합판공장 그리고 위연의 제재공장으로 수송하며, 광석은 남계역에서 활석분, 고령토, 마그네사이트를 심포리역으로 수송한다. 운흥광산과 8월광산의 유화철, 동정광 등도 취급하며, 석탄은 양강도 일대에 산재해 있는 공장, 기업소들과 주민 연료용으로 수송한다. 이선은 삼지연선과 혜산만포선의 화물을 중계하는 역할을 담당한다.

## 4. 북한철도의 편제와 문제점

북한의 철도는 정무원산하 철도부에서 운영하고 있으며 특히 철도관리에 군대식편제를 채택하여 역의 등급에 따라 대대, 중대, 소대 등으로 나누었다. 역의 간부와 노동자 모두 군사등급이 있는바, 평양역 역장은 상좌이고 운전수는 상위, 열차장은 상위 혹은 중위, 검차원은 소위 혹은 상사, 열차원은 상사 혹은 중사로 되어 있다(임명, 1993:116, 장세화, 1992:131).

한편 북한은 해방 이후부터 철도를 국유화하여 철도에 많은 투자를 하여 왔다. 철도를 통해 북한은 경제발전에 필수적인 지하자원 개발을 촉진하였으며, 농공업발전 및 지역 간의 균형적 개발에 박차를 가하였다. 북한은 험준한 지형으로 인한 도로운송의 취약점을 극복하기 위하여 간선철도를 비롯한 많은 지선을 건설하였으며, 험준한 지형에 적합한 철도전기화 작업을 지속적으로 전개해 나갔다. 북한은 철도운송의 대량성, 안정성, 정시성, 에너지효율성 등의 이점을 최대한 살려 철도에 대한 투자를 타 교통기관이 따라올 수 없을 정도로 상당히 비중 있게 다루었다. 이를 토대로 주철종도의 정책하에 철도 위주의 수송정책을 꾸준히 전개하여 왔다.

그러나 북한은 철도에 대한 과도한 집중으로 오히려 타 수송수단과의 균형된 발전이 이루어지지 못했다. 철도기반시설에 대한 지속적인 유지보수 및 관리부족으로 열악한 상태를 보이고 있는 실정이다. 따라서 경제규모가 확대될수록 수송의 비효율성이 노정되어 산업발전을 적절하게 지원하지 못하고 도리어 걸림돌로 작용하고 있는 실정이다(이영균 외, 2001:54). 또한 북한철도는 열차속도가 너무 느리고 선로상태의 불량 및 고중량에 견디지 못하는 실정이다. 화물차량의 부족 및 노후화도 문제가 되고 있을 뿐만 아니라 화물적하 및 양하의 기계화 수준도 낮다. 화차의 부족과 다양화되지 못한다는 지적도 받고 있다(유석형 외, 1993:26, 임명, 1993:118). 또한 북한철도는 평양 근처에만 복선화되어 있을 뿐 나머지 전체의 노선은 단선화되어 있다. 따라서 속도를 빨리 낼 수 있도록 선로의 복선화 작업이 시급히 전개될 필요가 있다. 또한 이를 위해 선로상태의 개보수는 물론 고중량에 견딜 수 있도록 지반시설을 튼튼히 할 필요가 있으며, 노후화된 열차들의 보강 및 열차 수를 늘리고 다양화해야 하는 상황에 있다.

# V. 남북한의 산업화

## 1. 전환기 남북한의 산업화

전통적으로 농업사회였던 남북한 사회는 분단 후 상이한 이데올로기하에 정치체제를 달리하면서 광범위한 사회변동을 겪었다. 분단된 상황하에서 남북한 사회는 각자의 체제생존을 위해 산업화를 추진하였다. 먼저 북한은 일제가 남긴 공장과 지하자원을 바탕으로 1947년부터 초보적 단계의 산업화를 시작하였으며,[32] 남한은 북한보다 훨

---

32) 북한의 산업화 단초는 그동안 일제가 수탈하기 위해 조성한 남농북공정책에 의한 지역적 우위에 토대된 것이었다. 예컨대 북한은 전력과 석탄생산 면에

씬 늦은 1960년 초반에 산업화를 시작하였다. 남한은 대외지향적 성장전략하에 시장경제원리에 토대된 자본주의적 산업화를 추구한 반면, 북한은 대내지향적 성장전략하에 모든 산업을 국유화하고 강력한 중앙통제방식에 입각한 사회주의적 산업화를 강행했다.

해방 직후부터 남북한의 산업화는 사회주의와 민주주의라는 양대 체제 및 미소의 원조정책의 영향을 받으면서 대립적 경제체제를 추진하였다. 남북한의 대립적 경제체제는 한국전쟁을 거치면서 분명하게 형태를 갖추었다. 남북한 경제체제의 형성과 이념적 성격은 농지의 소유형태와 관련하여 극명하게 드러났다.[33] 북한은 실질적으로 1950년대 중반 이후부터 산업화를 본격적으로 추진하여 1960년대 초반에 공업화 성숙단계[34]에 접어들었다. 그러나 남한은 1970년대

---

있어서 각각 92:8, 79:21로 남한보다 상당한 우위에 있었으며, 농업생산 면에서 75:25로 북한보다 상당한 우위에 있었다(도흥렬, 1996:6).

[33] 북한은 1946년 토지개혁을 실시하여 무상몰수 무상분배에 의해 지주-소작 관계를 청산하였으며 1954년에는 농업협동화를 시작함으로써 토지의 사적 소유가 완전 폐지되고 사회주의적 생산관계가 지배하게 되었다, 그러나 남한은 미군정과 이승만정권에 의해 2번에 걸쳐 토지개혁을 실시하였지만 유상매수 유상분배방식으로 인하여 지주-소작관계를 청산하지 못하였다(박순성, 2001:137, 서재진, 1996:93).

[34] 북한은 1947년에 1차, 1948년에 2차, 1949~1950년 동안 1차 2개년 경제계획을 실시하였으며, 한국전쟁 후 1954~1956년에는 3개년 경제계획 및 1957~1961년에는 1차 5개년 경제계획을 실시하였으며 특히 1차 5개년계획 기간부터 중공업정책을 전개하였다. 1961년 남한의 군사정부출현, 1962년 쿠바미사일위기, 중소분쟁 등 대외적 요인들에 의해 북한정권은 자위를 위해 중화학공업에 대한 투자를 증가시켰으며 군사경제병진정책을 전개하였다(박종철, 1995:233-4). 분단된 직후부터 북한은 1947년 경제계획 이래 1993년 제3차 7개년계획까지 총 9차례에 걸쳐 산업화를 추진하였다. 반면 남한은 1962년부터 제1차 경제개발 5개년계획을 시작하여 총 7차에 걸친 5개년 계획을 추진하였다.

중반에 이르러 개발도상국가로 부상하기 시작하였다. 시기적으로 다소 차이를 보이면서 시작된 남북한의 산업화는 외원의존적인 경제적 토대하에서 체제생존과 안보를 지탱하였다.

북한은 1946년에 토지개혁법령, 산업국유화법령을 발표하면서 지배계급의 경제적 토대를 완전히 박탈함과 동시에 전 인민의 노동계급화를 공식화했다. 이를 통해 북한정권은 당시의 지주와 자본가계급, 친일파, 민족반역자들의 경제적 토대제거 및 전 인민의 노동자화를 추진하여 광범위한 대중적 기반을 구축하였다(도흥렬, 1996:18). 더구나 1950년 북한이 도발한 6·25전쟁은 북한체제내부의 이데올로기문제, 계급문제 및 전근대적 지주소작관계청산을 일시에 해소시킴으로써 사회주의적 산업화를 추진하는 데 결정적인 역할을 하였다(김동춘, 1998:173). 이러한 가운데 북한은 1953년부터 1959년에 걸친 농업협동화 및 기업의 국유화를 통하여 당관료중심하에 집단주의적 경제관리제도를 확고히 하였다. 또한 경제계획의 기본방향을 경제질서회복 및 인민생활안정을 위한 농업 및 경공업분야의 발전을 최우선전략으로 채택하였다(박종철, 1995:233). 북한은 생산관계의 사회주의화, 생산수단의 국유화를 통하여 스탈린식 자력갱생에 의한 자립적 사회주의 경제건설을 추진해 나갔으며 이를 토대로 김일성 1인 지배체제를 더욱 공고히 하였다.

한편 남한은 해방 이후 좌우익 간의 대립과 갈등이라는 정치사회적 혼란 속에 미군정의 지배하에 있었다. 북한과 달리 남한은 일차적으로 1946년 미군정에 의해, 2차적으로는 1949년 이승만정권의 농지개혁법에 따라 유상매수, 유상분배 원칙하에 토지개혁을 하였다. 그 결과 남한은 자작농 중심의 소농체제가 확립되었으며 공업화 과정에서 농민해체의 물적 기반으로 작용하였다(박순성, 2001:137). 남한보다 일찍 경제계획을 세워 상대적 우위를 바탕으로 도발된 6·25 전쟁은 엄청난 인명피해와 재산손실을 초래하였다. 그나마 남아 있던 산업시설과 농업조차 철저히 붕괴되었다. 남한은 전 국민이 절대적 빈곤에 시달리는 가운데 모든 것을 미국의 대외원조에 의존할 수밖에 없는 상황이었다. 이 당시 남한은 미국의 소비재 위주의 원조경제하에 경제를 회생시킬 수 있는 물적 토대가 거의 마련되어 있지 못했다. 남한은 자본과 기술이 부족한 상황에서 미국의 비내구성 소비재분야의 원조정책하에 국가가 자본축적과정에 깊숙이 개입하는 국가주도형 산업화를 추진하였다. 따라서 남한은 미원조의 구조적 틀 내에서 면방업, 제분업, 제당업 등 3백산업중심의 소비재산업 위주로 이루어질 수밖에 없었다(박종철. 227). 이러한 상황에서 도시화에 따른 서비스업 등 3차산업의 이상 비대화 현상이 초래되었으며, 원자재의 대미의존이 심화되는 가운데 농업의 황폐화가 초래되었다. 더구나 1950년대 말 미소화해로 인한 미원조감소로 남한의 경제는 침체위기에 직면하였다.

## 2. 전후-1980년대까지의 남북한의 산업화

남북한 사회는 공히 국가에 의한 경제개발전략을 채택하여 산업화를 추진해 나갔다. 특히 미소의 원조와 평화공존은 남북한의 산업화 성격을 달리 추구하게 만들었다. 이 당시 북한은 자본과 기술이 절대적으로 부족한 상태에 있었으나 상대적으로 풍부한 자원과 노동력이 경제발전에 근간을 이루었다. 따라서 북한은 사상교육과 이념적 동기부여를 통해 절약과 인민의 노력동원을 활용하여 부족한 자본과 기술을 가능한 상쇄시키는 방향으로의 자급자족적 경제발전노선을 강화해 나갔다(박종철, 239). 그러나 남한은 농업부문과 인구를 제외하고는 모든 면에서 북한에 뒤떨어져 있었다. 남한은 선경제후통일 정책 및 시장경제원칙하에 저렴한 노동력을 바탕으로 대외의존적 수입대체산업화 정책을 추진하였다. 이 당시 남북한 양 체제는 부족한 자본과 기술, 자원 등의 물적 자원을 동원할 목적으로 강제저축체제를 정착시켰으며, 상반된 이데올로기하에 대중운동적 노동윤리로 인적 자원을 동원하였다(박순성, 2001:142).

한국전쟁 후 북한은 1950년대 중반부터 사회주의적 계획경제하에 핵심적인 성장전략을 채택하여 공업화를 본격적으로 추진해 나갔다. 북한은 시장경제를 약육강식의 법칙으로 단정하고 사회주의경제원리로 대내지향적 자력갱생에 의한 경제건설을 추진해 나갔다. 북한은 소련과 동구권의 시설재중심의 원조[35])에 힘입어 전후복구 3개년계획(1954~1956년) 및 1차 5개년계획(1957~1961년)기간부터 군수산업중심의 중공업을 우선순위로 하는 산업화 정책을 본격적으로 추진해 나갔다. 특히 북한은 전쟁과 미국이라는 외부적 위협에 능동적으로 대처하기 위하여 중공업우선정책을 전개해 나갔으며 군사경제병진의 공업화 정책을 추진해 나갔다(장맹렬, 1998:208). 또한 북한은 1961

---

35) 북한의 초기산업화에 있어서 대외원조가 차지하는 비중은 매우 컸다. 이 당시 소련과 동구권의 원조는 시설재중심의 설비와 기계가 주종을 이루었으며 그 가운데 공업원료, 자재, 철도교통, 통신복구장비, 농기계, 비료 등 현물원조가 주류였다(박종철, 230). 이것이 토대가 되어 경공업보다는 중공업을 우선시하는 발전전략이 전개되었다.

년 남한의 군사정부 출현, 1962년 쿠바미사일위기, 중소분쟁 등 자위를 위해 중화학공업에 대한 투자를 증가시키고 자립적 폐쇄경제체제를 채택하였다(박종철, 234). 북한은 산업화의 선착수와 대외원조, 1950년대 말부터 시작된 사회주의 공업화를 통하여 적어도 1970년대 초까지 남한의 경제력을 상회하였다. 그러나 1970년대 들어와서는 1960년 중반부터 자주국방을 위한 과중한 군사비부담, 사회주의권의 지원중단, 대서방세계로의 진출봉쇄, 중앙경제계획의 효율성 저하와 같은 구조적 요인으로 경제성장률이 지속적으로 하락하였다. 또한 그동안 누적된 외채, 중공업 우선투자로 인한 농업과 경공업의 상대적 위축이라는 기형적 산업구조로 말미암은 산업 간 불균형, 노동력 저하 등 경제구조 전체의 문제가 가중됨으로써 경제침체가 가속화되었다. 특히 1960년대 중반부터 4대군사노선에 의한 군현대화 및 자주국방을 위한 급증한 군사비는 1967년에 전체 예산의 30.4%를 시작으로 지속적으로 증가됨으로써 자원분배의 왜곡을 심화하고 대외관계악화를 초래하였다(장맹렬, 237-8). 이후부터 북한은 남한과의 경제력 비교에서 열세에 놓이게 되었으며 경제침체가 가속화되었다. 따라서 북한은 이를 극복하기 위하여 1970년대에는 외자도입과 독립채산제를 강행하였으나 여의치 못했다. 1980년대에 들어와서는 중공업 이상비대에 따른 생필품 부족을 완화하기 위하여 경공업을 강조하고 외자유치를 위해 합영법을 도입하였지만 소비를 충족시키지 못함으로써 경제위기가 지속되었다. 더구나 80년대 후반 동구 사회주의권붕괴 및 북한경제방식에 내재하는 한계 등으로 에너지난을 비롯한 식량난, 생필품 부족에 직면하게 됨으로써 체제위기상황에 처하였다. 1990년대에 이르러서는 침체일로에 있는 경제위기를 극복하기 위하여 경제특구중심의 제한적 개방정책이 추진되었으나 그동안 누적된 경제침체, 모순된 산업구조정책 및 대외경제관계의 악화로 인해 오히려 외부로부터 지원을 받아야만 생존하는 상황에 이르렀다.

한편 남한은 1960년대 초부터 본격적으로 산업화를 추구해 나갔다.[36) 군사혁명으로 정권을 잡은 군통치세력들은 정권의 정당성 부재를 경제발전으로 만회하려 하였다. 대외의존적 수출산업정책에 의한 압축성장의 공업화가 추진되었다. 군사정권은 1961년부터 1963년까지 농어촌고리채를 정리함과 동시에 저임금에 기초한 경공업제품 수출 및 수입대체산업 위주의 1차, 2차 경제개발 5개년계획을 추진하였다(박종철, 236). 대외지향적 수출산업화 정책에 따라 가방, 의류, 섬유 등 경공업 중심의 제품을 수출하였다. 이후 남한은 한일국교정상화, 월남파병이라는 조치를 통해서 안보체제를 점검하는 동시에 수출산업화 정책을 보다 적극적으로 추진하여 나갔다. 1970년대에 이르러서는 노동력 집약적인 경공업제품산업의 비교우위의 한계 및 미군철수에 따른 군수산업육성필요에 의한 자본과 기술집약적인 중화학공업을 적극적으로 전개해 나갔다. 그러나 1973년에 발생한 석유파동과 무리한 중화학공업부문의 투자로 인한 기업도산, 인플레

---

36) 남한은 제3공화국 1962년부터 1980년까지 4차에 걸쳐 정부주도의 계획에 의한 경제개발 5개년계획을 수행하였으며, 제4공화국과 제5공화국에 와서도 정권이 교체되었음에도 불구하고 이러한 계획경제기조는 크게 바뀌지 않았다. 따라서 제1차 경제계획이 시작된 때부터 제2차 경제계획까지 노동집약적인 경공업제품 위주의 수출정책이 전개되었으며, 제3차 경제계획이 진행 중인 1970년대 중반부터는 중화학공업제품수출정책을 본격적으로 추진하였다. 이러한 경제정책은 1987년에 전개된 대규모 노사분규, 민주화 운동의 영향으로 정부주도의 계획경제가 시장경제로 전환되었다.

이션 만성화, 실업률 증가 등으로 경제위기를 맞았으나 중동지역의 건설붐과 월남전특수로 경제는 다시 활력을 찾게 되었다(여현덕, 1996:150). 정부의 지속적인 중화학공업육성정책에 힘입어 1970년대 말부터 철강, 기계, 조선 및 화학공업제품 등 기계류 및 중간재 제품이 수출되었다. 1980년대 이후부터는 기술집약적인 소비성 전자제품, 자동차, 중화학공업제품이 수출되었다(주성환·조영기, 1999:7). 이러한 대외지향적 수출산업화 정책은 그동안 억압되어 왔던 노사분규, 민주화 운동이 일어나는 1987년까지 지속되었다. 결과적으로 남한은 1970년대부터 구조적으로 문제가 심각화되고 있는 북한경제를 앞지르는 상황에서 지속적인 경제성장을 거듭하였다.

# Ⅵ. 남북한 사회의 산업사회갈등

남북한은 분단 이후 상이한 체제하에 체제생존을 위해 서로 다른 산업화의 길을 걸었다. 남북한 사회는 상이한 산업화 전략에 의해 경제체계, 계층구조, 가족체계, 생활방식, 가치체계 등 두드러진 사회변화를 가져왔다.

## 1. 경제체제상의 문제

남한경제는 1960년대 초부터 경공업중심의 대외의존적 산업화를 시작하여 몇 번의 고비가 있었지만 1970년 중반부터는 중화학공업을 중심으로 성장의 발판을 마련하였다. 1980년대에 이르러서는 경제성장이 지속되는 가운데 1980년대 중반부터 대규모 노사분규, 민주화 운동으로 남한경제는 한동안 혼란을 겪었으나 노동환경의 개선 및 민주주의 발전이라는 긍정적 기능으로 작용하여 경제발전의 전환점이 되었다. 이후 대외수출호조, 달러약세, 유가하락 등과 같은 요인으로 고도성장을 지속하였다. 그러나 북한은 중공업우선정책으로 한 수차례의 경제계획결과 1970년대 초까지 남한경제를 앞질렀으나 이후부터 북한내부의 정치, 경제, 군사 등 구조적인 문제로 경제성장이 지연되고 침체가 가속화되었다.

1980년대부터 식량난과 생필품난으로 고통을 겪고 있는 북한경제의 문제는 다음과 같은 요인에 기인한다. 첫째, 군수산업중심의 중공업우선정책에 따른 산업구조 간 불균형에 기인한다. 인간생활에 필수적인 소비재를 생산하고 소비를 충족시키는 경공업제품 생산보다는 군수품을 생산하는 중공업의 우선시정책 결과이다. 둘째, 1차, 2차 산업을 뒷받침해주는 금융, 유통, 용역 등의 3차산업을 홀대한 결과에 기인한다. 북한은 서비스업과 관련되는 3차산업을 생산활동으로 보지 않음으로써 지속적인 산업화를 추진하는 데 있어 실물경제를 뒷받침하는 3차산업의 부재로 산업 전체가 위축되는 현상을 초래하였다(장맹렬, 217-219). 셋째, 1960대 중반부터 한미동맹강화, 쿠바미사일 위기, 남한군사정부출현, 중·소갈등 등 안보위협에 능동적으로 대처하기 위하여 군사비급증을 통한 국방력강화를 추진한 것에 기인한다. 4대군사노선과 군현대화를 위한 국방예산이 전체 예산의 약 30%에 달함으로써 과중한 군사비부담이 북한경제를 더욱 악화시켰다(박종철, 241). 무장력 지향적인 공업화 정책이 인민경제성장을 저해한 결과 인민생활을 궁핍하게 만들었으며 북한경제를 더욱 악화시키는 요인으로 작용하였다. 넷째, 경제적 요인뿐만 아니라 경제외적인 요인 즉 군사적 또는 정치적 요인에 기인한다(주성환·조영기, 30). 사회주의 계획경제를 추진하는 데 있어 사회경제체제 간의 균형적인 발전을 추구하여야 함에도 불구하고 편중된 당정책 결정에 좌우됨으로써 경제상의 구조적인 문제가 누적될 수밖에 없었다. 다섯째, 사회주의권의 지원을 기대할 수 없는 상황 및 자립지향적인 폐쇄경제체제의 한계, 대외경제관계의 악화, 세계화의 도전에 적극적 대응부재가 북한경제를 더욱 고통스럽게 하고 있다. 더 나아가 사회주의체제의 공동생산, 공동분배라는 무사안일적 노동문화가 노동자들을 나태하게 만들고 노동을 기피하게 만들었다(조한범, 1997:3). 근면, 성실, 책임, 신뢰, 자율, 생산성과 정반대되는 노동윤리문화를 조성시킴으로써 주민들로 하여금 목표의식 상실과 노동동기를 약화시켜 북한경제를 더욱 어렵게 만들었다. 노동에 대한 동기부여를 제대로 뒷받침해주지 못함으로써 근로의욕을 저하시키고 생산성을 약화시켜 북한경제를 더욱 침체시키는 역효과를 가져왔다.

위와 같은 복합적 요인에 의해 북한경제는 원활하게 작동하지 않고 있으며, 식량난, 생필품난과 같은 경제난의 심화를 가속화시켰다. 따라서 북한주민들은 생존을 위해 암시장과 같은 제2경제를 활성화시키고 있으며 부업을 통한 생존모색을 추구하고 있다. 북한주민들은 최악의 경제적 상황과 절대적 궁핍을 극복하기 위하여 비합법적 시장을 활성화하고 있으며, 더 나아가 생존을 위해 체제를 이탈하는 등 목숨을 건 투쟁을 계속하고 있다. 결과적으로 제2경제의 역할증대는 북한주민들에게 소유의식과 물질주의를 심어줌으로써 국가에 대한 충성보다는 개인의 실리를 보다 중시하는 풍토를 조성하여 사회주의 체제에 대한 불신과 국가권위를 상실하게 만들어 탈이데올로기 및 체제이완을 더욱 가속화시키고 있는 상황이다(여현덕, 166-7). 반면 남한은 지나친 세계경제의존적 수출정책 및 외자의존경제에도 불구하고 지속적인 경제성장을 거듭한 결과, 1990년대 초에는 국민소득이 10,000달러 넘어 선진국을 상징하는 OECD에 가입하였다. 그러나 1997년 세계경제체제에 대한 부적절한 대응, 기업의 부채비율 증가, 누적된 금융부문의 부실, 시장조절의 부조화, 국민들의 도덕적 해이 등으로 IMF경제위기를 맞았다. 이로 인해 잇따른 기업도산, 구조조정, 고용불안정, 적대적 병합 등으로 실직자 및 빈곤층이 양산되어 이들의 삶을 보호해야 한다는 사회적 요구가 대두되고 있다.

## 2. 계층문제

남한이 자본주의 시장경제방식의 산업화를 추구하는 가운데 북한은 사회주의 계획경제방식으로 산업화를 추진하였다. 남북한 사회는 공히 국가주도하에 상이한 산업화 전략을 추진하는 과정에서 양측 모두 노동계층이 급증하는 결과를 가져왔다. 이러한 가운데 남한에서는 중산층의 증가가 괄목하게 나타난 반면 북한에서는 근로 인텔리라는 신중간계급이 서서히 부상하기 시작하였다.

남한은 1960년대 이후 산업화가 진전되면서 복잡한 사회체제로 변화되었다. 산업화에 따라 농촌인구의 도시로의 이동이 급증하였으며 봉건적 계층구조가 와해되고 아울러 근대적 계층구조가 형성되었다. 전문직, 관리직, 사무직, 기술직이 크게 확대되고 중간계층의 내부적 다원화가 급진전되었으며 도시지역을 중심으로 판매직, 노동직, 서비스직 등 직업의 구조적 개편이 이루어졌다(도흥렬, 14). 그러나 북한은 토지개혁에 이은 농업협동화와 산업국유화를 통해서 전통적 소유관계에 기초한 계급구조를 해체하는 데 성공하였다. 전 인민의 노동자화 및 1970년대 이후 사회주의적 공업화로 비농업인구가 1987년 현재 75%로 급증하였다. 전통적 소유관계에 기초한 계급구조의 해체에는 성공했지만 그 대신 출생성분과 당성에 준거한 새로운 사회주의적 불평등구조를 창출하였다. 더구나 기술혁명의 필요성에 따른 기술인재 양성에 따라 근로 인텔리라는 신중간계급이 성장하였는바, 1946년 6%에 불과하던 신중간계급이 1987년에 이르러서는 20% 가까이 급증하였다. 노동자와 농민계층이 점차적으로 감소되어 온 대신 전문직과 사무직이 급증한 결과였다.

산업화가 급진전됨에 따라 남한에서도 노동계급, 중간계급, 자본가계급으로 계급분화가 심화되어 계급갈등을 수반하였다. 그러한 양상은 1980년대 중반 이후까지 지속되어 대규모 노사분규가 사회를 혼란스럽게 하였으며 동시에 정치권력의 정당성 문제에 도전하기도 하였다. 그러나 노동계급이 궁극적으로 추구한 것은 체제변혁보다는 열악한 노동환경을 개선하기 위한 것으로 임금과 노동조건의 향상이었다(서재진, 72). 1980년대 말을 기점으로 남한의 노동계급은 계급타협의 논리와 유사한 전략을 선택하여 정치적 지향은 약화되었다. 더욱이 이를 부추긴 것은 사회주의권의 붕괴와 국내의 민주화 정착으로 계급갈등이 크게 약화된 결과이며, 자본가계급이나 관리층에 대립되는 하나의 이익집단으로 정착된 결과이기도 하다(서재진, 81). 또한 산업화의 진전으로 신중간계층이 양적·질적으로 팽창한 결과 계급갈등이 제도화되어 가고 있으며 계급타협이 정착하고 있다. 이러한 계급갈등의 완화는 선진산업사회의 계급갈등 유형과 유사한 것으로 자본가계급과의 상호모순적인 관계가 아니라 상호보완적인 관계로 계급적 힘의 균형을 의미하는 것이었다(서재진, 93). 이들은 자본주의 시장경제질서가 착근하면서 더 현실주의적이고 개인주의적 시장지향성의 산업화와 사회발전으로, 개인의 자유와 권리가 확대된 결과이기도 하였다. 중간계급들은 정치적 민주화에 진보적 성격을 보였지만 노동자층의 노사분규와 경제적 평등화에는 보수적 태도를 보였다. 자본주의 사회의 계급들은 자본주의체제에서 얻고 있는 각 계급 나름의 기득권 때문에 체제통합적 태도를 보이고 있으며 경제가 고도성장함에 따라 계층구조의 평등화가 급진전된 때문이었다.

반면 북한사회에서는 신중간계급이 확대됨에 따라 이들이 사회주의 이데올로기와 상충되는 체제모순세력으로 대두되고 있다. 노동계급이 주축을 이루는 무계급사회인 북한사회에서 기능적으로 중요한 역할을 수행한다는 이유로 신중간계급을 수용하고 인센티브를 부여한다는 것은 자체모순이며 이율배반적인 것이다(서재진, 93). 북한주민들 대다수가 노동계급적 가치지향보다는 신중간계급 지향적인 가치의식을 소유하는 경향이 더 높아짐에 따라 북한사회를 더욱 혼란스럽게 하고 있다. 경제적 토대에 기초한 계급은 소멸되었지만 자본주의적 유산이며 정치적 통제대상인 신중간계급의 급증은 계급갈등을 유발시키는 문제집단일 뿐만 아니라 노동계급 위주의 북한사회에서 정치적 불안요인을 일으키는 잠재적 이단집단이라 할 수 있기 때문에 북한정권을 곤혹스럽게 하고 있다. 따라서 북한사회는 신중간계급의 성장이 체제에 이익이 되는 존재가 분명하지만 한편으로 필요악적인 존재로 여겨지고 있다.[37]

## 3. 가족구조와 가치관의 변화

기든스가 언급한 것처럼, 산업화는 가족구조, 가족가치관 및 가족기능의 변화를 가져왔다. 예외 없이 남북한 사회도 상이한 산업화의 영향으로 가족의 모습이 달라졌으며, 그들이 갖고 있던 가치관도 커다란 차이를 보이고 있다. 또한 가사노동의 전담자로서의 여성들의 역할도 변화되었다.

1960년대 산업화의 영향으로 남한은 전통적 대가족제도가 핵가족 형태로 변화되기 시작하였다. 1960년 한 가구당 평균 5.6명이던 가족이 1970년에는 5.5명, 1980년 4.5명, 1990년 3.7명, 1995년 3.3명, 2000년 3.1명으로 감소되었다(통계청, 2002). 부부 중심의 가족으로 변화됨으로써 많은 문제가 파생되었다. 자녀양육 및 사회화 기능에 많은 혼란이 초래되었으며, 노인부양문제 발생 및 세대 간의 갈등도 심화시켰다. 결과적으로 소가족화는 전통적 가족관계를 해체시켜 고립과 소외를 촉진시켰으며, 친족과의 유대를 단절시킴으로써 가족공동체의식을 약화시켰다. 반면 북한사회도 가족구성원이 평균 5~6명

---

37) 그러나 이들 신중간계급은 높은 교육수준을 지니고 있으며 북한사회에 대해 비판하고 여론을 주도하는 세력으로 성장할 가능성이 큰 집단으로서 세계변화에 맞게 개방정책을 가속화할 전망도 크다는 점에서 긍정적인 존재라는 평가도 받고 있다(여현덕, 169).

인 것으로 나타나, 소가족화 추세에 있다(김학준 외, 1986:129). 북한 사회의 소가족화 현상은 사회주의적 가족원리에 기인하는 것으로 전통적인 대가족제도가 붕괴되었음을 의미함과 동시에 사회구조의 변질을 의미하는 것이었다. 북한은 1946년 남녀평등법조치로 가장을 중심으로 하는 위계구조 및 친족집단과의 관계를 해체시키는 대신 사회주의적 가족관계로 대체시켰다(도흥렬, 1999:86). 그것은 호적제도와 재산상속제도를 폐지시켜 가족중심의 경제적 기반을 박탈하였음을 의미하는 것이었다. 특히 1980년에 이르러 가정의 혁명화를 완성시킨 북한은 붉은 대가정 실현을 통하여 가족의 원초적 기능인 사회화 기능을 완전히 국가사회로 이전시키면서 부모자식 간의 관계까지도 2차적 관계로 전락시켜 가족 간의 유대를 소원하게 만들었다 (도흥렬, 86−7).38) 그러나 1980년대 중반에 들어와서 북한은 경제침체를 극복하기 위한 대안으로 가정혁명화와는 전혀 다른 공적 가부장제를 부활시켰다. 북한은 이를 통하여 만성적인 경제공황지속에 따른 사회경제적 불만완화를 위한 대책으로 여성을 가정으로 돌아가게 하였으며, 자녀양육과 노인부양과 같은 국가부양책임을 가족으로 이전시켜 가족단위의 부양책임범위를 확대시켰다(도흥렬, 1999:90−3). 더구나 북한은 과거에 폐지시켰던 상속제를 부활시켜 노동의 물질주의적 인센티브 강화 및 가족부양수단으로 활용하는 조치를 취하였다. 북한사회의 이러한 조치는 결국 경제난에 기인한 것으로 가족을

---

38) 북한은 사회주의정권을 수립한 이래 남녀평등법, 노동법 등 사회주의 조치 및 가정혁명화 작업을 통하여 여성의 노동계급화를 추구하였다. 특히 전쟁 후 부족한 노동력을 최대한 활용하기 위하여 가족이 갖고 있던 고유기능을 국가사회로 이전시키면서 여성들의 노동력을 최대한 활용하였다.

생산단위이자 자녀양육 및 사회통합의 중심으로 인식하는 유교적 가족주의로 되돌림 한 것을 의미한다.

한편 남한은 핵가족화가 급진전되는 가운데 여성들의 경제활동인구가 급증하였다. 여성들의 고학력화, 가정생활의 편의확대 및 가족이 맡아 오던 기능을 여타 사회화 기관들이 대신함에 따라 가사노동 부담에서 벗어난 여성들의 경제활동이 증대되었다.[39] 여성의 경제활동 참여증대로 인한 경제적 독립은 가족생활에 큰 변화를 초래하였다. 경제적 자립능력을 갖춘 여성들이 많아짐에 따라 여성들이 지위가 향상되는 한편 성별 간 갈등의 심화를 가져왔으며, 결혼생활이 만족스럽지 못할 경우에는 쉽게 이혼하거나 별거하는 등 가족해체를 심화시켰다(조정문 외, 2001:94). 이혼율의 증가로 인한 자녀부양기피, 한부모가족의 증가 등 가족 불안정성의 문제가 심각해지고 있다(하용출 편, 2001:54). 또한 여성이 도맡아 왔던 노약자나 환자를 보호하여 오던 가족보호기능도 약화됨으로써 사회적으로 문제가 되고 있다. 반면 북한사회는 1946년 공포한 남녀평등에 관한 법령을 통하여 여성들의 사회활동을 적극 권장하였다. 특히 전쟁으로 절대적으로 부족했던 노동력을 보충하기 위해 여성들의 노동력을 적극 확대했다. 1976년에 이르러서는 여성들의 경제활동참여율이 전체 노동력에서 48%에 달해 남녀구성비가 비슷한 수준을 보였다(김학준 외, 1986:180). 여성들의 경제활동이 보편화됨에 따라 공동세탁소, 밥공장, 가족식당, 가내작업반과 같은 집단주의적 생활양식이 더 한층 제도화되었다(도흥렬, 86). 집단주의적 생활양식의 제도화에 따라 부모

---

39) 1965년 36.5%이던 여성경제활동인구가 1992년에는 47.3%로 증가되었다(여성한국사회연구회 편, 1997:27).

의 자녀양육기능이 약화되고 정서적 기능이 약화되는 등 전통적 가족기능이 소멸되었다. 또한 여성들의 사회활동이 확대됨에 따라 여성들의 자아의식이 향상되어 가정 내 발언권이 높아졌으나 직장생활과 가정생활을 동시에 수행해야 하는 이중노동에 시달리고 있다. 결과적으로 여성의 노동계급화는 부족한 노동력을 보충하였지만 전통적 가족제도를 붕괴시키는 등 과거의 정감어린 가족의 모습을 기대할 수 없게 만들었다.

한편 남한에서는 가족가치관의 변화로 권위적이고 수직적이었던 부자관계가 민주적이고 평등한 관계로 변화되었다. 대등한 관계로 변화됨으로써 가장의 권위가 상대적으로 약화되는 한편 가족구성원들 간의 개별화, 분절화로 가족관계가 소원화되었다. 또한 부부관계도 전근대적 관계에서 평등한 관계로 변화됨으로써 남편의 권위가 약화되는 대신 어머니의 입지가 강화되어 가족의 구심점이 모호하게 되었다. 또한 가족가치관의 변화는 경로효친사상의 약화 및 조상숭배관념의 약화, 부모부양문제, 부모자녀세대간의 갈등을 유발시켜 가족을 둘러싼 다양한 문제를 심화시켰다. 한편 북한사회는 여성의 경제활동참여의 보편화에 따라 국가가 노인부양문제나 자녀양육문제를 해소시켰지만 가장의 권위가 실추됨으로써 가족이 본래 가지고 있던 정서적 기능, 보호기능을 더 이상 기대할 수 없게 되었다. 사회주의적 가정으로 변화됨으로써 가족구성원들 간에 상이한 가치관이 형성됨에 따라, 부모세대 간 갈등 및 노장청세대 간 갈등, 노인공경 등과 같은 문제가 심각화되고 있다. 아무튼 오늘날 남북한 사회의 가족은 상이한 체제와 이데올로기로 전통적 가치관의 붕괴 및 부모자녀세대 간의 갈등, 남녀 간의 불평등한 성역할분업에 따른 이해관계의 충돌 등으로 위기감이 고조되고 있다. 더구나 소비지향적이고 물질중심주의적 가치의 팽배는 가족내부의 세대 간 불협화와 가족구성원의 개별화를 촉진시켜 전통적 가족의 모습은 기대할 수 없게 되었다.

## 4. 도시화 및 삶의 태도 변화

남북한 사회는 상이한 산업화 추진과정에서 수많은 부작용을 파생시켰다. 남한 사회는 경제발전으로 전체적으로 국민들의 생활수준이 향상되었지만 부의 편중화로 분배구조악화를 심화시켜 계층 간 불평등을 확대시켰으며, 또한 도·농 간 불균형에 따른 지역 간 격차, 세대갈등, 노인문제 등을 심화시켰다. 반면 북한사회는 정권내부의 구조적 모순과 사회주의 경제체제가 가진 부작용으로 말미암아 주민 생활의 궁핍, 비인간적 인간관계, 노동동기 약화, 체제불신과 이탈 등의 문제가 심각해지고 있다.

남북한의 산업화는 도시로의 인구이동을 촉진시켜 도시화를 급진전시켰으나 많은 문제를 발생시켰다. 남한의 도시화는 주민들의 자발적 의사와 결정에 의해 이루어졌으나 도시와 농촌 간의 지역불균형을 심화시켰을 뿐만 아니라, 도시화에 따른 인구이동으로 말미암아 농촌지역의 가족구성원수의 감소는 농촌의 공동화를 초래하여 농촌해체를 급진전시켰다. 반면 북한에서의 도시화는 당중앙의 공업화정책과 정치적 목적에 의해 주민의 계획적 이주와 배치에 의해 진행되었다(김학준 외, 1986:33). 도시화로 도시에 거주하는 주민들이 절대적으로 늘어났으나 출신성분이 좋거나 계급이 높은 사람들만이 평양을 비롯한 대도시에 거주하여 각종 문화적 및 물질적 혜택을 누리고 있다. 그러나 그 외 지역에 거주하는 주민들은 문화적 혜택이나 생활상의 편리제공과는 거리가 먼 삶을 누리게 함으로써 열등감과 소외감, 상대적 박탈감을 심화시켰다.

또한 남북한 주민들 간에는 상이한 가치관이 형성되었다. 남한 사회는 산업화의 결과 자본주의적 이윤추구논리 팽배로 물신주의 가치관을 조장하였으며 인간관계를 황폐화시키는 결과를 가져왔다(여성한국사회연구회 편, 38). 북한은 공동생산, 공동분배라는 사회주의적 삶의 방식으로 무사안일적 노동문화를 형성시켜 주민들로 하여금 목표의식을 상실하게 하였으며, 동기부여를 제대로 해 주지 못함으로써 노동을 기피하고 나태, 무기력하게 만들어 의존적이며 수동적 가치관을 조장하였다. 결과적으로 그것은 소득의 하향평준화 및 경제침체로 연결되어 빈곤상황을 초래함으로써 체제를 이탈하게 만들고 탈이데올로기화하게 만들었다.

남북한 사회는 상이한 산업화의 영향으로 주민들의 삶의 태도에도 커다란 차이를 보이고 있다. 남한의 대다수 사람들은 집단적 가치나 공동체보다는 시장에서의 물질적 보상과 개인적 성공을 우선시하는 현실적이고 이기주의적 가치관을 형성시켜 인간들 관계가 분절화되고 고립화되고 있다. 그런 반면 다양한 사회적 압력과 그에 대한 적응력을 자연스럽게 형성시켜 자신의 삶을 스스로 개척하고 책임지는 신축적이며 창의적, 능동적, 적극적 태도를 형성시켰다. 반면 북한은 집단주의적 가치와 공동체 지향적인 가치관을 형성시켰으나 복잡하고 다원화된 현대사회에 적응할 수 있는 교육의 부재로 폐쇄적, 의존적, 숙명적 삶을 체질화하였다. 또한 위로부터의 명령에 따라 복종하는 체제순응적, 수동적, 소극적 인간을 만듦으로써 자신들의 삶을 스스로 개척하고 책임지는 데 한계를 보이고 있다(김동춘, 193, 200).

남북한 사회는 또한 사회정치적 차이에 의해 문화적 이질화 현상도 심화되고 있으며, 남북한 경제제도 간 차이나 경제력 격차로 말미암아 새로운 정치갈등을 발생시키고 있다(이우영, 2003:147, 문정인 외, 2002:133, 선학태, 1998:211). 특히 경제적 불균형은 남북한 사이의 매우 심각한 경제적 갈등을 초래하고 있다. 그것은 남북한 주민들 간의 승패자 의식을 심화시키고 있으며, 남한주민들은 북한주민들에 대해 우월감과 자신감을 보이는 데 반해 북한주민들은 상대적 박탈감의 심화, 좌절감과 패배감을 더욱 조장시키고 있다. 궁극적으로 남북한의 분단과 상이한 체제에 의한 산업화는 동족 간의 정체성, 동질성 회복을 어렵게 하고 있으며, 문화적 이질성을 더욱 심화시키고 있다.

# VII. 맺는글

분단 이후 남북한 사회는 상이한 체제하에 생존을 위해 산업화를 추진하였다. 남북한의 분단은 산업화의 기반이 되는 철도의 단절도 가져왔다. 그러나 남북한 양 체제는 일제가 남긴 기존 철도축을 중심으로 독자적으로 경제발전에 필수적인 철도의 발달을 추진하였으며 이를 통해 경제발전과 산업진흥을 꾀하였다.

남한은 50년대부터 3대산업선을 중심으로 철도의 복구 및 연장을 추진하여 국가경제발전에 기여하였다. 60년대에는 경제개발계획과 맞물려 철도의 발전이 더욱 가속화되었으며, 특히 경제발전의 원동력이 되는 각종 지하자원의 개발 및 산업진흥을 위해 철도가 신설, 복구, 연장, 복선화, 전철화되었다. 또한 지역사회개발, 공업기지건설, 시장 확대 등 경제발전과 산업진흥을 위해 철도를 산업의 견인차로 활용하였다. 반면 북한의 철도는 분단 후 철도를 국민경제발전의 중요수단으로 발전시켜 왔으며, 전후 경제회복시기에는 더욱 주요 철도간선의 복건에 전력을 다하였다. 북한은 지리적 제약으로 모든 화물과 여객운송을 철도에 의존할 수밖에 없음으로 인해 정권 초기부터 철도를 중요한 육상운송기관으로 하는 주철종도의 정책을 전개하였으며 철도전기화를 빠르게 추진하였다. 북한의 철도는 지하자원개발 및 인구밀집지역을 중심으로 크게 서해안축, 동해안축, 동서횡단축으로 형성되었다. 이러한 철도축을 중심으로 북한은 지하자원개발, 공업단지조성, 지역개발에 박차를 가하였으며 농수산물, 군수물자를 효율적으로 수송하였다.

여기서 우리가 주목해야 할 것은 남북한 양 체제가 비록 미소의 지원 및 경제발전에 대한 집권층의 의지, 전 국민적 동원에 의해 경제발전(또는 경제침체)을 이루었을지라도 한편으로 철도라는 육상교통기관의 수송 분담 및 산업의 대동맥, 원동력으로서의 역할을 간과할 수 없다. 그만큼 철도는 산업화 시기에 있어 중요한 동력수단으로서의 역할을 톡톡히 수행하였던 것이다. 경제발전의 견인차로서, 원동력으로서의 역할을 수행한 철도라는 운송매체 덕분에 남북한의 산업화는 순조롭게 이루어졌으며 경제발전의 시너지효과를 발휘하였다. 특히 북한의 철도는 산업인프라로서 군사경제병진정책을 추진하는 데 있어 결정적 역할을 수행하였다.

초기 산업화 과정에서 남한은 미국의 소비재 위주의 원조에 영향을 받은 한편 북한은 소련과 동구사회주의권의 시설재중심의 원조를 토대로 상이한 전략의 산업화를 추진하였다. 남한은 1960년대 대외지향적 경공업제품수출정책으로 산업화를 시작한 이후, 1970년대 중반부터는 중화학공업을 본격적으로 추진하여 경제성장의 발판을 마련하였다. 반면 북한은 1950년대 중반부터 군수산업 위주의 중공업을 기반으로 산업화를 시작하여 1970년대 초반까지 남한경제보다 우위에 있었다. 그러나 자주국방을 위한 군사비 과다지출, 중공업비대에 따른 산업구조 간의 불균형 및 자원분배의 왜곡심화, 북한내부의 구조적 모순으로 경제침체가 지속되었다. 남한 사회는 잇따른 경제개발계획의 성공으로 국민들의 생활수준이 향상되었던 데 반해 북한사회는 거듭된 경제계획의 실패로 경제위기가 가속화되었으며, 식량난, 생필품난이 지속되고 있다.

상이한 체제하에 서로 다른 산업화를 추진한 결과 남북한 사회는 경제체계, 계층구조, 가족체계 등 모든 분야에서 크나큰 변화를 가져왔다. 특히 남북한은 산업화를 추진하는 가운데 양측 모두 노동계급의 급증을 가져왔으며, 남한은 중산층의 증가가 괄목하게 나타난 반면, 북한은 근로 인텔리라는 신중간계급이 부상하였다. 남한은 소득재분배의 불균형 심화로 계층 간의 대립과 갈등이 노정되고 있지만 중산층의 확대로 계층 간의 부조화가 점점 완화되고 있으며 체제안정적인 방향으로 자리잡아 가고 있다. 그러나 계급이 소멸되었다고 주장하는 북한사회에서 신중간계급의 증가는 체제불안을 조성시킬 뿐만 아니라 계층 간의 위화감을 불러일으키고 더 나아가 이들의 가치관이 전 노동계층에 확산됨에 따른 문제를 발생시키고 있다.

상이한 산업화는 남북한 사회의 가족구조와 가치관의 변화를 가져왔다. 남한은 소가족화가 급진전됨으로써 가족을 둘러싼 문제가 확대되고 있으며 친족과의 유대관계가 단절됨으로써 고립과 소외가 일상화되었다. 가족가치관의 변화로 가장의 권위가 약화됨으로써 가족의 구심점이 사라지는 한편 경로효친사상의 약화로 부모부양문제를 비롯한 세대 간 갈등 등의 문제를 심화시켰다. 반면 북한사회는 소가족화되는 가운데 여성들의 경제활동을 적극 권장함으로써 여성들의 지위가 향상되었지만 이중노동에 시달리게 하는 한편 전통적 가족의 모습을 훼손시켰다. 사회주의적 가정으로 변화됨으로써 가족구성원들 간에 상이한 가치관이 형성됨에 따라 부모세대 간 갈등, 노장청세대 간 갈등, 노인공경 등과 같은 문제가 심각화되고 있다.

상이한 이데올로기에 따른 산업화는 남북한 주민들 간에 상이한 가치관을 형성시켰다. 남한 사회의 자본주의적 이윤추구논리는 이기주의적이고 물신주의적, 소비지향적인 가치관을 형성시켜 인간관계를 분절화, 황폐화시키는 결과를 가져온 반면 북한사회는 사회주의적 삶의 방식으로 무사안일적 노동문화를 형성시켜 노동을 기피하고 나태, 무기력하게 만들어 의존적이며 피동적 가치관을 조장하였다. 결과적으로 남북한의 분단과 상이한 체제에 의한 산업화는 양측통합을 이루는 데 있어 앞으로 많은 문제를 노정시킨 한편, 동족 간의 정체성, 동질성 회복을 어렵게 하고 있으며 문화적 이질성을 더욱 심화시키고 있다.

# ≪참고문헌≫

강정구, 2002, 『분단과 전쟁의 한국현대사』, 역사비평사

김동춘, 1998, "남북한 이질화의 사회학적 고찰", 『분단과 한국사회』, 역사비평사

김보영, 1997, "8.15 직후 남북한 경제교류에 관한 연구", 『경제사학』, 경제사학회

김연규·안병민·이선영, 2000, 『남북한 교통망연결을 위한 기초조사』, 교통개발연구원

김재명, 1993, "남북한 무역수송체제 연결방안", 학술대회발표논문집

김학준 외, 1986, 『남북의 생활상: 그 삶의 현주소』, 박영사

대한교통학회, 1993, 『대한교통학회지』, 제11권 제1호

대한석탄공사, 2001, 『대한석탄공사 50년사(1950~2000)』

대한토목학회, 1996, 『대한토목학회지』

도홍렬, 1999, "남북한 주민의 가족의식 비교", 『북한연구학회보』, 북한연구학회

도홍렬, 1996, "분단 반세기 남북한 사회변화의 비교", 『분단 반세기 남북한의 사회와 문화』, 경남대학교 극동문제연구소

문정인 외, 2002, 『남북한 정치갈등과 통일』, 오름

박순성, 2003, "남북한 경제의 비교: 기원에서 위기 이후까지", 『사회과학논집』, 연세대학교 사회과학연구소

박종철, 1995, "남북한의 산업화 전략: 냉전과 체제경쟁의 정치경제, 1950년대~1960년대", 『한국정치학회보』, 한국정치학회

서재진, 1996, "남북한 계급구조의 변화와 사회갈등", 『분단 반세기 남북한의 사회와 문화』, 경남대 극동문제연구소

선학태, 1998, "남북한 갈등해결 메카니즘", 『한국정치학보』, 한국정치학회
여성한국사회연구회 편, 1997, 『한국가족문화의 오늘과 내일』, 사회문화
　　연구소
여현덕, 1996, "남북한의 산업화와 정치변동", 『분단 반세기 남북한의
　　정치와 경제』, 경남대 극동문제연구소
오갑환, 1996, 『사회의 구조와 변동』, 박영사
유석형·임종관, 1993, 『남북한 화물운송체제 구축방안』, 해운산업연구원
이갑수, 2001, "한국철도와 사회경제", 『한국철도의 르네상스를 꿈꾸며』,
　　서선덕 외, 삼성경제연구소
이길영, 1999, "한국철도의 과거, 현재와 미래", 『한국철도학회지』, 제2
　　권, 제2호
이영균 외, 2001, 『남북한간 교통물류체계 정비확충방안』, 교통개발연구원
이우영, 2003, "남북한 문화의 이질화를 어떻게 볼 것인가?", 『사회과학
　　논집』, 연세대학교 사회과학연구소
이철우, 2005, "한국의 근대화정책추진과 철도를 통한 산업화(미간행)"
임명, 1993, "북한의 철도교통", 『대한교통학회지』, 제11권 제1호, 대한
　　교통학회
장맹렬, 1998, "남북한의 산업구조 비교(미간행)"
장세화, 1992, 『동북아 수송체계 현황과 전망』, 해운산업연구원
조정문·장상희, 2001, 『가족사회학』, 아카넷
조한범, 1997, "남북한 이질화와 사회문화교류협력", 통일문제 특별학술
　　회의, 한국정치학회
주성환·조영기, 1999, "남북한 산업구조의 상호의존성에 관한 연구", 『북
　　한연구학회보』, 북한연구학회
철도기술연구원, 2003, 『철도기술백서』
철도청, 1999, 『한국철도100년사』

철도건설국 편, 1969, 『철도건설사』, 교진사

최강희, 1996, "한국의 철도 일백년", 『대한토목학회지』, Vol.44, No.7, 대한토목학회

통계청, 2002, 『한국의 사회지표』

하용출 편, 2001, 『한국 가족상의 변화』, 서울대학교출판부

홍갑선, 1996, 『철도산업론』, 21세기한국연구재단

황의각, 1993, 『북한경제론』, 나남


Appelbaum, R. P., 1983, *Theories of social Change*(김지화 역, 『사회변동의 이론』, 한울)

Berger, Peter L., 1983, *"Securality: East and West"* in Cultural Identity and Modernization in Asian Countires: Procedings of Kokugakuin University Centennial Symposium, Tokyo: Institute for Japanese Culture and Classics, Kokugakuin Univ.

Gereffi, Gary and Donald L. Wyman. eds, 1990, *Manufacturing Miracles: Paths of Industrialization in Latin America and East Asia.* Princeton, J. J.: Princeton University Press

Harrison, David, 1988, *The Sociology of Modernization and Development* (양춘 역, 『사회변동론』, 나남출판)

Hoselitz, B. F., 1960, *Sociological Aspects of Economic Growth,* New York: Free Press

Lerner, Daniel, 1958, *The Passing of Traditional society*, Glencoe: fress Press

Murray, Andrew, 2001, *Off the Rails*(오건호 역, 『탈선』, 이소출판사)

Rae, J., 1971, *The Road and the Car in American Life*, M.I.T. press

Rostow, W. W., 1962, *The Process of Economic Growth*, W. W. Norton

& Company, Inc.

Smelser, Nail J., 1987, *Essays in Sociological Explanation*(박영신 역, 『사회변동과 사회운동』, 세경사)

Tai, Hung—Chao, 1989, *Confucianism and Economic Development: An Oriental Alternative?*, The Washington Institute Press.

原田勝正, 1998, 『鐵道と 近代化』, 吉川弘文館.

# 영문요약

## North and South Korea's Railway Development and Trouble in Industrial Society

Railway as a core means for modern civilization and technological development made an important role in the industrialization of North and South Korea. It also functioned as leverage for economic development including the exploitation of various resources, the growth of agriculture and industry and regional balanced development. North Korea constructed many branch lines as well as main lines for overcoming geological limitations with the start of industrialization in the mid 1950s, while three major railways in South Korea were built for the application of train as a main transport for economic recovery after the Korean War.

North and South Korea was able to complete several economic development plans on the basis of the contribution of railway to economic growth, though there were different political systems in both regions. In the process of industrialization, North and South Korea received diverse aids from the United States and the USSR. South Korea pushed forward the growth of light industry that depended on aids of goods from the United States from the early

1960s, while North Korea made efforts for the development of heavy industry for war industries that relied on assistances of equipment resource from the USSR and socialist countries from the mid 1950s. South Korea prepared the foundation of industrialization to be based on export policy of goods in light industry through the development of light industry, and then the basis for rapid economic growth through heavy industrial development policy from the mid 1970s. North Korea concentrated on the advance together of military build up and economic development under economic independence policy for active response to external threats such as the détente between the United States and the USSR, the emergence of military government in South Korea and troubles between China and the USSR. Even if North Korean economy more developed than South Korean economy by the early 1970s, North Korea regime has been sustained currently by external aids due to delayed economic growth and continuous economic crisis that were resulted from excessive expenditure of war funds, malformed industrial structure centering on enlarged heavy industry, the restriction of export and internal systematic problems.

Industrialization under dissimilar political systems of North and South Korea resulted in various problems. North and South Korea experienced troubles between classes with the growth of a labor class, the change of family structure, a sense of value and other problems. In South Korea, the deepening of inequality in income redistribution in spite of increase of middle class brought about troubles between classes and the disorganization of many rural communities. It also formed senses of values on the basis of materialism, consumption orientation and selfishness, and increased troubles in family. There were troubles between classes through the growth of new middle class in North Korea and North Korea women were harassed with double works due to the rise of their participations in economic activities. The change of socialist family also caused the formation of different senses of value in family members and disappearance of traditional family pattern. The shortage of motives for work by common production and distribution policy established dependent and passive senses of values.

# 제4장

# 한국의 철도발달과 산업사회의 갈등

# 요약

　한국사회는 1950년대부터 3대산업선을 중심으로 철도의 복구 및 연장을 추진하여 국가경제발전에 기여하였다. 1960년대에는 경제개발계획과 맞물려 철도의 발전이 더욱 가속화되었으며, 특히 경제발전의 원동력이 되는 각종 지하자원의 개발 및 산업진흥을 위해 철도가 신설, 복구, 연장, 복선화, 전철화되었다. 또한 지역사회개발, 공업기지건설, 시장확대 등 경제발전과 산업진흥을 위해 철도를 산업의 견인차로 활용하였다. 이와 같이 철도는 한국경제발전에 주성장 동력원으로서 역할을 충실히 수행하였으며, 특히 1, 2차 경제개발계획기간 중에는 다른 경제계획기간보다 괄목할 만한 철도시설의 확장과 발달이 있었다.

　여기서 우리가 주목해야 할 것은 한국사회체제가 비록 미국의 지원 및 경제발전에 대한 집권층의 의지, 전 국민적 동원에 의해 경제발전을 이루었을지라도 한편으로 철도라는 육상교통기관의 수송 분담 및 산업의 대동맥, 원동력으로서의 역할을 간과할 수 없다. 철도는 한국의 1960, 1970년대 산업화 시기에 있어 중요한 동력수단으로서의 역할을 톡톡히 수행하였다. 경제발전의 견인차로서, 원동력으로서의 역할을 수행한 철도라는 운송매체 덕분에 한국의 산업화는 순조롭게 이루어졌으며 경제발전의 시너지효과를 발휘하였다. 그러나 1970년대부터 철도는 자동차의 급증, 고속도로의 잇단 완공 등으로 그 유용성이 퇴색하기는 하였지만 아직도 중요한 육상운송기관으로서의 역할을 다하고 있다. 철도는 여타운송매체들보다 에너지효율성, 환경친화성, 대량성, 광역성, 저렴성, 신속성, 정시성 등과 같은 우월적 요인 때문에 여전히 매력적인 운송기관으로 존재하고 있다.

초기 산업화 과정에서 한국사회는 소비재 위주의 원조에 영향을 받아 산업화를 추진하였다. 1960년대 대외지향적 경공업제품수출정책으로 산업화를 시작한 이후, 1970년대 중반부터는 중화학공업을 본격적으로 추진하여 경제성장의 발판을 마련하였다. 산업화를 추진한 결과 한국사회는 경제체계, 계층구조, 가족체계 등 모든 분야에서 크나큰 변화를 가져왔다. 특히 산업화를 추진하는 가운데 농공 간, 도농 간 경제적 격차를 심화시켰으며, 노동계급의 급증을 가져왔으며, 중산층의 증가가 괄목하게 나타났다. 그러나 소득재분배의 불균형 심화로 계층 간의 대립과 갈등이 노정되고 있지만 중산층의 확대로 계층 간의 부조화가 점점 완화되고 있으며 체제안정적인 방향으로 자리잡아 가고 있다. 그러나 여전히 계층 간 부의 불균형적 분배에 따른 갈등과 대립, 상대적 박탈감을 심화시키고 있으며, 특히 1990년대 후반에는 IMF관리체제 영향으로 준빈곤층의 양산과 계층구조의 양극화 현상이 심화되고 있다.

산업화는 한국사회의 가족구조와 가치관의 변화를 가져왔다. 소가족화가 급진전됨으로써 가족을 둘러싼 문제가 확대되고 있으며 친족과의 유대관계가 단절됨으로써 고립과 소외가 일상화되었다. 가족가치관의 변화로 가장의 권위가 약화됨으로써 가족의 구심점이 사라지는 한편 경로효친사상의 약화로 부모부양문제를 비롯한 세대 간 갈등 등의 문제를 심화시켰다. 또한 자본주의적 산업화는 더 현실적이고 개인주의적 시장지향성을 보여 가족이기주의와 개인주의를 심화시킨 결과 비공동체적이고 비통합적, 비인간적 가치관을 형성시켰으며, 가치관의 혼란과 가치전도현상을 보편화시켰다. 또한 자본주의적 이윤추구논리는 이기주의적이고 물신주의적, 출세지향적, 소비지향적인 가치관을 형성시켜 인간관계를 분절화, 황폐화시키는 결과를 가져왔다.

# Ⅰ. 머리말

광복의 기쁨도 잠시, 한반도는 미국과 소련이라는 열강에 의해 남북으로 분단되었다. 한민족에게 수탈과 착취의 굴레를 제공했던 철도도 같은 운명에 처했다. 남북한은 반세기 이상을 각자 제한된 지역에서 상이한 이데올로기하에 나름대로의 삶을 지속했다. 이렇다 할 부존자원과 자본도 없던 한국사회는 절대빈곤해소를 위해 1960년대 초부터 자본주의적 시장경제원리하에 대외지향적 산업화를 추진하였다. 정부주도의 산업화 결과 후진국에 머물던 한국사회는 물질적 풍요가 보장되는 사회로 탈바꿈하였다. 그러나 성장지상주의 산업화는 정치, 경제, 사회, 문화 등 모든 부분에서의 변화를 초래하였다.

근대화 초기 산업화를 추진하는 과정에서 철도는 육상운송기관으로서 중요한 역할을 담당하였다. 근대문명과 기술발전의 총아였던 철도는 한국의 산업화에도 중요한 역할을 수행하였다. 각종 지하자원개발, 농공업발전 및 지역균형개발에 박차를 가하는 데 있어 철도는 경제발전의 원동력 역할을 수행하였다. 한국에서의 철도는 한국전쟁 후 3대산업선을 중심으로 경제발전을 위한 주 운송기관으로 활용되면서 발달하기 시작하였다. 그 후 한국의 철도는 경제발전을 촉진시키기 위한 견인차로서, 대동맥으로서 철도를 신설하거나, 복구, 연장, 복선화하면서 철도시설의 확장과 발달을 거듭하여 왔다.

철도가 경제발전의 필수적인 도구로서 기여하는 가운데 한국사회는 체제생존을 위해 수차례의 경제개발계획을 추진하였다. 군핵심세력이 주축이 된 3공화국정권은 자신들의 정당성부재를 경제개발로 만회하기 위한 고육책이 반영된 결과이기도 하였다. 따라서 전통적으로 농업사회로 머물러 왔던 한국사회는 2차, 3차산업이 주를 이루는 개발도상국가로 발돋움 하였다. 산업화 과정에서 한국사회는 미국이 제공한 1차산품 위주의 원조를 중심으로 대외의존적 산업화가 추진되었다. 이를 토대로 산업화 초기 경공업제품 위주의 수출정책을 추진하여 산업화의 기틀을 마련하였으며, 1970년대 중반부터는 경공업수출정책과 병행하여 중화학공업정책으로 경제성장의 발판을 마련하여 오늘에 이르고 있다.

그러나 압축성장의 산업화는 많은 문제를 야기하였다. 성장일변도정책으로 개발인플레를 비롯한 농공간, 지역간 경제적 격차를 야기하여 불균형을 심화시켰다. 도시로 인구가 집중되면서 도시의 과밀로 인한 주택문제, 구직문제를 야기하였으며 농촌해체를 급진전시켰다. 선성장후분배정책은 노동계층과 중산층이 증가하는 가운데 소득재분배의 불균형을 심화시켜 계층 간 대립과 갈등, 상대적 박탈감을 심화시켰다. 또한 가족규모의 축소와 가족가치관의 변화로 세대 간 갈등 및 가족부양을 둘러싼 많은 문제를 야기하였다. 물질주의적, 소비지향적, 이기주의적 가치관이 팽배함에 따라 인간관계가 분절화되고 소원·소외화되는 등 공동체 지향적인 삶의 방식과는 먼 삶을 일상화시켰다.

본고는 이러한 내용을 중심으로 한국의 철도발달과 산업사회의 갈등에 대해서 논의하고자 한다. 먼저 분단된 이후 철도가 경제발전에 어떻게 기여했는가를 철도를 중심으로 고찰하고자 한다. 즉 산업화를 추진하는 과정에서 경제발전 및 산업진흥의 긴요한 동력이자 동맥으로 활용된 철도가 어떠한 발달경로를 걸어왔는지를, 경제개발계획시기별로 살펴보고자 한다.[40] 그 다음 한국의 산업화는 어떤 특징을 가지고 있으며 어떤 경로를 걸어왔는가, 어떤 방식의 경제발전정책을 폈는가, 그리고 그것이 경제발전에 어떠한 영향을 미쳤는가를 살펴보고자 한다. 그 다음으로 산업화 정책 추진결과 한국사회에 어떠한 사회경제적 변화를 가져왔고 어떤 문제를 내포하고 있는가를 논의하고자 한다.

# Ⅱ. 이론적 배경

## 1. 철도의 역할

교통기관의 발달은 국가발전에 필수 불가결한 요소로서 경제발전의 원동력 역할을 수행함과 동시에 인간생활의 질적 향상을 가져온다. 특히 철도는 문명의 이기로서 산업혁명의 총아 역할을 수행하였는바, 한 국가발전의 토대를 마련할 뿐만 아니라 경제활동의 매개체로서 인간생활을 변혁시키는 중요한 요인으로 작용하였다. 영국의

---

40) 한국의 성공적인 산업화에 대한 기존의 논의들 대부분이 집권자의 근대화에 대한 강한 의지, 교육과 근면을 중요시하는 유교이데올로기, 군사정권의 정당성의 부재만회, 군의 강한 응집력과 추진력, 미국의 원조, 잘 훈련된 유능한 관료들의 노력, 대다수 국민들의 잘살겠다는 강한 열망 등 복합적인 요인들에 의해 이루어졌다는 많은 논의들이 있었지만, 철도가 산업화에 결정적 역할을 수행하였다는 구체적 논의는 거의 없었다. 따라서 본고는 이러한 점에 착안하여 철도가 산업화에 어떤 식으로 기여하였으며 어떠한 결과를 가져왔는가를 실증적 사례를 들어 논의하고자 한다.

산업혁명시기 철도는 산업화의 중추적인 역할을 수행하였으며, 경제발전에 커다란 전기를 가져왔다. 철도는 근대화 시기에 있어 최초의 사회간접자본으로서 국가의 부를 증대시키는 데 견인차 역할을 하였으며 산업발전에 지대한 영향을 미쳤다(홍갑선, 1996:47). 이러한 철도는 산업구조부문에서 전면적 개편을 불러왔으며 지역경제발전과 도시발달을 촉진시키는 데 획기적인 역할을 수행하였다. 세계 각국은 철도의 중요성을 인식하고 국가에 가장 긴요한 기간산업의 하나로서 많은 투자를 하여 왔다. 이는 철도가 산업화 시기에 있어 경제발전의 동력으로서, 사회의 공기로서 산업의 대동맥으로 중요한 역할을 수행하였음을 의미한다.

철도는 경제발전을 위한 도약의 선행역할을 수행하였으며, 경제규모를 확대시키는 데 선도적 역할을 수행하였다. 철도는 성장동력으로써 사람들을 실어 나르고, 사람들이 생산한 제품을 운송하고, 생산에 필요한 원료를 실어 나르는 데 효율적인 수단이었다. 또한 철도는 도시와 농촌을 연결시켜 농산물과 공산품을 원활하게 수송하는 역할을 담당하였다. 이와 같이 철도는 여객과 화물을 도시 간, 지역 간 수송을 독점하여 시장의 확대를 가져왔으며, 경제활동인구의 원활한 이동을 가능하게 함으로써 산업발전에 기여하였다(Murray, 2003: 46). 또한 철도는 공업의 발전, 농촌근대화, 산업도시형성, 지역개발 및 분업촉진 등의 대변혁을 가능하게 하였으며, 경제발전의 필수적인 자원개발, 유통망 확장에 기여하여 산업진흥에 직접적인 영향을 주었다. 이러한 모든 것들이 철도라는 매개체가 존재하였기 때문에 가능한 것이었다. 철도는 다른 교통수단보다 저렴하고 광역적 대량수송이 가능함으로써 시장의 확대 및 시공간적 활동범위의 확대를 가져와 산업발전을 촉진시켰다. 즉 철도는 광역성, 저렴성, 고속성, 안정성, 정시성 면에서 탁월하였기 때문에 국가의 중추적인 운송기관으로서 자리매김하였다.

철도는 그 외에도 사회경제구조의 변동과 맞물려 많은 변화를 가져왔으며 인간들의 삶의 질을 획기적으로 변화시켰다. 철도는 도시 간 혹은 지역 간의 사회적 교류 및 인적 교류의 확대를 통하여 경제활동의 폭을 확장시켰으며 경제를 활성화시키는 데 기여하였다. 철도는 모든 재화와 용역에 새 생명을 불어넣어 생산과 소비를 진작시켰다. 철도는 사람과 상품을 일정한 시간에 목적지까지 이동시키고 이동거리를 확대시킴으로써 유통범위의 확대 및 잠재적 수송수요를 유발시켰다. 철도는 물자의 원활한 공급을 가능하게 함으로써 인간들의 생활수준의 질적 향상을 가져왔다. 또한 철도는 합리성과 효율성을 자극시켜 근대적인 사고를 고취시켰으며 생산성 증대에 기여하였다. 특히 철도는 시간의 중요성을 부각시켰으며 표만 사면 누구나 신분차별 없이 목적지까지 도달할 수 있음으로써 평등사상을 심어 주기도 하였다(原田勝正, 1998). 철도는 지역 간 격차해소에도 기여하였으며 도시기능을 더욱 강화시켜 대도시로 성장하는 데 기틀을 마련하였다. 또한 철도는 활동수행상의 이동 용이로 말미암아 대다수 인간들에게 문화생활의 향유를 보편화시켰으며, 질 높은 교육욕구의 충족 및 보다 나은 교육적 혜택을 보편화시키는 데 기여하였다.

그러나 철도는 도로의 발달과 자동차증가로 그 중요성이 퇴색하고 있다. 그렇기는 하지만 대량성, 광역성, 저렴성, 안정성, 정시성, 신속성으로 말미암아 여전히 주요한 교통기관으로 남아 있다. 철도는 그 자체의 환경친화성, 에너지효율성, 토지 및 수송효율성 측면에서

도로운송보다 우수한 이점을 갖고 있기 때문에 그 중요성이 더욱 부각되고 있다(이갑수, 2001:107). 점점 물동량 급증으로 말미암아 도로교통체증, 보상비의 급증에 따른 도로확장의 한계, 환경오염의 심화로 더욱 그 필요성이 부상되고 있다. 더 나아가 향후 지속적으로 증가할 교통수요의 처리와 지속 가능한 사회발전을 위한 교통체계 구축에 필수적인 수단으로 재인식됨으로써 그 중요성이 다시 부각되고 있다.

## 2. 산업화와 갈등

저발전사회나 신생독립국의 경제발전을 설명하기 위해 등장한 산업화 논의는 학자들 간에 일치된 정의는 없다. 하지만 통상 전근대사회가 보다 향상되고 발전된 사회로 이행되는 것을 의미한다. 따라서 산업화는 경제발전, 공업화, 도시화, 기술발전 등과 같은 의미로 사용된다.

레비(Levy), 스멜서(Smelser), 무어(Moore) 등에 의하면, 산업화가 진전되면 될수록 인간의 노동이나 축력의 이용이 감소하는 대신 기계와 기술과 같은 도구사용이 증대됨에 따라 인간의 노력이 배가된다고 한다(Appelbaum, 1983:40, Smelser, 1987:146). 특히 레비는 기계사용의 비율이 높아지는 산업화는 사회조직의 전문화를 가져오며, 사회체계 간의 상호의존성을 높이며, 도시와 농촌 간의 상호의존성을 심화시키며, 가족의 기능을 축소시킨다고 한다(Appelbaum, 1983:40). 스멜서는 산업화를 경제발전과 밀접히 관련되는 것으로 언급하면서, 가족의 영역에서 핵가족화 경향이 나타나며, 계층의 영역에서는 귀속적 위계체계가 약화되며, 인간들 간의 접촉증가로 이질성과 문화해체를 초래하는 것으로 본다. 또한 러너는 산업화가 경제적으로 어느 정도의 자립지속적 성장을 가져오게 하며, 사회계층 간의 이동증대를 가져오며 사회구성원들의 가치관의 변화를 가져온다고 언급한다(Lerner, 1968).

한편 로스토우(Rostow)는 산업화가 경제발전의 필수 불가결한 요인임을 인식시켜 교육기회를 확산시키고, 공업과 농업에 있어 기술발전이 자극함으로써 농업이 상업화되고 농업기술의 혁신이 이루어지는 등 경제성장을 진전시킨다고 언급한다(Rostow, 1962:310). 미르달(Myrdal)은 산업화가 생산성 제고, 생활수준의 향상, 사회경제적 평등화를 실현시킨다고 언급한다. 오갑환은 농업사회에서 공업사회로 이행 즉 기술발전을 의미하는 산업화는 경제발전은 물론 노동생산성을 높여주고 도시화를 촉진시켜 분업화, 전문화가 촉진되고 기술발전과 생산성 증대 및 경제성장을 가져온다고 한다(오갑환, 1996: 289, 315).

이와 같이 산업화는 공업화, 경제성장, 도시화, 사회발전과 맥락을 같이함을 알 수 있다. 그것은 경제를 발전시켜 한 국가의 국민소득을 증가시켜 생활수준의 향상을 가져오며, 산업구조의 개편을 불러일으켜 1차산업의 인구를 고용창출효과가 큰 2, 3차산업에 종사케 하여 2, 3차산업 인구를 증가시킨다. 또한 산업화는 교통통신의 발달을 촉진시키며, 교육기회의 확대 및 보편화를 가져와 자유와 평등의식을 고취시켜 정치적 민주화를 촉진시키고, 도농 간의 인구이동을 확대시켜 도시화를 급진전시키며, 중간계층의 확대로 인한 계층

분화현상을 보편화시킨다.

그러나 산업화는 취업이나 교육을 위해 도시로 인구를 흡인시킴으로써 농촌사회의 공동화를 가져오며, 가족구조의 단순화 및 가족가치관의 변화로 노인부양, 이혼 및 연령계층 간 갈등과 같은 가족문제를 발생시키며, 아노미와 같은 사회병리현상을 만연시켜 사회문제를 증폭시킨다. 또한 인간들 간의 교류를 증진시켜 사회적 연대감을 형성시키기는 하나 군중 속의 고독, 소외감, 이질성을 심화시키며, 전통문화의 와해 및 미풍양속의 해체를 초래한다. 개인주의, 물질주의, 황금만능주의와 같은 가치관의 혼란도 야기한다. 또한 경제성장 일변도에 따른 부정부패의 만연, 가진 자와 못 가진 자 간의 빈부격차, 노사 간의 갈등, 가족해체, 환경오염 등과 같은 문제를 초래한다.


# Ⅲ. 한국철도의 시기별 발달과 경제발전


한국철도부설의 시작은 일제가 한반도를 식민지배하면서 비롯되었다. 일제는 대륙침략을 위한 병참선으로 활용하기 위해, 한반도 내 각종 자원을 효율적으로 수탈하기 위해서 철도를 부설하였다. 이러한 배경하에 부설된 철도는 경부선, 경의선, 경원선, 호남선, 평원선 등 주요간선을 주축으로 많은 지선들이 혈관처럼 남북을 관통하거나 동서로 연결되면서 발달되었다.

남북의 철도는 1945년 8월 15일 광복을 맞으면서 남과 북으로 단절되었으며[41] 경인선을 제외하고는 거의가 운휴상태에 들어갔다. 1950

년에 발발된 한국전쟁은 그나마 부분적으로 운영되어 오던 철도를 완전히 파괴하여 운행을 중단시켰다. 남북의 철도는 상이한 이데올로기하에 단절과 파괴의 수난을 겪으면서 상이한 체제 속에 독자적인 발달의 길을 걸었다. 철도는 각종 지하자원개발, 지역사회개발, 공업기지건설 등 경제발전과 산업개발을 위해 나름대로의 발달과정을 겪으면서 오늘에 이르고 있다.

## 1. 해방 후−1960년대 초 복구기: 3대산업선시기

정부수립 후 산업철도로 1949년에 처음으로 기공된 영암선은 중앙선의 영주에서 철암까지 86.4㎞의 노선으로 산업개발의 동서 간 횡관선 역할을 수행하였다. 이 선은 강원도지역에 상당량 매장된 무연탄(삼척탄전)을 비롯한 각종 지하자원의 개발 및 원활한 수송을 위해 부설되었는데[42] 정치, 경제, 사회, 문화, 군사적으로 중대한 의의를 갖고 있었다. 그 후 영암선은 묵호, 강릉을 거쳐 경포대까지 연장되었고 기존의 철암선, 삼척선 그리고 동해북부선 등을 통합하여 1963년 영동선으로 개칭되었다(대한토목학회, 1996:54). 영월선의

---

41) 해방 당시 한국의 철도는 총연장 6,362㎞였으며, 분단으로 남북의 철도가 단절된 후 북한철도는 3,720㎞였으며, 남한철도는 2,642㎞였다(한국철도학회지, 2000:5).

42) 영암선이 개통되기 전까지 장성, 도계탄광에서 생산되던 석탄을 묵호항을 거쳐 배로 서울까지 운반하는 데 600시간이 소요되었는데, 영암선의 개통으로 철암역에서 청량리역까지 10시간으로 단축되었으며, 수송비용도 10분의 1로 절감되어 국민생활과 경제안정 및 산업발전의 전환점이 되기도 하였다(대한석탄공사, 2001).

연장으로 제천에서 분기되어 함백에 이르는 연장 60.7㎞의 함백선은 교통이 불편한 고지대에 위치하여 수면상태에 있던 영월탄전(영월화력발전소공급)과 약 2억 톤의 매장량으로 추정되는 함백탄전을 개발하기 위해 건설되었다. 3대산업선 중에 최초로 부설된 경북선의 점촌에서 가은까지 연결되는 연장 22.5㎞의 문경선은 동해중부선, 진삼선, 경전중부선을 중단시키면서까지 제1차 철도건설계획에 의하여 부설된 것이었다. 문경선은 소백산맥지역의 무연탄을 비롯한 이 지역의 각종 지하자원을 개발하기 위해서, 또 문경지역의 시멘트공장, 석탄공장이 건설됨으로써 산업자원의 효율적 수송을 위해 산업선의 일환으로 건설되어 경제발전에 기여하였다(대한토목학회, 57).[43] 한편 경제개발에 필요한 각종 지하자원의 개발 및 산업의 동력자원으로 활용하기 위해 개발된 태백선도 이 당시 수송부진으로 연탄파동을 겪고 있는 도시지역의 난방을 위한 원료로 이용하기 위하여 채굴된 무연탄을 전국으로 원활하게 수송하여 국민생활의 안정과 산업발전에 기여하였다.

이 밖에도 1953년 11월부터 1958년 12월까지 진행된 충북선 복구 및 연장사업은 경부선과 중앙선을 동서로 연결시킴으로써 중부내륙지역을 전국의 육상교통체계 속에 편입시키는 데 크게 기여하였으며, 충청북도의 지역경제발전 특히 농업진흥에 크게 기여를 하였다. 주인선은 화물이 폭주하고 있는 인천항에 발착하는 화물선적시간을 단축하는 데 기여하였다. 오류동선은 경기도 부천에 위치한 비료공장에서 생산되는 원료와 연료를 수송하기 위하여 건설된 산업선이었

---

43) 1955년에 착공한 충북선의 일부는 미국의 원조계획에 의한 충주비료공장의 건설을 위한 것이었다(최강희, 1996: 26).

다. 1951~1952년 부산, 울산지역에 건설된 우암선, 울산선, 장생포선은 전쟁 기간 중 병력과 군용물자 수송을 위해 건설되었는데 이후 부산항의 화물의 신속한 수송으로 항만시설의 효율적인 운영을 도모하였으며 물자수용능력을 확장하는 데 기여하였다. 1952년 9월에 착공되어 1953년 5월 준공된 사천선은 사천비행장의 군사수송을 원활히 하는 데 주목적이 있었다. 1957년 5월 착공하여 1년여 만에 준공한 강경선 역시 연무대의 논산훈련소에 병력과 군수물자를 수송하는 데 기여하였다(철도건설국 편, 1969). 이 당시에 건설되고 복구, 연장된 철도는 군용목적뿐만 아니라 모두 경제부흥을 위한 주요 자원 개발을 주목적으로 하는 것이었으며, 결과적으로 경제개발 5개년계획이 시행되는 데 있어 초석이 되었다.[44]

이 시기에 철도정책은 화물 및 인력수송은 물론 미국의 한반도 주둔과 관련된 군사정책의 일환으로서 전개되었다. 전후에는 미군으로부터 한국철도를 회수하여 국유화하고 복구 및 새로운 건설을 단행하여 산업발전에 기여하였다. 특히 해방 이후 철도시설물의 보강과 기술의 발전이 시작된 시기이며 동시에 전국화물수송의 80% 이

---

[44] 한편 3대산업선 이외에 UN군(미8군)이 주관하여 부설한 두 개의 철도가 있다. 1950년 한국전쟁발발로 말미암아 철도의 운영권이 미군에 이양되고 전시운영체제로 전환되고 있는 상황에서, 미군은 군용화물을 수송하기 위하여 경인선의 소사에서 분기하여 김포비행장까지의 약 12㎞의 김포선을 1951년 완공하였으며, 군산선의 종점 군산에서 옥구까지 약 12㎞의 옥구선이 1953년 완공되었다. 특히 옥구선은 양곡을 군산항으로 운반하는 데 기여하였다. 이러한 철도부설은 미군정의 철도부흥정책에 힘입은 것이었다. 이 당시 미군(UN)은 한국 최초로 35량의 디젤기관차를 도입하여 철도근대화에 기여하였다. 미군에 의해 운영되던 철도가 1955년 6월 운영권이 한국정부로 인수된 후, 서울과 부산 간 통일호 운행이 개시되었으며, 함백선 60.7킬로미터 전구간이 개통되기도 하였다.

상, 여객수송의 50% 이상을 차지한 것에서 보듯이 모든 수송의 대동맥으로 활용되던 시기였다. 1960년대에 들어서부터는 이를 발판으로 남한의 경제발전과 지역개발 및 자원 확보를 위한 철도건설이 추진되어 철도를 통한 산업화가 적극적으로 전개되었다.

## 2. 제1차 경제개발 5개년계획시기(1962~1966년)[45]

1차 경제개발5개년 계획기간은 철도건설이 가장 활발하게 이루어진 시기였다. 정부는 빈곤척결과 경제발전이라는 큰 목표하에 산업발전과 지역사회개발에 따라 급증하는 수송수요에 부응하기 위하여 횡적인 철도건설은 물론, 생산지에 이르기까지의 철도를 건설할 필요성이 증대되었기 때문이다. 이 기간 동안 능의선(의정부－능곡, 31.8㎞), 영동선(북평－속초, 110.3㎞), 경인복선(영등포－동인천, 27.8㎞), 경북선(점촌－영주, 57.5㎞), 동해북부선(북평－속초, 110.3㎞), 망우선(망우－성북, 4.9㎞) 등 11개 노선 총 283.2㎞를 완성하였다. 이들 철도는 대부분 농수산물과 광산물을 원활하게 수송하고 고립되어 있던 영호남을 잇는 역할을 담당하였다. 능의선의 경우는 서울인구의 분산과 대도시 건설을 촉진시키고 관광객 유치를 목적으로 건설되었다. 경인선의 복선화는 우리나라 정치, 경제, 문화, 군사의 중심도시로서 폭증하는 인구를 분산시키고 경인공업지역의 발전에 대처하기

---

45) 이하 철도를 통한 산업화와 관련된 내용들은 한국철도100년사(철도청, 1999), 철도건설사(철도건설국 편, 1969), 철도기술백서(철도기술연구원, 2003), 대한토목학회지(대한토목학회, 1996) 및 철도와 관련된 인터넷자료를 토대로 하였다.

위한 것이었다. 경북선은 태백산지구 종합개발계획의 수송력을 향상시키기 위하여 건설되었는데 영남지방의 산업발전과 에너지자원의 확보, 생산력의 향상 및 기간산업을 확충하고자 하였으며, 삼척지구 무연탄과 동해지구의 수산물과 광산물을 수송하는 데 우회수송의 불편을 덜어 주었다. 망우선은 청량리, 성북, 망우를 연결하여 무연탄의 수송효율을 높이는 데 기여하였으며, 중앙선의 수송화물을 직결시켜 산업발전에 기여하였다. 동해북부선은 태백산에 연한 동해안 일대의 풍부한 지하자원의 개발을 촉진시키는 데 기여하였으며, 수산자원의 개발을 촉진하고 풍부한 임산자원의 활용 및 산업경제 면에서 경제적인 수송을 도모하고 지역사회개발을 촉진하는 데 기여하였다. 정선선 역시 함백 및 정선지역에 매장되어 있는 지하자원을 개발하는 데 수송을 담당하기 위하여 건설되었으며 기간산업발전에 크게 공헌하였다.

그 외에도 남포선(남포－옥마, 4.5㎞)은 충남에 위치한 성주탄좌의 무연탄의 개발을 촉진하기 위하여 건설되었는데 군산의 화력발전소, 장항의 비료공장 등에 연료를 공급함으로써 산업발전에 기여하였다. 1964년 4월에 착공하여 이듬해 12월에 개통한 진삼선(사천－삼천포, 18.5㎞)은 남해안 지역의 교통난 해소 및 산업경제의 중심지로 발전시키기 위한 목적으로 건설되었으며 지역사회개발의 중요성 차원에서 부설된 선이었다. 이 선은 부근 군소도서지방 어민들의 수산자원 개발에 박차를 가하였으며, 남해안의 수산자원의 수송과 인근도시와의 교통망을 연결함으로써 이후 남동임해공업지역의 발전에 이바지하였다. 경부선과 호남선 남단부를 연결하는 경전선(진주－순천, 80.5㎞)은 남해안 지역에 교통의 혜택을 줌과 동시에 인구, 경제, 문화

면에서 영남과 호남, 두 지방을 소통시켜 횡단철도로서 산업과 경제를 균형 있게 발전시키는 데 기여하였다.

한편 1962년에 착수된 황지선(통리 - 심포리 - 백산 - 황지, 14.5㎞)은 산업의 원동력이 되고 자립경제건설의 기본요소가 되는 석탄을 증산개발하기 위한 것이었으며, 태백지구의 본격적 종합개발을 위해 건설되었다. 1965년 7월 기공식을 가진 광주선(광주 - 금지, 65㎞)은 호남지역의 개발은 물론 호남의 곡창지대와 영동의 공업지대를 연결하여 두 지역의 경제발전을 추진하고 국가 전체의 경제발전에 기여하였다. 이 선은 또한 광주, 목포지구의 공업화와 당시 정부가 추진하고 있는 지리산지구 종합개발계획을 촉진시키는 데 중추적 역할을 수행하였다. 1966년 12월에 시작되어 1967년 11월에 준공을 본 북평선(북평 - 묵호), 복선공사를 한 영동선 역시 이 지역의 수산물, 광물 수송을 원활하게 하기 위한 산업철도의 역할을 담당하였다. 특히 북평선은 동해공업지구를 발전시키는 데 중요한 역할을 담당하였다.

## 3. 제2차 경제개발 5개년계획시기(1967~1971년)

이 기간 동안 철도는 태백선(예미 - 정선, 41.6㎞), 문경선(점촌 - 문경, 22.3㎞) 등 13개 노선 총 228.1㎞가 연장·부설되었다. 이전 시기보다 긴 길이의 철도건설은 정부의 강력한 성장정책을 반영하고 있었다. 1967~1968년 착공해서 준공된 광주공업단지선, 전주공업단지선도 모두 정부의 경제개발계획 방침에 따른 두 지역의 공업단지 조성과 직접적인 관련 속에서 부설된 지역노선이었다. 광주공업단지선은 광주시를 공업도시로 발전시키기 위해 공업단지의 조성을 촉진하였으며 자동차공장을 비롯한 기타 중소기업진흥에 기여하였다. 전주공업단지선은 전주지역에 공업단지조성을 촉진시켰으며 각종 공장의 공업원료와 제품의 경제적 수송에 기여하였다.

포항종합제철선은 경제개발 5개년계획의 일환으로 연간 300만 톤을 생산하는 포항종합제철소를 지원하기 위해 신설되었는데, 포항제철소에 원자재를 공급하고 생산된 제품을 국내 및 해외에 공급하기 위한 수송선으로 활용하기 위해 단일 목적하에 건설되었다. 또한 여수항을 중심으로 한 대규모 임해공업단지가 건설됨에 따라 이를 지원하기 위해 건설된 여천선은 특히 1973년 10월 호남종합화학기지가 조성되어 국제규모의 석유화학공장을 완공함으로써 세계굴지의 석유화학공업임해단지로 개발하는 데 큰 기여를 하였으며 농산물 가공공장, 시멘트공장 등 호남지역의 공업발전을 촉진시키는 데 기여하였다. 또한 호남선의 일부구간 복선화가 추진되었는데 영산강과 동진강 지역의 개발을 촉진하고 호남지방일대의 공업단지를 조성하는 데 기여하였다. 중앙선의 복선화도 추진되었는데 무연탄, 시멘트를 비롯한 각종 지하자원을 개발하여 산업자원의 수요공급을 충족시키는 데 기여하였다.

## 4. 제3차 경제개발 5개년계획시기(1972~1976년)

이 시기 철도는 중앙선(청량리-제천, 155.2㎞), 태백선(제천-고한, 80.1㎞), 경부선(서울-수원, 41.5㎞) 및 경인선(서울-인천, 38.9㎞)

의 복선전철화, 영동선(고한 - 동해, 85.5㎞, 산업선 전철화) 등 14개 노선 총 449.2㎞가 부설되었다. 부설길이는 이전 시기에 비해 두 배나 증가한 것으로 이는 모두 정부의 수출공업육성을 위한 자원수송 및 공단조성과 밀접한 연관을 가졌다. 특히 풍부한 노동력과 시장을 끼고 있는 경인선의 복선화 작업은 자립경제체제확립과 경제개발을 집중적으로 추진하기 위한 목적으로 추진되었는데 수도권일대를 산업단지화하는 데 기여하였다. 즉 서울과 인천 사이를 연결함으로써 경인지역일대를 공업지대로 급성장시키는 데 기여하였다.

## 5. 제4차 경제개발 5개년계획시기(1977~1981년)

이 시기 철도는 노선확충만이 아니라 기존노선의 복선화 등 철도체계의 효율화가 추진되었다. 이때 부설된 철도는 호남선 복선(천안 - 대전, 88.6㎞), 충북선 복선(조치원 - 봉양, 113.2㎞), 경부선 복복선(영등포 - 수원, 32.2㎞) 등 8개 노선 총 291.9㎞가 부설되었다. 1975년 착공해 1980년 10월 완공된 충북선의 복선화는 수송능력의 획기적 증대를 가져왔으며, 충주지역의 공업발전 및 충청북도의 지역경제발전에 큰 도움이 되었다. 1978년 호남선의 천안과 대전의 복선화에 이어 대전과 이리 사이를 복선화한 정부는 이어서 이리 - 송정리 사이 101.2㎞의 복선화를 시작하여 1988년 9월에 완료하여 호남지역의 산업발전에 기여하였다. 이와 함께 정부는 경부선의 복복선화를 시작함으로써 철도운행 및 수송능력을 향상시켜 해당지역 및 전국차원의 경부축을 중심으로 한 산업발전과 균형적 경제발전을 추진하였다.

## 6. 제5차 경제 5개년계획기간: 1982년 이후

이 시기 철도는 호남선 복선(이리 - 정주, 43.9㎞) 등 9개 노선 총 64.9㎞ 길이가 부설되어 이전 시기에 비해 노선길이와 사업 수에서 축소되었다. 이러한 이유는 철도확충이 포화상태에 이르렀으며 철도 가 경제성장을 위해 건설보다는 효율적 이용단계에 들어섰음을 의미 한다. 이후 철도건설은 다양화되었는바, 복선화, 전철화 등 노선체계 의 개선과 다양한 철도개발을 전개하였다. 광양제철선(천원 - 장성, 29.3㎞), 중앙선(영주 - 단성, 35.0㎞, 전철화) 등 7개 노선 총 157.7㎞ 가 부설되었다. 특히 광양제철선이 조사 설계 후로부터 3년 9개월 만인 1987년 9월에 준공되어 광양제철소의 원자재 및 생산품 수송 의 원활화는 물론 지역산업기지개발을 촉진하는 매개역할을 수행하 였다.

# Ⅳ. 한국의 산업화

## 1. 산업화 특징

대부분의 개발도상국들은 대체로 1950~1960년대에 이르러서야 본 격적으로 산업화를 추진하였다. 개발도상국들은 산업화를 국가정책 의 최우선 순위로 놓고 빈곤으로부터 벗어나 복지사회의 건설을 근 대화의 목표로 삼아 왔다. 유교이데올로기에 의해 통합되어 왔던 한국사회도 산업화의 가장 큰 목표를 경제발전을 통하여 절대빈곤의 해소 및 생활수준의 향상이었다. 이러한 산업화 성취과정에 대해서 다양한 논의가 있지만, 한국사회만이 갖고 있는 몇 가지 산업화 특징이 있다.

우선 한국의 산업화를 촉진시킨 요인으로 유교문화를 들 수 있다. 한국인들의 정체성 형성에 커다란 기여를 한 유교는 한국인들의 관념 속에 자리잡고 있는 추상적 관념이 아니라 일상 속에서 끊임없이 반복되는 일상적 경험이다. 유교이데올로기는 모든 국민들로 하여금 교육과 배움에 대한 열의와 투자를 불러일으킴으로써 잘 훈련된 양질의 인적 자원을 배출하였다. 현실지향적이며 성취지향적인 유교이데올로기가 한국인들의 마음속에 내재화시킨 배움에 대한 열망이 산업화의 필연성을 각성시킨 결과, 산업화를 촉진시키고 경제발전을 가져오게 하였다(Tai, 1989, 국민호, 1997). 이미 한국사회는 산업화 추진 이전부터 산업화에 토대가 되는 인적 자원에 대한 교육투자가 선행하고 있었음은 주지의 사실이다.

한국의 산업화는 국민들 대다수가 잘 살아야겠다는, 반드시 성공하겠다는 정신자세에 기인한다. 한국사회는 일제의 착취와 수탈, 핍박, 해방 후 어수선한 정국, 한국전쟁의 폐허 속에서 어떡하든 생존하겠다는 강한 삶에 대한 집착력이 산업화에 대한 열망을 자극한 결과, 굶주림이 일상화되어 왔던 한국사회의 비참한 현실을 극복하도록 자극하였다. 미래를 위해 현재의 힘든 고통을 참아내는 인내력과 근검절약하는 노동윤리규범, 헝그리정신에 입각한 상승이동의 열망, 가족에 대한 헌신이 산업화에 대한 강한 동기를 부여한 결과 산업화를 촉진시키고 고도성장을 지향하게 만들었다.

한국사회는 1950년대부터 1960년대 이르기까지 미국의 원조물자에 의해 국민이 생존하는 의존적 상황이었다. 인구는 많고 부존자원, 기술, 자본은 부족한 상태에서 산업화를 추진하기에는 역부족인 상황이었다. 이러한 상황을 완전히 변화시킨 것이 제3공화국의 등장이었다. 3공화국의 군통치세력들은46) 정치적 정당성의 부재를 경제성장으로 만회하려 하였다. 그들은 엄한 군대식 규율과 획일적 통제, 강력한 리더십과 추진력을 발휘하여 경제적 자립이라는 국가적 목표를 달성하기 위해 노력하였다. 그들은 국가주도의 경제성장정책하에 산업발전을 계획하고 재벌을 이용하여 그 계획을 추진해 나갔다. 그 결과 빈곤이 일상화되어 왔던 한국사회를 국제사회에서 모범적인 경제발전국가로 만들었다.

한국의 산업화는 잘 훈련된 유능한 관료들이 국가기구에 모여 급속히 산업발전을 계획하고 집행한 결과이기도 하다. 이들은 경제발전이라는 국가 최고의 목표를 달성하기 위하여 상부의 명령에 일사분란하게 움직이며 효율적으로 산업화를 추진해 나갔다. 이들은 풍부한 양질의 저렴한 노동력을 잘 활용하여 노동집약적 경공업을 육성하였으며,47) 방대한 외자유치와 내자를 동원하여 대기업을 육성하는 정책

---

46) 군통치세력들은 자신들의 정당성에 대한 태생적 한계를 극복하기 위해 한국의 근대화에 지대한 관심을 가졌으며 경제발전을 지상목표로 삼았다. 물론 이 당시 지식인들이나 정치인 등은 근대화에 대한 중요성을 깨닫고 있었으나, 이들에게서는 강한 추진력과 결집력이 부족했다. 이와 같이 근대화란 한 국가에 있어서 패러다임의 전환을 요구하는바, 이들에게는 이에 대한 인식이 결핍된 상황이었다. 따라서 일본의 근대화에 자극을 받았고 일본군대에서 군생활을 체험한 3공화국 군핵심세력들은 자신들에 대한 국민들의 비난과 부정, 모순을 극복하기 위한 일환으로 근대화라는 패러다임의 변화를 적극 수용하여 한국근대화를 추진하였다고 볼 수 있다.

을 추진하였다. 그 결과 한국사회는 경공업제품 위주의 수출주도형 성장전략이 어느 정도 성공함으로써 전형적인 농업사회로부터 근대적인 산업사회로 변화되었다(조순, 1992:21－2, 이용주, 1998:565).

이와 같이 한국의 산업화는 유교문화의 영향으로 대다수 국민들의 교육에 대한 열의, 경제발전을 이루겠다는 군혁명세력들의 강한 추진력, 잘 관리된 인재들의 빈곤탈피를 위한 경제발전전략에 의해서 커다란 성과를 얻었다. 정부주도하에 수차례에 걸친 경제개발계획하에 수출주도형 산업정책의 추진결과, 빈곤에 허덕이던 한국사회를 물질적으로 안정된 고도성장사회로 변화시켰다. 그러나 한국의 산업화는 성장지상주의에만 몰두한 나머지 분배악화를 비롯한 다양한 문제를 잉태시켰다. 경제성장 위주의 일방적 정책으로 말미암아 정경유착에 따른 부정부패의 심화, 빈부격차의 심화, 노사갈등, 물질주의적 가치관의 팽배, 개인주의적 가치관을 확산시켰다. 그 결과 사회적 갈등과 불평등을 낳았으며, 상대적 박탈감을 불러일으켰으며, 범죄, 가족해체 등 각종 사회문제를 만연시키는 역기능을 불러왔다.

## 2. 산업화 과정과 산업구조변화

전통적으로 농업사회였던 한국사회는 분단 후 광범위한 사회변동을 겪었다. 분단된 상황하에서 남한사회는 체제생존을 위해 1960년대 초반부터 대외지향적 성장전략하에 시장경제원리에 입각한 자본

---

47) 미혼 여성근로자나 저학력 근로자의 저임금을 바탕으로 수입된 중간재를 단순가공·조립하는 노동집약적 산업을 토대로 수출 위주의 개발전략을 밀고 나갔다(홍원탁, 1989:138).

주의적 산업화를 추진하였다.[48] 한국의 산업화는 미국의 원조정책의 영향을 받으면서 경제정책이 추진되었다. 전 국민이 절대적 빈곤에 시달리는 가운데 모든 것을 미국의 대외원조에 의존할 수밖에 없는 상황이었다.

한국사회는 미국의 소비재 위주의 원조경제하에 있었기 때문에 경제를 회생시킬 수 있는 물적 토대가 거의 마련되어 있지 못했다. 자본과 기술이 부족한 상황에서 미국의 비내구성 소비재분야의 원조정책하에 국가가 자본축적과정에 깊숙이 개입하는 국가주도형 산업화를 추진하였다. 따라서 미원조의 구조적 틀 내에서 면방업, 제분업, 제당업 등 3백산업중심의 소비재산업 위주로 이루어졌다(박종철. 1995:227). 이러한 상황에서 도시화에 따른 서비스업 등 3차산업의 이상 비대화 현상이 초래되었으며, 원자재의 대미의존이 심화되는 가운데 농업의 황폐화가 초래되었다.

조국근대화에 사활을 건 군통치세력이 중심이 된 3공화국정권[49]은 경제개발계획하에 양질의 저임금 노동력을 바탕으로 경공업제품

---

48) 남한은 제3공화국 1962년부터 1980년까지 4차에 걸쳐 정부주도의 계획에 의한 경제개발 5개년계획을 수행하였으며, 제4공화국과 제5공화국에 와서도 정권이 교체되었음에도 불구하고 이러한 계획경제기조는 크게 바뀌지 않았다. 따라서 제1차 경제계획이 시작된 때부터 제2차 경제계획까지 노동집약적인 경공업제품 위주의 수출정책이 전개되었으며, 제3차 경제계획이 진행중인 1970년대 중반부터는 중화학공업제품수출정책을 본격적으로 추진하였다. 이러한 경제정책은 1987년에 전개된 대규모 노사분규, 민주화 운동의 영향으로 정부주도의 계획경제가 시장경제로 전환되었다.

49) 군사혁명으로 정권을 잡은 군통치세력들은 정권의 정당성 부재를 경제발전으로 만회하려 하였다. 대외의존적 수출산업정책에 의한 압축성장의 공업화가 추진되었다. 군사정권은 1961년부터 1963년까지 농어촌고리채를 정리함과 동시에 저임금에 기초한 경공업제품수출 및 수입대체산업 위주의 1차, 2차 경제개발 5개년계획을 추진하였다(박종철, 236).

위주의 대외지향적 수출정책을 전개해 나갔다. 경제개발계획이 후속적으로 시행된 1970, 1980년대에 이르러서는 노동집약적 경공업 위주의 수출정책과 중화학공업육성정책을 병행해 나가면서 경제발전을 추진해 나갔다. 이러한 정부주도의 강력한 경제개발정책은 한국의 산업화에 커다란 성과를 가져왔다. 산업화 추진 과정에서 기간산업 육성과 산업철도건설 등과 같은 사회간접자본시설이 확충되었다. 이에는 일본과 국교정상화를 통한 대일차관 및 미국의 경제적 지원이 뒷받침하고 있었다. 또한 1960년대 말 베트남 참전 특수경기가 한국의 경제발전에 필요한 재원을 제공하였으며, 중동의 건설붐에 따른 오일달러가 국가경제의 큰 활력소가 되었다. 이러한 토대 위에 한국의 경제발전은 사회 전체가 인적, 물적으로 동원되는 가운데 국가주도의 경제발전정책이 추진되었다.

그 결과 한국의 경제발전정책은 산업구조상의 대규모 변화를 가져왔다. 도표에서 보듯이, 1960년대 초반까지만 해도 한국사회는 1차산업, 3차산업, 2차산업이라는 전형적인 후진국의 산업구조형태를 보였다. 수차례에 걸친 경제개발계획하에 산업화가 지속되는 가운데 제1차산업의 고용구조비율이 감소되었으며, 대신 고용창출효과가 큰 2차, 3차 산업의 고용구조비율이 점차 증가하였다. 그동안 농업구조 중심의 산업구조가 근대화를 상징하는 공업, 서비스중심의 산업구조로 변화되었다. 경제성장의 바로미터라 할 수 있는 1인당 GNP도 1962년 83불에서 1964년 194불, 1970년 286불, 1975년 594불, 1980년 1,592불, 1985년 2,194불로 급격히 증가해 국민들의 생활수준도 크게 향상되었다(통계청, 1993).

## 산업별 고용구조현황

(단위: %)

| 구 분 | 1963 | 1965 | 1970 | 1975 | 1980 | 1985 |
|--------|------|------|------|------|------|------|
| 1차 산업 | 63.1 | 58.6 | 50.4 | 45.9 | 34.0 | 24.9 |
| 2차 산업 | 8.7 | 10.3 | 14.3 | 19.1 | 22.6 | 24.4 |
| 3차 산업 | 28.3 | 31.0 | 35.2 | 35.0 | 43.4 | 50.6 |

\* 통계청, 『경제활동인구연보』, 1972, 1985

수출의 주력산업도 1960년대 경제개발시기에는 1차산품과 수입된 중간재를 단순가공조립하는 노동집약적 산업제품 등이 주종을 이루었는바, 3대수출품이었던 철광석, 텅스텐, 견사를 위시하여 가발, 섬유, 공예품, 합판, 박하뇌, 사카린, 고무제품, 타이어, 시멘트, 무연탄, 흑연 등이 수출되었다. 즉 대외지향적 수출산업화 정책에 따라 경공업중심의 제품이 수출의 주종을 이루었다. 이후 한일국교정상화, 월남파병이라는 조치를 통해서 안보체제를 점검하는 동시에 수출산업화 정책을 보다 적극적으로 추진해 나갔다.

1970년대에 이르러서는 수입된 부품을 조립하는 라디오 등의 전자제품, 의류, 신발, 가발 같은 노동집약적 부문의 수출이 급신장했으며, 중화학공업육성정책에 힘입어 선박, 철강, 석유화학 중간제품 같은 자본집약적 재화의 수출이 크게 증가하였다. 또한 노동력 집약적인 경공업제품산업의 비교우위의 한계 및 미군철수에 따른 군수산업육성필요에 의한 자본과 기술집약적인 중화학공업을 적극적으로 전개해 나갔다. 그러나 1973년에 발생한 석유파동과 무리한 중화학공업부문의 투자로 인한 기업도산, 인플레이션 만성화, 실업률증가 등으로 경제위기를 맞았으나, 중동지역의 건설붐과 월남전특수로 경제는 다시 활력을 찾게 되었다(여현덕, 1996:150). 정부의 지속적인 중화학공업육성정책에 힘입어 1970년대 말부터 철강, 기계, 조선 및 화학공업제품 등 기계류 및 중간재 제품이 수출이 적극적으로 전개되었다.

1980년대에 들어와서는 자본집약적이고 기술집약적인 산업과 관련된 대규모 기초전자산업, 자동차산업, 기초화학 중간재산업에 투자 및 수출이 계속 증가했다(홍원탁, 1989:135－141).[50] 즉 기술집약적인 소비성 가전제품, 자동차, 조선 등 중화학공업제품이 수출되었다. 그 후 90년대 들어와서는 석유화학제품과 기계류 등 중화학공업제품이 주로 수출되었으며 소비재 위주의 산업이 본격적으로 전개되었다(장맹렬, 208).

1960년대 초부터 시행한 대외지향적 경제개발정책은 바람직한 산

---

[50] 이 당시 정부는 1960년대부터 강조해 온 비료, 정유, 철강, 시멘트 등 전통적인 기간산업의 테두리를 벗어나 좀 더 광범위하게 탈단순노동집약적 산업구조전환을 정책적으로 모색하였다. 1970년대 중반부터는 중화학공업육성이란 구호 아래 각종 대규모 자본집약적이고 기술집약적인 산업에 투자를 전개하였다. 제2차 5개년 경제개발계획기간 중 1967년에 조선공업육성법, 1969년에 전자공업육성법, 1970년에 기계공업육성법, 석유화학공업육성법 등에 관한 법규가 마련되었다. 이러한 각종 공업육성과 관련된 산업정책은 1970년대 중반부터 본격적으로 이루어져 경부축의 중심인 수도권과 영남권을 중심으로 진행되었다. 즉 구미지역에 섬유산업단지조성과 전기전자제품을 위한 전자산업단지조성, 울산지역에 석유화학공업단지조성, 포항지역에 철강산업의 특화를 위한 산업기지조성, 창원지역에 조립금속기계업과 관련된 기계공업단지조성, 마산수출자유지역지정 등에 힘입어 섬유산업, 기초전자산업, 철강산업, 석유화학 중간제품 산업의 수출이 크게 증가하였다. 또한 태백시, 동해시, 그리고 삼척시와 같은 지역은 지하자원을 개발하기 위하여 특화산업단지화하였으며, 충주지역은 석유화학단지로 특화시켰다. 정부의 이러한 산업단지조성은 대도시 주변지역으로 확대되는 철도교통망을 중심으로 전개되었다. 특히 경인・경부고속도로의 완성 등 사회간접자본의 확충 및 기간산업을 기반으로 수출산업에 박차를 가하였다(조순, 1992:23－3, 홍원탁, 141, 한국도시연구소 편, 1998:66－68, 73).

업구조의 질적 변화를 가져왔다.51) 또한 경부축을 중심으로 동남권 지역개발을 통하여 한국사회의 산업화 기틀을 다지는 데 성공하였다. 1970, 1980년대에도 경부축 및 호남권개발을 통해 한국의 산업화의 축이 중화학공업을 중심으로 옮겨가면서 지속적인 산업화가 성공을 거두었다.52) 그러나 급격한 산업구조의 변화는 직업구조상의 일대 변화를 가져왔으며, 농공 간의 경제적 격차를 심화시켰다. 또한 도시와 농촌 간의 불균형개발과 지역편중개발로 도농 간, 지역 간 소득격차를 더 벌리는 결과를 가져왔다. 급속한 도시화의 결과 농촌 인구를 도시로 집중시킴으로써 농촌을 황폐하게 하는 요인이 되기도 하였다. 계층구조에도 커다란 변화를 가져와 계층 간의 갈등과 대립을 심화시키는 결과를 가져왔다. 더 나아가 80년대 중반에 이르러서는 경제적 성과가 지속되었지만 그동안 정부의 일방적인 개발독재방식의 친자본주의적 경제성장정책으로 말미암아 그동안 억눌려 왔던 노동자들의 노동쟁의 및 일반시민들의 민주화 운동이 전국적으로 확산되는 결과를 초래하였다.

---

51) 급격한 산업구조의 변화에 따른 수출주력산업의 질적인 변화는 적어도 산업구조상에서 볼 때, 한국사회는 이미 1970년을 전후해서 농업사회가 공업사회로 이행되는 대폭적인 변화가 있었음을 의미한다.

52) 1960년대 초반부터 정부주도로 1차산품 위주로 대외지향적 산업화를 시작하여 1970년대 초 공업화의 기틀을 마련한 한국사회는 1970년대 후반부터 중화학공업이 비약적으로 발전하였으며, 1980년대 이후에는 중공업에 토대된 유통서비스업이 크게 발전하였다. 1990년대에는 시장경제질서하에 정보산업과 소비재 위주의 산업이 본격적으로 전개되었다.

# V. 산업사회의 갈등

## 1. 경제체제상의 문제

자본과 기술이 결핍됐던 한국사회는 1960년대 초부터 노동집약적 경공업중심의 대외의존적인 산업화를 시작하여 몇 번의 고비가 있었지만, 1970년 중반부터는 자본집약적이고 기술집약적인 중화학공업을 중심으로 성장의 발판을 마련하였다. 1980년대에 이르러서는 경제성장이 지속되는 가운데 80년대 중반부터 대규모 노사분규, 민주화 운동으로 한국경제는 한동안 혼란을 겪었으나 노동환경의 개선 및 민주주의 발전이라는 긍정적 기능으로 작용하여 경제발전의 전환점이 되었다. 이후 대외수출호조, 달러약세, 유가하락 등과 같은 요인으로 고도성장을 지속하였다. 그러나 1990년대 초반 이후 지나친 국가개입과 시장조절의 부조화는 관료조직과 민간기업 전반에, 심지어 국민 모두에게 도덕적 해이를 만연케 함으로써 1997년 IMF관리 체제하에 들어가는 불운을 자초하였다.

지나친 대외경제의존적 수출정책 및 외자의존경제로 말미암아 문제점이 상존함에도 불구하고 지속적인 경제성장을 거듭한 결과, 1990년대 초에는 국민소득이 10,000달러를 넘어서며 선진국을 상징하는 OECD에 가입하기에 이르렀다. 그러나 자본주의적 시장질서가 자리잡으면서 합리성을 바탕으로 한 극단적인 현실주의와 개인주의적인 시장지향성 결과, 국가지향적이거나 공동체지향적 행동방식의 약화를 초래하였다. 즉 대다수 국민들은 집단적 가치나 공동체 지향보다는 물질적 보상과 개인적 성공을 가장 중요한 행동준거를 보편화시켰다. 한편으로는 공업화와 시장질서의 발전은 고도의 억압적이고 권위주의적인 정치체제를 가져오기도 하였다(김동춘, 180, 200).

성장일변도정책은 개발인플레 및 농공 간, 도농 간 경제적 격차를 극심화시켰으며, 계층 간 빈부격차와 상대적 박탈감을 심화시켰으며, 각종 사회문제를 만연시켰다. 특히 1997년 세계경제체제에 대한 부적절한 대응, 기업의 부채비율증가, 누적된 금융부문의 부실, 시장조절의 부조화, 국민들의 도덕적 해이 등으로 IMF경제위기를 맞았다. 이로 인해 잇따른 기업도산, 구조조정, 고용불안정, 적대적 병합 등으로 실직자 및 빈곤층이 양산되어 이들의 삶을 보호해야 한다는 사회적 요구가 대두되고 있다.

## 2. 계층문제

자본주의 시장경제방식의 산업화를 추구하는 가운데 한국사회는 1960년대 이후 복잡한 사회체제로 변화되었다. 선성장후분배정책은 사회계층 간의 대립, 갈등을 심화하였으며 각종 사회문제를 만연시켰다. 산업화가 진전됨에 따라 농촌인구의 도시로의 이동이 급증하였으며 봉건적 계층구조가 와해되고 아울러 근대적 계층구조가 형성되었다. 전문직, 관리직, 사무직, 기술직 등 화이트칼라층이 크게 확대되고 중간계층의 내부적 다원화가 급진전되었으며 도시지역을 중심으로 판매직, 노동직, 서비스직 등 직업의 구조적 개편이 이루어졌다(도흥렬, 14).

산업화가 급진전됨에 따라 노동계층이 급증하였으며 중산층의 증가가 괄목하게 나타났다. 그러나 노동계급, 중간계급, 자본가계급으로 계급분화가 심화되면서 계급갈등을 수반하였다. 그러한 양상은 1980년대 중반 이후까지 지속되어 대규모 노사분규가 사회를 혼란스럽게 하였으며 동시에 정치권력의 정당성 문제에 도전하기도 하였다.

그러나 노동계급이 궁극적으로 추구한 것은 체제변혁보다는 열악한 노동환경을 개선하기 위한 것으로 임금과 노동조건을 둘러싼 복지차원의 욕구증가였다(도흥렬, 14). 1980년대 말을 기점으로 한국사회의 노동계급은 계급타협의 논리와 유사한 전략을 선택하여 정치적 지향은 약화되었다. 노동계급은 자신의 계급을 감추기보다는 자본가계급이나 관리층에 대립되는 하나의 이익집단으로 여겼다. 자본가계급도 여전히 지배계급이긴 하지만 일방적으로 주도하는 관계로 노사관계를 보지 않았다. 노사계급 간의 이러한 힘의 균형을 부추긴 배경에는 사회주의정권들의 붕괴와 국내의 민주화 정착으로 계급갈등이 크게 약화된 결과이며, 자본가계급이나 관리층에 대립되는 하나의 이익집단으로 정착된 결과이기도 하다(서재진, 81).

산업화의 진전으로 신중간계층이 양적·질적으로 팽창한 결과 계급갈등이 제도화되어 가고 있으며 계급타협이 정착하고 있다. 이러한 계급갈등의 완화는 선진산업사회의 계급갈등 유형과 유사한 것으로 자본가계급과의 상호모순적인 관계가 아니라 상호보완적인 관계로 계급적 힘의 균형을 의미하는 것이었다(서재진, 93). 이들은 자본주의 시장경제질서가 착근하면서 더 현실주의적이고 개인주의적 시장지향성의 산업화와 사회발전으로, 개인의 자유와 권리가 확대된 결과이기도 하였다. 체제유지의 기반역할을 해왔던 중간계급들은 정치적 민주화에 진보적 성격을 보였지만 노동계층의 노사분규와 경제적 평등화에는 보수적 태도를 보였다. 자본주의 사회의 계급들은 자본주의체제에서 얻고 있는 각 계급 나름의 기득권 때문에 체제통합적 태도를 보이고 있으며 경제가 성장함에 따라 계급 간의 이동이 보다 용이해지는 등 계층구조의 평등화가 급진전된 때문이었다. 그러나 두터운 중산층의 형성과 1987년을 기점으로 민주화에 대한 시민들의 열망으로 시민사회가 형성되었지만 지지정당이 없다고 할 정도로 정치에 대한 불신도 심각해지고 있는 상황이다. 또한 계층 간 상대적 박탈감이 심화되고 있으며, 특히 90년대 후반 IMF관리체제 하의 영향으로 준빈곤층의 양산과 계층구조의 양극화 현상이 심화되고 있다.

## 3. 가족구조 및 가치관의 변화

일반적으로 가족은 사회성원들의 재충원, 경제적 부양, 자녀들의 양육과 사회화, 정서적 안정, 보호기능을 수행한다. 이러한 가족은 산업화와 자본주의제도에 의해 많은 변화를 보여 왔다. 기든스가 언급한 것처럼, 산업화는 가족구조, 가족가치관 및 가족기능의 변화를 가져왔다. 예외 없이 산업화의 영향으로 가족의 모습이 달라졌으며, 그들이 갖고 있던 가치관도 커다란 차이를 보이고 있다. 또한 가사노동의 전담자로서의 여성들의 역할도 변화되었다.

1960년대 산업화의 영향으로 전통적 대가족제도가 핵가족형태로 변화되기 시작하였다. 1960년 한 가구당 평균 5.6명이던 가족이 1970

년에는 5.5명, 1980년 4.5명, 1990년 3.7명, 1995년 3.3명, 2000년 3.1명으로 감소되었다(통계청, 2002). 부부 중심의 가족으로 변화됨으로써 많은 문제가 파생되었다. 자녀양육 및 사회화 기능에 많은 혼란이 초래되었으며, 노인부양문제 발생 및 세대 간의 갈등도 심화되었다. 결과적으로 핵가족화는 전통적 가족관계를 해체시켜 고립과 소외를 촉진시켰으며, 친족과의 유대를 단절시킴으로써 가족공동체의식의 약화를 초래하였다.

한편 핵가족화가 급진전되는 가운데 여성들의 경제활동인구가 급증하였다. 여성들의 고학력화, 가정생활의 편의확대 및 가족이 맡아오던 기능을 여타 사회화기관들이 대신함에 따라 가사노동부담에서 벗어난 여성들의 경제활동이 증대되었다.[53] 여성의 경제활동 참여증대로 인한 경제적 독립은 가족생활에 큰 변화를 초래하였다. 경제적 자립능력을 갖춘 여성들이 많아짐에 따라 여성들의 지위가 향상되는 한편 성별 간 갈등의 심화를 가져왔으며, 결혼생활이 만족스럽지 못할 경우에는 쉽게 이혼하거나 별거하는 등 가족해체를 심화시켰다(조정문 외, 2001:94). 이혼율의 증가로 인한 자녀부양기피, 한부모가족의 증가 등 가족 불안정성의 문제가 심각해지고 있다(하용출 편, 2001:54). 또한 여성이 도맡아 왔던 노약자나 환자를 보호하여 오던 가족보호 및 부양기능도 약화시킴으로써 사회적으로 문제가 되고 있다.

가족가치관의 변화로 권위적이고 수직적이었던 부자관계가 민주적이고 평등한 관계로 변화되었다. 대등한 관계로 변화됨으로써 가장의 권위가 상대적으로 약화되는 한편 가족구성원들 간의 개별화, 분

---

53) 1965년 36.5%이던 여성경제활동인구가 1992년에는 47.3%로 증가되었다(여성한국사회연구회 편, 1997:27).

절화로 가족관계가 소원화되었다. 또한 부부관계도 전근대적 관계에서 평등한 관계로 변화됨으로써 남편의 권위가 약화되는 대신 어머니의 입지가 강화되어 가족의 구심점이 모호하게 되었다. 또한 가족가치관의 변화는 경로효친사상의 약화 및 조상숭배관념의 약화, 부모자녀세대 간의 갈등을 유발시켜 가족을 둘러싼 다양한 문제를 심화시켰다. 오늘날 한국사회의 가족은 전통적 가치관의 붕괴 및 부모자녀세대 간의 갈등, 남녀 간의 불평등한 성역할분업에 따른 이해관계의 충돌 등으로 위기감이 고조되고 있다. 더구나 출세지향적이고 소비지향적이고, 개인주의, 물질중심주의적 가치의 팽배는 가치관의 혼란 및 더불어 살아야 하는 인간들 간의 관계를 소원화시켰으며, 가족내부의 세대 간 불협화와 가족구성원의 개별화를 촉진시켜 전통적 가족의 모습은 기대할 수 없게 되었다.

## 4. 도시화 및 삶의 태도 변화

한국사회는 산업화 추진과정에서 수많은 부작용을 파생시켰다. 경제발전으로 전체적으로 국민들의 생활수준이 향상되었지만 도·농간 불균형에 따른 지역 간격차, 계층간 갈등, 세대갈등, 노인문제 등을 심화시켰으며 상이한 가치관을 형성시켰다.

산업화는 도시로의 인구이동을 촉진시켜 도시화를 급진전시켰으나 많은 문제를 발생시켰다. 도시로의 인구집중은 도시와 농촌 간의 지역불균형을 심화시켰을 뿐만 아니라, 인구이동으로 말미암아 농촌지역의 가족구성원수의 감소는 농촌의 공동화를 초래하여 농촌해체를 급진전시켰다.

산업화는 한국사회의 사회구성원들로 하여금 합리적이고 민주적인 삶의 방식을 추구하게 하였지만 암암리에 시장지향적이고 권위주의적인 인간형을 장려하여 이기적인 인간형을 양산하였다(김동춘, 196). 또한 산업사회의 가치와 민주화 및 평등화 가치 사이의 긴장을 고조시킨 결과, 가치관의 혼란 및 가치전도현상을 만연화시켰다. 한국사회의 사회구성원들은 자본주의적 시장질서하에 생존하기 위해 끊임없이 노력하고 경쟁하는 가운데 이기주의적이고 개인주의적, 비인간적, 몰인정한 인간을 무수히 양산시켰다. 자본주의적 이윤추구논리는 결과적으로 물신주의 가치관을 조장하여 인간관계를 황폐화시키는 요인으로 작용하였다(여성한국사회연구회 편, 38).

또한 산업화의 영향으로 시민들의 삶의 태도에도 커다란 차이를 보이고 있다. 대다수 사람들은 집단적 가치나 공동체지향적 가치보다는 시장에서의 물질적 보상과 개인적 성공을 우선시하는 현실적이고 이기주의적 가치관을 형성시켜 인간들 관계가 분절화되고 고립화되고 있다. 즉 자본주의적 시장질서가 자리잡으면서 더 현실적이고 개인주의적 시장지향성을 내면화시킨 결과였다. 특히 중산층 이상의 사람들에게 나타나는 전형적인 개인주의와 가족이기주의를 보편화시킨 결과 국가 혹은 공동체보다 자기개인과 가족의 발전에만 관심을 갖는 계층을 양산함으로써 공동체 결속이나 집단연대감을 약화시켰다.

# Ⅵ. 맺는 글

분단 이후 한국사회는 개발독재체제하에 체제생존을 위해 산업화를 추진하였다. 남북한의 분단은 산업화의 기반이 되는 철도의 단절도 가져왔다. 그러나 한국사회는 일제가 남긴 반만의 기존철도축을 중심으로 독자적으로 경제발전에 필수적인 철도의 발달을 추진하였으며 이를 통해 경제발전과 산업진흥을 꾀하였다.

한국사회는 50년대부터 3대산업선을 중심으로 철도의 복구 및 연장을 추진하여 국가경제발전에 기여하였다. 60년대에는 경제개발계획과 맞물려 철도의 발전이 더욱 가속화되었으며, 특히 경제발전의 원동력이 되는 각종 지하자원의 개발 및 산업진흥을 위해 철도가 신설, 복구, 연장, 복선화, 전철화되었다. 또한 지역사회개발, 공업기지건설, 시장 확대 등 경제발전과 산업진흥을 위해 철도를 산업의 견인차로 활용하였다. 이와 같이 철도는 한국경제발전에 주성장 동력원으로서 역할을 충실히 수행하였으며, 특히 1, 2차 경제개발계획기간 중에는 다른 경제계획기간보다 괄목할 만한 철도시설의 확장과 발달이 있었다.

여기서 우리가 주목해야 할 것은 한국사회체제가 비록 미국의 지원 및 경제발전에 대한 집권층의 의지, 전 국민적 동원에 의해 경제발전을 이루었을지라도 한편으로 철도라는 육상교통기관의 수송 분담 및 산업의 대동맥, 원동력으로서의 역할을 간과할 수 없다는 점이다. 철도는 한국의 60, 70년대 산업화 시기에 있어 중요한 동력수단으로서의 역할을 톡톡히 수행하였다. 경제발전의 견인차로서, 원동

력으로서의 역할을 수행한 철도라는 운송매체 덕분에 한국의 산업화
는 순조롭게 이루어졌으며 경제발전의 시너지효과를 발휘하였다. 그
러나 70년대부터 철도는 자동차의 급증, 고속도로의 잇따른 완공 등
으로 그 유용성이 퇴색하기는 하였지만 아직도 중요한 육상운송기관
으로서의 역할을 다하고 있다. 철도는 여타운송매체들보다 에너지효율
성, 환경친화성, 대량성, 광역성, 저렴성, 신속성, 정시성 등과 같은 우
월적 요인 때문에 여전히 매력적인 운송기관으로 존재하고 있다.

초기 산업화 과정에서 한국사회는 소비재 위주의 원조에 영향을
받아 산업화를 추진하였다. 1960년대 대외지향적 경공업제품수출정
책으로 산업화를 시작한 이후, 1970년대 중반부터는 중화학공업을
본격적으로 추진하여 경제성장의 발판을 마련하였다. 산업화를 추진
한 결과 한국사회는 경제체계, 계층구조, 가족체계 등 모든 분야에서
크나큰 변화를 가져왔다. 특히 산업화를 추진하는 가운데 농공 간,
도농 간 경제적 격차를 심화시켰으며, 노동계급의 급증을 가져왔으
며, 중산층의 증가가 괄목하게 나타났다. 그러나 소득재분배의 불균
형 심화로 계층 간의 대립과 갈등이 노정되고 있지만 중산층의 확대
로 계층 간의 부조화가 점점 완화되고 있으며 체제안정적인 방향으
로 자리잡아 가고 있다. 그러나 여전히 계층 간 부의 불균형적 분배
에 따른 갈등과 대립, 상대적 박탈감을 심화시키고 있으며, 특히 90
년대 후반에는 IMF관리체제 영향으로 준빈곤층의 양산과 계층구조
의 양극화 현상이 심화되고 있다.

산업화는 한국사회의 가족구조와 가치관의 변화를 가져왔다. 소가
족화가 급진전됨으로써 가족을 둘러싼 문제가 확대되고 있으며 친족
과의 유대관계가 단절됨으로써 고립과 소외가 일상화되었다. 가족가

치관의 변화로 가장의 권위가 약화됨으로써 가족의 구심점이 사라지는 한편 경로효친사상의 약화로 부모부양문제를 비롯한 세대 간 갈등 등의 문제를 심화시켰다. 또한 자본주의적 산업화는 더 현실적이고 개인주의적 시장지향성을 보여 가족이기주의와 개인주의를 심화시킨 결과 비공동체적이고 비통합적, 비인간적 가치관을 형성시켰으며, 가치관의 혼란과 가치전도현상을 보편화시켰다. 또한 자본주의적 이윤추구논리는 이기주의적이고 물신주의적, 출세지향적, 소비지향적인 가치관을 형성시켜 인간관계를 분절화, 황폐화시키는 결과를 가져왔다.

## ≪참고문헌≫

국민호, 1997, "동아시아 경제발전과 유교", 『한국사회학』, 제31집 봄호. 한국사회학회

김동춘, 1998, "남북한 이질화의 사회학적 고찰", 『분단과 한국사회』, 역사비평사

대한교통학회, 1993, 『대한교통학회지』, 제11권 제1호

대한석탄공사, 2001, 『대한석탄공사 50년사(1950~2000)』

대한토목학회, 1996, 『대한토목학회지』

도흥렬, 1996, "분단 반세기 남북한 사회변화의 비교", 『분단 반세기 남북한의 사회와 문화』, 경남대학교 극동문제연구소

박순성, 2003, "남북한 경제의 비교", 『사회과학논집』, 연세대학교사회과

학연구소

박종철, 1995, "남북한의 산업화 전략: 냉전과 체제경쟁의 정치경제, 1950년대~1960년대", 『한국정치학회보』, 한국정치학회

서재진, 1996, "남북한 계급구조의 변화와 사회갈등", 『분단 반세기 남북한의 사회와 문화』, 경남대 극동문제연구소

여현덕, 1996, "남북한의 산업화와 정치변동", 『분단 반세기 남북한의 사회와 문화』, 경남대극동문제연구소

여성한국사회연구회 편, 1997, 『한국가족문화의 오늘과 내일』, 사회문화연구소

오갑환, 1996, 『사회의 구조와 변동』, 박영사

이갑수, 2001, "한국철도와 사회경제", 『한국철도의 르네상스를 꿈꾸며』, 서선덕 외, 삼성경제연구소

이길영, 1999, "한국철도의 과거, 현재와 미래", 『한국철도학회지』, 제2권, 제2호

이영환 편, 2001, 『한국시민사회의 변동과 사회문제』, 나눔의 집.

이용주, 1998, "한국 산업화의 실체와 허상", 『한국사회학』, 제32집. 가을호. 한국사회학회.

장맹렬, 1998, "남북한의 산업구조비교(미간행)"

정재정, 2001, "한국의 철도역사", 『한국철도의 르네상스를 꿈구며』, 서선덕 외. 삼성경 제 연구소.

조순, 1992, "한국경제의 발전전략", 『계간 사상』, 봄호. 사회과학원. 나남출판

조이제·카더 에카트 편저, 2005, 『한국근대화, 기적의 과정』, 월간조선사

조정문·장상희, 2001, 『가족사회학』, 아카넷

철도건설국 편, 1969, 『철도건설사』, 교진사

철도기술연구원, 2003, 『철도기술백서』

철도청, 1999, 『한국철도100년사』

최강희, 1996, "한국의 철도 일백년", 『대한토목학회지』, Vol.44, No.7, 대한토목학회

통계청, 2002, 『한국의 사회지표』

통계청, 1972, 1985, 1990, 『경제활동인구연보』

통계청, 1993, 『한국경제지표』

하용출 편, 2001, 『한국 가족상의 변화』, 서울대학교출판부

한국도시연구소 편, 1998, 『한국도시론』, 박영사

한국은행, 1982, 『한국의 국민소득』

홍갑선, 1996, 『철도산업론』, 21세기한국연구재단

홍두승 편, 1997, 『한국사회 50년』, 서울대학교출판부

홍원탁, 1989, "기로에 선 한국경제", 『계간 사상』. 여름(창간호). 나남출판.

Appelbaum, R. P., 1983, *Theories of social Change*(김지화 역, 『사회변동의 이론』, 한울)

Hoselitz, B. F., 1960, *Sociological Aspects of Economic Growth*, New York: Free Press

Lerner, Daniel, 1958, *The Passing of Traditional society*, Glencoe: fress Press

Murray, Andrew, 2001, *Off the Rails*(오건호 역, 『탈선』, 이소출판사)

Rae, J., 1971, *The Road and the Car in American Life*, M.I.T. press

Robinson E. Ronald, Davis B. Clarence, Wiburn E. Kenneth, 1991, *Railway Imperialism*, Greenwood Press

Rostow, W. W., 1962, *The Process of Economic Growth*, W. W. Norton & Company, Inc.

Smelser, Nail J., 1987, *Essays in Sociological Explanation*(박영신 역, 『사회변동과 사회운동』, 세경사)

Tai, Hung−Chao, 1989, *Confucianism and Economic Development: An Oriental Alternative?*, The Washington Institute Press.

原田勝正, 1998,『鐵道と 近代化』, 吉川弘文館.

# 영문요약

## Korea's Railway Development and Trouble in Industrial Society

Railway as a core means for modern civilization and technological development made an important role in the industrialization of Korea. After the separation into two land, especially, the railway in Korea functioned as leverage for economic development including the exploitation of various resources, the growth of agriculture and industry and regional balanced development. Three major railways in Korea, such as Taeback railroad, Hamback railroad, Munkyung railroad, were built for the application of train as a main transport for economic recovery after the Korean War.

Korea was able to complete several economic development plans on the basis of the contribution of railway to economic growth, though there were different political systems in both regions. In the process of industrialization, Korea received diverse aids from the United States. Korea pushed forward the growth of light industry that depended on aids of goods from the United States from the early 1960s. Korea prepared the foundation of industrialization to be based on export policy of goods in light industry through the development of light industry, and then the basis for rapid economic growth through heavy industrial development policy from the mid 1970s.

But the industrialization of Korea resulted in various problems. Korea experienced troubles between classes with the growth of a labor class, the change of family structure, a sense of value and other problems. In Korea, the deepening of inequality in income redistribution in spite of increase of middle class brought about troubles between classes and the disorganization of many rural communities. It also formed senses of values on the basis of materialism, consumption orientation and selfishness. It also changed the structure of family, the value of family, and the function of family. In result, it followed as a consequence many troubles in family.

# 제5장

# 한국의 산업화 정책추진과 철도를 통한 산업화

-해방 이후부터 1980년대 중반까지를 중심으로-

# 요약

전쟁의 폐허와 정치사회적 혼란 속에 정권을 장악한 3공화국 군통치 세력들은 자신들의 정당성의 한계를 극복하기 위해 산업화에 총력을 기울였다. 이렇다 할 부존자원과 자본도 없던 한국사회는 수차례에 걸친 경제개발계획에 의해 일상화되어 왔던 절대적 빈곤을 극복하였으며 국민들의 생활수준도 크게 향상되었다. 이 당시 한국사회는 경제발전을 위해 사회 전체가 인적·물적으로 동원되는 상황이었다.

산업혁명기 때 철도가 기여하였던 역할에서 보듯이, 철도는 한 국가의 중추적인 육상운송기관으로서 대량수송, 안정성, 정시성, 고속성이라는 장점을 바탕으로 산업발전에 기여하였다. 철도는 새로운 경제성장의 동력으로써 사람과 화물의 이동거리를 확장시켰으며, 농촌의 근대화 및 도시화를 촉진시켰고, 기간산업의 발전과 자원개발을 촉진하였으며, 지역개발 및 국토를 종합적으로 개발하는 데 커다란 기여를 하였다.

특히 한국의 철도는 경제도약단계인 1960년대부터 경제발전에 커다란 영향을 미쳤다. 연이은 경제개발 5개년계획이 추진되는 과정에서 철도는 산업의 대동맥으로 큰 기여를 하였다. 산업화 시기에 있어 경제적 도약을 위한 선행조건으로서의 역할을 수행한 철도는 한국의 경제발전과 사회개발의 견인차로서, 국가의 동맥으로서, 국민경제성장의 동력으로서 지대한 역할을 수행하였다. 그러나 철도는 19970년대 타 운송기관의 발달과 고속도로의 개통으로 말미암아 그 중요성이 감소되기는 하였지만 여전히 중요한 교통기관으로 남아 경제를 발전시키는 데 큰 기여를 하고 있다.

# I. 서 론

해방 이후 한국사회는 격동의 소용돌이 속에 있었다. 전란의 후유증과 정치사회적 혼란 속에 권력을 장악한 제3공화국 군통치세력들은 근대화에 대한 열망의지로 단기를 서기로 바꾸었다. 출발부터 태생적 한계를 갖고 있던 이들은 경제발전만이 자신들의 정당성을 확보할 수 있다는 맹목적 신념하에 조국근대화에 총력을 기울였다. 대다수 국민들도 빈곤이 일상화되던 삶으로부터 벗어나기 위하여 미래를 위해 현재의 힘든 고통을 참아내는 인내력, 근검절약을 통한 내핍생활, 가족을 위한 헌신, 잘 살아보자는 희생정신하에 근대화, 산업화를 갈망했다. 그 당시 한국사회는 경제성장을 위해 사회 전체가 인적, 물적으로 동원되는 상황이었다.

정부주도로 1962년부터 경제개발계획을 착수한 이래 수차례에 걸쳐 산업화 정책이 추진되었다. 이렇다 할 부존자원과 자본도 없던 한국사회는 부족한 자본과 기술력을 해외로부터 도입하였으며, 국내에 풍부한 저임금 노동력을 바탕으로 수출을 통한 산업화를 추진하였다. 정부주도의 급속한 산업화 전략과 대외지향적 개발전략에 힘입어 산업부문에서 커다란 질적 변화를 가져왔다. 농어업분야에 종사하던 인구비율이 빠르게 감소된 대신 2, 3차 산업에 종사하는 인구를 증가시켰다. 빈곤이 세습화되던 농촌사회였던 한국사회는 압축적 근대화를 통하여 공업 중심의 산업사회로 변모되었다. 국민들의 생활수준도 크게 향상되었고, 인구가 도시로 집중되는 도시화가 급진전되었으며, 중산층이 두텁게 형성되는 등 사회구조적으로 전면적 변화가 있었다. 그러나 급속한 경제성장과정 이면에는 부작용도 많이 노정되었는데, 소득의 재분배를 적절하게 이루지 못함으로써 빈부격차, 불평등을 심화시켰으며, 노사갈등, 가족해체 등과 같은 문제를 노정시켰다.

이 시기에 있어 한국의 산업화, 공업화, 경제발전, 도시화를 가능하게 했던 것이 철도라는 매개체였다. 국가의 동맥으로의 역할을 수행했던 철도는 국가의 중추적인 육상교통기관으로서 대량수송, 에너지 효율성, 안정성, 정시성, 고속성이라는 장점을 바탕으로 산업발전에 기여하였다. 철도라는 문명의 이기가 한국의 사회발전에 커다란 공헌을 하였던 것이다. 로스토우(Rostow, 1962:270)는 『경제성장의 제 단계』라는 글에서 한 국가의 경제발전을 위해서는 철도와 같은 중요한 사회간접자본시설에 대한 투자가 근본적으로 선행되어야 한다고 언급한 것처럼, 산업화 시기에 있어 철도는 한 국가의 산업화의 중요한 역할을 수행하였던 것이다.

철도는 새로운 경제성장의 동력으로 화물의 이동거리를 크게 확장시켰으며, 도시와 농촌지역을 연결시켜 농촌의 근대화, 도시화 촉진 및 공업발전을 가져왔다. 그것은 기업투자를 자극하여 상권을 개발시키고 시장규모를 확대시켰으며, 산업도시를 형성하는 데 기여하였다. 경제적 도약을 위한 선행조건으로서의 철도는 경제발전의 견인차로서 수출상품의 원활한 수송, 기간산업의 발전, 자원개발, 지역개발 및 국토를 종합적이고 효율적으로 개발하는 데 커다란 기여를 하였다.

특히 한국의 철도는 경제도약단계인 1960년대부터 경제발전에 커다란 영향을 미치면서 산업화에 기여하였다. 연이은 경제개발 5개년계획이 추진되는 과정에서 철도는 산업의 대동맥으로서, 견인차로서 국민경제의 성장동력으로써 지대한 역할을 수행하였다. 그러나 철도는 자동차시대의 도래와 함께 경인·경부·호남고속도로의 완공으로 말미암아 그 중요성이 감소되었지만 여전히 중요한 교통수단으로서 경제발전에 크게 기여하고 있다.

본고는 한국의 산업화 정책이 어떻게 추진되었으며, 그 결과 사회경제적으로 어떠한 영향을 미쳤는지 철도를 중심으로 이해하고자 한다. 철도가 한국의 산업화에 어떤 역할을 하였으며, 어떻게 접목되어 산업화에 기여했는지를 시기별로 고찰하고자 한다. 1장에서는 한국의 산업화 정책추진과 철도가 산업화에 미친 영향력에 대해서 개괄하고자 하며, 2장에서는 산업화와 관련된 제 학자들의 논의 및 산업화와 철도의 역할에 대해서 이론적으로 고찰하고자 한다. 3장에서는 산업화 정책을 추진하는 데 있어 한국사회만이 갖는 특징 및 과정 등에 대해서, 4장에서는 산업화 시기에 있어 철도가 기여한 역할과 영향력에 대해서, 5장에서는 수차례에 걸친 경제개발 5개년계획 기간 중 철도건설을 통해서 산업화가 어떻게 추진되었는지 실증적 사례를 중심으로 언급하고자 하며, 6장에서는 본 연구의 전체내용을 요약하고 그 함의 등에 대해서 언급하고자 한다.

# Ⅱ. 이론적 논의

## 1. 산업화와 테크놀로지

산업화는 이전의 전통적 사회로부터 경제적으로 발전된 사회로 변화하는 과정을 의미한다. 즉 농업과 수공업 생산이 지배하던 사회가 공장제 생산이 주를 이루며 생산과 분배의 심오한 변화가 수반되는 산업사회로 변화되는 사회를 말한다. 이와 같이 산업화는 동적인 개념으로서 정치적, 사회적 변동에 영향을 미치는 요인으로 작용한다 (Hirszowicz, 1981).

산업화는 또한 기술발전을 의미하는 것으로 합리성, 노동분화, 표준화를 수반함과 동시에 대량생산과 대량소비, 복잡성, 도시화를 초래한다(Hirszowicz, 1981:6, Berg, 1979:10). 따라서 산업화는 과학기술을 토대로 경제발전, 산업구조변화, 생활수준의 향상, 노동생산성 향상, 합리적 사고를 수반하는 발전지향적 개념으로 볼 수 있다. 이와 같이 산업화는 사회전체적으로 구조적 변화를 일으키는 것으로 산업화의 과정에는 과학기술이 선결요건이 된다. 즉 생산조직에서 과학기술의 체계적인 적용이 산업화의 본질을 이룸과 동시에 종착점을 이룬다.

산업화 과정에 있어 과학기술의 발달은 사회발전에 중요한 동인으로 작용한다. 과학기술의 적용에 의해 근대화된 사회와 그렇지 않은 사회를 구분한 레비(Levy)는 사회가 근대화되면 될수록, 기계 즉 동력사용의 비중이 커짐으로써 생산력이 배가된다고 언급한다(Appelbaum,

1983:40).[54] 근대화를 산업화의 일부이고 과정이라고 정의한 스멜서 (Smelser)는 근대화를 경제발전과 밀접히 관련되는 것으로 언급한다 (Smelser, 1987:146). 즉 그는 과학적 지식이나 기술적용으로 발전하는 사회는 인간 및 축력사용 대신 기계를 사용함으로써 집약노동을 통해 산업에서 발전하고 있는 사회로 정의한다.[55] 무어(Moore) 역시 산업화를 근대화와 밀접히 관련되는 것으로 보면서, 경제적 생산을 위해 기계 즉 동력의 힘을 광범위하게 사용하는 사회로서 모든 것은 조직, 수송, 통신 등 기계, 기술의 방법을 필요로 한다고 본다(Appelbaum, 1983:41-2). 특히 스멜서는 발전이 가속화되려면 개발초기단계에 철도와 같은 사회간접자본의 상당하고도 견실한 투자가 선행되어야 한다고 언급한다(Appelbaum, 1983:49). 로스토우(Rostow) 역시 한 국가의 경제발전을 위해서는 기술문명의 총아인 철도와 같은 중요한 사회간접자본시설에 대한 투자가 근본적으로 선행되어야 한다고 언급한 바 있다(Rostow, 1962:270, 302). 이와 같이 경제발전의 기본전제가 되는 산업화는 기계기술의 적용에 의해서 시너지 효과를 발휘하는 것을 그 속성으로 한다.

한편 산업화는 인간들의 인성을 변화시켜 합리주의적이고 개인주의적 인간을 만드는 한편, 책임의식과 협동의식을 고취시킨다. 산업화는 또한 산업화가 진전됨에 따라서 사회적 이동의 기회를 더욱 증

---

54) 그러면서 레비는 근대화를 관료제를 비롯한 사회조직이 전문화되고, 사회체계 간의 상호의존성이 높으며, 중앙집중도가 비교적 높고, 도시와 농촌 간의 상호의존적이며, 가족의 기능이 축소되며, 합리성, 보편주의를 특징으로 한다고 언급한다.

55) 스멜서는 근대화의 조건으로 광범위한 가치변동이 경제적 전환의 가장 근본적인 조건이 된다고 언급한다.

가시키기도 한다. 즉 산업화된 사회는 경제발전에 따라서 사회의 개방성을 증대시키고 사회이동을 원활하게 한다(박현준, 1999:137). 산업화는 또한 인간들의 신분상의 변화를 초래한다. 이전 사회처럼 개인의 출신배경에 의해 사회적 삶이 결정되는 즉 귀속적 요인이 아닌 개인의 능력과 노력에 따라 계급이나 신분상의 변화가 결정되는 성취적 사회로 이행하게 만든다. 특히 그러한 변화는 교육이라는 요인이 중요한 역할로 작용한다. 즉 교육이 산업화를 가속화시키는 주요한 추진력이 됨과 함께 교육수준이 높다는 것은 곧 산업화에 필수적인 고급노동력의 배출을 의미한다(오유석, 2002:55, 이수자, 2000:17). 그러나 산업화는 산업사회에 알맞도록 사회조직을 재편성시킴으로써 인간성을 점차 변질시키는 요인으로 작용하기도 한다(박순영, 36). 즉 산업화로 인해서 사람들의 의식이 과학기술에 지배를 받음으로써 윤리의식을 상실시켜 비인간적인 모습을 드러내기도 한다.

지금까지의 논의를 고려해 볼 때, 산업화는 경제발전을 의미하는 것으로 기계 즉 동력사용과 같은 과학기술적용에 의해 복합적인 사회변동을 수반하는 것으로 볼 수 있다. 넓은 의미에서 산업화란 사회 전반적으로 물질적 기반에 따른 구조적인 변화를 유발시켜 보다 향상된 생활조건을 조성해 가는 과정으로 이해할 수 있다. 즉 그것은 근대화가 보이는 특성들을 형성시킴으로써 근대화의 동인으로 작용하기도 하였다.56) 그러나 근대화, 산업화는 개인주의, 물질주의적

---

56) 많은 학자들이 산업화 개념에 대해서 나름대로 다양하게 언급하고 있는바, 근대화, 경제발전, 공업화, 도시화 등으로 혼용해서 사용하고 있다. 따라서 본고에서도 산업화 개념을 이들 용어들을 아우를 수 있는 통합적 개념으로 보고자 한다. 대체로 산업화가 진행된 이후 나타나는 근대화는 관료제를 비롯한 사회조직이 전문화되고, 사회체계 간의 상호의존성이 높으며, 중앙집

가치관의 팽배, 사회조직의 관료제화, 사회관계를 도구화시킴으로써 인간들과의 관계를 소원화, 분절화, 군중 속의 고독을 심화시킨다. 또한 가족관계를 단순화시키고, 가족가치관의 변화를 가져와 세대 간의 갈등, 부양문제 등을 유발시킨다. 그것은 또한 직업분화와 계층 분화현상을 보편화시켜 이질성과 복잡성을 증가시킨다. 더 나아가 그것은 파행적이고 기형적 민주화, 정경유착에 따른 부정부패의 만연, 빈부격차의 극심화, 노사 간의 갈등과 대립뿐만 아니라 범죄, 실업, 환경오염과 같은 사회문제를 만연시키는 등 역기능을 유발시키기도 한다.

## 2. 산업화와 철도의 역할

산업화 과정에 있어 기술의 발달은 한 나라의 성장에 중요한 역할을 수행한다. 그것은 한 국가의 가치창조, 가치증식, 가치배분에 중요한 요소로서 작용한다. 이와 같이 테크놀로지의 발달은 국가발전에 성장동력으로 작용할 뿐만 아니라 인간의 의식이나 사고의 합리성을 강화시키며, 생활양식의 변화를 가져온다. 근대의 총아로 등장했던 철도가 그러한 것이었다. 근대의 횡단을 가능하게 했던 철도는 석탄과 같은 동력자원의 힘으로 움직이는 기계기술문명의 집적체였다. 산업화의 시너지 효과는 철도라는 운송기관이 없었다면 거의 불가능했을 것이다. 그만큼 철도는 근대시기에 있어 가장 중요한 산

---

중도가 비교적 높고, 도시와 농촌 간의 상호의존적이며, 가족의 기능이 축소되며, 합리성, 보편주의를 특징으로 한다.

업화의 기관차였다. 이런 맥락에서 통신수단의 발달과 같이 교통기관의 발달은 국가발전에 필수불가결한 요소로서 사회발전의 원동력이 됨과 동시에 인간생활의 질적 향상을 가져왔다(강대기, 1987:107, 김한준, 1989:40). 이와 같이 교통기관의 발달은 한 국가발전의 토대를 마련할 뿐만 아니라 경제활동의 매개체로서 인간생활을 변혁시키는 중요한 동인으로 작용하였다.

철도가 발달하기 전, 『국부론』의 저자 아담 스미스(Smith)는 교통기관발달에 의한 수송력의 진보가 농공업의 생산력증대 및 상업발달, 시장확대를 가져와 국부를 증진시킨다고 언급했다. 또한 고전경제학자 리스트(List)는 교통의 발달이 생산력의 발달, 시장확대, 농공업의 균형발달, 재화가격의 하락 및 사회적 교류 증대, 문화를 촉진시키는 수단이 된다고 언급했다. 로쇼와 크니스(Rocher & Knies) 역시 교통수단이 가치를 창출시키고 과학기술을 발달시키며 전국적 지역분업을 가능하게 만든다고 언급한다. 그것은 국민의 재산 가치를 상승시키며, 토지사용가치를 증대시킴과 동시에 분업의 발달을 촉진시켜 생산력 발달의 조건이 되게 함은 물론 시장확대를 촉진시킨다고 언급했다. 교통을 최고로 중요시한 칼 마르크스(K. Marx) 역시 철도와 같은 교통수단의 발달이 생산물의 가치를 배가시키며, 농공업 생산방식의 혁명과 밀접히 관련 맺으며 사회구조의 근대화 및 세계시장발달에 커다란 영향을 미친다고 언급했다(今野源八郎 編, 1962:38-50).

이와 같이 교통기관의 발달이 생산력의 증대, 분업발달, 농·공·상업의 발달을 촉진시킨 결과 국가의 부를 축적시켰으며 사회구조의 근대화를 가져왔음을 부인할 수 없다. 특히 산업화, 근대화 시기에 있어 철도는 그 의미가 컸던바, 문명의 이기로서 산업혁명의 총아역할을 수행하였다(이철우, 2003:88-117). 19세기 기술혁신의 상징이었던 철도는 인간들로 하여금 시간과 공간을 지배하게 함으로써 사회구조의 변화를 가져왔다(Ambrose, 2003:17-8). 주지하다시피 산업혁명기 때 영국은 산업화의 중추적인 역할을 수행했던 철도를 이용하여 물자보급조직의 확대를 가져와 일상의 소비재를 풍부히 공급함으로써 인간생활에 커다란 변혁을 가져왔다. 그것은 경제발전에 커다란 전기를 가져왔으며 비약적 성장을 이루는 데 기여했다. 더 나아가 인간들로 하여금 합리적인 사고방식, 합리적인 사회조직의 기틀을 마련하는 데 중심적인 역할을 수행하였다. 철도는 근대화 시기에 있어 최초의 기간시설이자 사회간접자본으로서 국가의 부를 증대시키는 데 견인차역할을 하였으며 산업발전에 지대한 영향을 미쳤던 것이다(홍갑선, 1996:47). 이와 같이 근대화 시기에 있어 산업화의 기수역할을 수행했던 철도는 산업구조부문에서 전면적 개편을 불러왔으며 지역경제발전과 도시발달을 촉진시키는 데 획기적인 역할을 수행하였다. 따라서 세계 각국은 철도의 중요성을 간파하고 국가에 가장 긴요한 기간산업의 하나로 여기고 이 부문에 많은 투자를 하여 왔다. 철도가 산업화 시기에 있어 경제발전의 동력으로서, 사회의 공기로서 산업의 대동맥으로 중요한 역할을 수행하였음을 알 수 있다.

또한 철도는 경제발전을 위한 도약의 선행단계역할을 수행하였으며, 경제규모를 확대시키는 데 선도적 역할을 수행하였다. 철도는 성장동력으로써 사람들을 실어 나르고, 인간들이 생산한 제품을 운송하고, 생산에 필요한 원료를 실어 나르는 데 효율적인 수단이었다. 철도는 도시와 농촌을 연결시켜 농산물과 공산품을 원활하게 수송하는 역할을 담당하였다. 이와 같이 철도는 여객과 화물을 도시 간, 지역 간 수송을 독점하여 시장의 확대를 가져왔으며, 경제활동인구의 원활한 이동을 가능케 함으로써 산업발전에 기여하였다(Murray, 2003:46). 또한 철도는 공업의 발전, 농촌근대화, 산업도시형성, 지역개발 및 분업촉진 등의 대변혁을 가능하게 하였으며, 경제발전의 필수적인 자원개발, 유통망 확장에 기여함으로써 산업진흥에 직접적인 영향을 주었다. 이와 같이 철도는 전국적으로 격리되었던 지역을 유기적으로 연결시킴으로써 지역 간 격차해소에도 기여하였으며 도시기능을 더욱 강화시켜 대도시로 성장하는 데 기틀을 마련하였다. 이러한 모든 것들은 철도라는 매개체가 존재하였기 때문에 가능한 것이었다.

철도는 다른 교통수단보다 저렴하고 광역적 대량수송을 가능하게 함으로써 시장의 확대 및 시공간적 활동범위의 확대를 가져와 산업발전을 촉진시켰다(서선덕, 2001:20-23, 강경우, 2001:258). 즉 철도는 광역성, 저렴성, 고속성, 안정성, 정시성 면에서 탁월하였기 때문에 국가의 중추적인 운송기관으로써의 자리매김하여 왔다. 철도는 그 외에도 사회경제구조의 변동과 맞물려 많은 변화를 가져왔으며 인간들의 삶의 질을 획기적으로 변화시켰다(今野源八郎 編, 1962:38-50, Bernstein, 2005:259). 철도는 도시 간 혹은 지역 간의 사회적 교류 및 인적 교류의 확대를 통하여 경제활동의 폭을 확장시켰으며 경제를 활성화시키는 데 기여하였다. 철도는 모든 재화와 용역에 새 생명을 불어넣어 생산과 소비를 진작시켰던 것이다. 철도는 사람과 상품을 일정한 시간에 목적지까지 이동거리를 확대시켜 유통범위의 확대 및 잠재적 수송수요를 유발시켰으며 신수요를 창출하였다. 철도는 물자의 원활한 공급을 가능하게 함으로써 인간들의 생활수준의 질적 향상을 가져왔다.

철도는 또한 인간들에게 합리성과 효율성을 자극시켜 근대적인 사고를 고취시켰으며 생산성 증대에 기여하였다. 특히 철도는 시간의 중요성을 각성시켰으며 표만 사면 누구나 신분차별 없이 목적지까지 도달할 수 있음으로써 평등사상을 심어 주기도 하였다(Ambrose, 2003: 17, 原田勝正, 1998, 박천홍, 2003:340 – 341). 실로 인간은 시간을 지배함으로써 일상생활을 보다 짜임새 있게 구성할 수 있었으며 시간 앞에 평등한 존재가 되었던 것이다. 또한 철도는 부자들만의 전유물이었던 여행 자체에 대한 성격과 개념을 변화시켰으며 현대의 생활을 혁명적으로 바꾸었다(Bernstein, 2005:259). 또한 철도는 활동수행상의 이동 용이로 말미암아 대다수 인간들에게 문화생활의 향유를 보편화시켰으며, 질 높은 교육욕구의 충족 및 보다 나은 교육적 혜택을 보편화시키는 데 기여하였다. 그러나 철도가 지나가지 않는 지역에서는 여전히 낙후된 지역으로 남게 함으로써 국토의 불균형적 발전 및 지역 간 소득격차를 가져왔으며, 상대적 박탈감, 고립, 소외감, 열등감을 심화시키기도 하였다.

최근 철도는 도로의 발달과 자동차의 급증으로 그 중요성이 퇴색하고 있다. 그렇기는 하지만 그 속성으로 말미암아 여전히 주요한 교통기관으로 남아 있다. 철도는 그 자체의 환경친화성, 에너지효율성, 토지 및 수송효율성 측면에서 도로운송보다 우수한 이점을 갖고 있기 때문에 그 중요성이 더욱 부각되고 있다(서선덕, 2001:20 – 23, 이갑수, 2001:107). 즉 점점 증가되는 물동량의 증가로 말미암아 도로교통체증, 보상비의 급증에 따른 도로확장의 한계, 환경오염의 심

화로 더욱 그 필요성이 부상되고 있다. 더 나아가 향후 지속적으로
증가할 교통수요의 처리와 지속 가능한 사회발전을 위한 교통체계
구축에 필수적인 수단으로 재인식됨은 물론, 사회비용의 최소화라는
목적을 달성하기에 매우 유리한 조건을 구비하고 있음으로써 그 중
요성이 다시 부각되고 있다.


# Ⅲ. 한국의 근대화, 산업화

## 1. 산업화 특징

개발도상국들은 근대화, 산업화를 국가정책의 최상의 목표로 삼고
빈곤으로부터 벗어나 복지사회의 건설을 근대화의 목표로 삼아 왔
다. 그동안 유교이데올로기에 의해 통합되어 왔던 전통지향적 한국
사회가 근대화를 시작한 것은 1960년대였다. 한국근대화의 가장 큰
목표는 경제발전을 통하여 절대빈곤의 해소 및 생활수준의 향상이었
다. 이러한 근대화 성취과정에 대해서 다양한 논의가 있지만, 한국사
회만이 갖고 있는 몇 가지 특징이 있다.

먼저 한국의 근대화를 촉진시킨 요인으로 인간관계의 위계화를 속
성으로 하는 유교문화를 들 수 있다. 한국인들의 정체성 형성에 커
다란 기여를 했던 유교는 한국인들의 관념 속에 자리잡고 있는 추상
적 관념이 아니라 일상 속에서 끊임없이 반복되는 일상적 경험이다.
특히 유교이데올로기는 모든 국민들로 하여금 교육과 배움에 대한

열의와 투자를 불러일으킴으로써 잘 훈련된 양질의 인적 자원을 배출하였다. 현실지향적이며 성취지향적인 유교이데올로기가 한국인들의 마음속에 내재화시킨 배움에 대한 열망이 근대화의 필연성을 각성시킨 결과, 근대화를 촉진시키고 경제발전을 가져오게 하였다(Tai, 1989, 국민호, 1997). 이미 한국사회는 근대화 추진 이전부터 근대화에 토대가 되는 인적 자원에 대한 교육투자가 선행하고 있었음은 주지의 사실이다. 이는 교육과 경제발전 간에 밀접한 상관관계가 있다는 근대화 이론과 맥락을 같이한다.[57]

한국의 근대화는 국민들 대다수가 잘 살아야겠다는, 반드시 성공하겠다는 정신자세에 기인한다. 그동안 한국사회는 일제의 착취와 수탈, 핍박, 해방 후 어수선한 정국, 한국전쟁의 폐허 속에서 어떡하든 생존하겠다는 강한 삶에 대한 집착력이 근대화에 대한 열망을 자극한 결과, 굶주림이 일상화되어 왔던 한국사회의 비참한 현실을 극복하도록 자극하였다. 미래를 위해 현재의 힘든 고통을 참아내는 인내력과 근검절약하는 노동윤리규범, 헝그리정신에 입각한 상승이동의 열망, 가족에 대한 헌신 등이 근대화에 대한 강한 동기를 부여한 결과 근대화를 촉진시키고 고도성장을 지향하게 만들었다.

한국사회는 1950년대 미국의 원조물자에 의해 생존하는 의존적

---

57) 근대화 이론에는 교육이 경제발전의 선행조건이 된다는 입장과 경제발전이 교육을 자극한다는 두 가지 입장이 있으나, 어느 것이 우선인가는 좀 더 심도 깊은 연구가 필요하다. 그러나 동아시아지역에서 한국을 비롯한 홍콩, 대만, 싱가포르의 경우에서 보듯이, 유교이데올로기가 강조하는 배움에 대한 열의 즉 교육을 통한 인적 자원개발이 경제발전을 자극하고 촉진시켰다는 점에 대해서는 많은 학자들이 동의하고 있다(Tai, 1989:19-26, Berger, 1983).

상황이었다. 인구는 많고 부존자원, 기술, 자본은 부족한 상태에서 근대화를 추진하기에는 역부족인 상황이었다. 이러한 상황을 완전히 전변시킨 것이 3공화국의 등장이었다. 3공화국의 군통치세력들은[58] 정치적 정당성의 부재를 경제성장으로 만회하려 하였다. 그들은 엄격한 군대식 규율과 획일적 통제, 강력한 리더십과 추진력을 발휘하여 경제적 자립이라는 국가적 목표를 달성하기 위해 노력하였다. 그들은 국가주도의 경제성장정책하에 산업발전을 계획하고 재벌을 이용하여 그 계획을 추진해 나갔다. 그 결과 빈곤이 일상화되어 왔던 한국사회를 국제사회에서 모범적인 경제발전국가로 만들었다.

한국의 근대화, 산업화는 잘 훈련되고 유능한 관료들이 국가기구에 모여 급속히 산업발전을 계획하고 집행한 결과이기도 하다.[59] 이들은 경제발전이라는 국가최고의 목표를 달성하기 위하여 상부의 명령에 일사분란하게 움직이며 효율적으로 산업화를 추진해 나갔다. 또한 이들은 풍부한 양질의 저렴한 노동력 및 성별 위계적 분업을 토대로 노동집약적 경공업을 육성하였으며, 방대한 외자와 내자를 동원하여 대기업을 육성하는 정책을 추진하였다. 그 결과 한국사회

58) 군통치세력들은 자신들의 정당성에 대한 태생적 한계를 극복하기 위해 한국의 근대화에 지대한 관심을 가졌으며 경제발전을 지상목표로 삼았다. 물론 이 당시 지식인들이나 정치인들도 근대화에 대한 중요성을 깨닫고 있었으나, 이들에게는 강한 추진력과 결집력이 부족했다. 이와 같이 근대화란 한 국가에 있어서 패러다임의 전환을 요구하는바, 이들에게는 이에 대한 인식이 결핍된 상황이었다. 따라서 일본의 근대화에 자극을 받았고 일본군대에서 군생활을 체험한 3공화국 군핵심세력들은 자신들에 대한 국민들의 비난과 부정, 모순을 극복하기 위한 일환으로 근대화라는 패러다임의 변화를 적극 수용하여 한국근대화를 추진하였다고 볼 수 있다.
59) 특히 많은 경제관료들이 미국에 가서 연수할 기회를 가졌는바, 미국에서 받은 교육경험이 한국의 경제발전에 기여했음을 무시할 수 없다(박태균, 2002:75).

는 경공업제품 위주의 수출주도형 성장전략이 어느 정도 성공함으로써 전형적인 농업사회로부터 근대적인 산업사회로 변화되었다(조순, 1992:21-2, 박영철, 1992:50, 이용주, 1998:565).

이와 같이 한국의 근대화, 산업화는 유교문화의 영향으로 대다수 국민들의 교육에 대한 열의, 경제발전을 이루고야 말겠다는 군혁명 세력들의 강한 추진력, 잘 관리된 인재들의 빈곤탈피를 위한 경제발전전략에 의해서 커다란 성과를 얻었다. 수차례에 걸친 정부주도의 경제개발계획하에 수출주도형 산업정책의 추진결과, 빈곤에 허덕이던 한국사회를 물질적으로 안정된 고도성장사회로 변화시켰다.

그러나 한국의 근대화, 산업화는 성장지상주의에만 몰두한 나머지 분배악화를 비롯한 다양한 문제를 잉태시켰다. 경제성장 위주의 일방적 정책으로 말미암아 정경유착에 따른 부정부패의 심화, 빈부격차의 심화, 노사갈등, 물질주의적 가치관의 팽배, 개인주의적 가치관 등을 확산시켰다. 그 결과 사회적 갈등과 불평등을 낳았으며, 상대적 박탈감을 불러일으켰다. 또한 범죄, 환경오염, 가족해체 등 각종 사회문제를 만연시키는 역기능도 불러왔다. 이와 같이 한국의 근대화, 산업화는 경제발전, 사회발전이라는 거대한 목표를 달성하였지만, 그 이면에는 각종 사회문제의 만연 등 역기능으로 작용하였음을 부인할 수 없다. 아무튼 근대화, 산업화에 대한 긍정적·부정적 입장의 논의가 아직도 진행되고 있는 상황이지만, 경제성장의 대동맥으로서, 동력으로서, 견인차로서의 매개역할을 수행했던 철도를 무시하고서는 한국의 산업화를 이해할 수 없다.

## 2. 경제발전과 산업화 과정

조국근대화에 사활을 건 군통치세력이 중심이 된 3공화국정부는 경제개발계획하에 양질의 저임금 노동력을 바탕으로 경공업제품 위주의 수출정책을 전개해 나갔다.[60] 경제개발계획이 후속적으로 시행된 1970, 1980년대에 이르러서는 노동집약적 경공업 위주의 수출정책과 중화학공업육성정책을 병행해 나가면서 경제발전을 추진해 나갔다. 이러한 정부주도의 강력한 경제개발정책은 한국의 근대화, 산업화에 커다란 성과를 가져왔다. 산업화 추진 과정에서 외국자본을 적극적으로 유치하여 기간산업육성과 산업철도건설 등과 같은 사회간접자본시설이 확충되었다. 이에는 일본과 국교정상화를 통한 대일차관(대일청구권자금) 및 미국의 경제적 지원의 뒷받침이 있었다. 또한 1960년대말 베트남참전 특수경기가 한국의 산업발전에 필요한 재원이 되었으며, 중동의 건설붐에 따른 오일달러가 국가경제의 큰 활력소가 되었다. 이러한 토대 위에 한국의 경제발전은 사회 전체가 인적, 물적으로 동원되는 가운데 추진되었다.

---

60) 당시 한국의 내수시장의 협소화는 우리기업들의 생존과 성장을 위한 대안으로서 세계시장을 향한 생산으로 눈을 돌리게 만든 구조적 제약요인으로 작용하였다. 미국의 원조감소 및 내자동원 가능성의 한계 및 외자도입과 천연자원부족은 외환수입의 확보를 위해서도 내수시장보다는 수출지향적 산업구조로 전환하게 만든 요인으로 작용하였다(김선명, 2000:56).

〈표-1〉 산업별 고용구조현황

단위: %

| 구 분 | 1963 | 1965 | 1970 | 1975 | 1980 | 1985 |
|---|---|---|---|---|---|---|
| 1차 산업 | 63.1 | 58.6 | 50.4 | 45.9 | 34.0 | 24.9 |
| 2차 산업 | 8.7 | 10.3 | 14.3 | 19.1 | 22.6 | 24.4 |
| 3차 산업 | 28.3 | 31.0 | 35.2 | 35.0 | 43.4 | 50.6 |

\* 통계청, 『경제활동인구연보』, 1972, 1985.

한국의 경제발전에 있어서 특기할 만한 것은 산업구조의 변화라고 할 수 있다. 도표에서 보듯이, 1960년대 초반까지만 해도 한국사회는 1차산업, 3차산업, 2차산업이라는 전형적인 후진국의 산업구조형태를 보였다. 수차례에 걸친 경제개발계획하에 산업화가 지속되는 가운데 제1차산업의 고용구조비율이 감소되었으며, 대신 고용창출효과가 큰 2차, 3차산업의 고용구조비율이 점차 증가하였다.[61] 그동안 농업구조 중심의 산업구조가 근대화를 상징하는 공업, 서비스 중심의 산업구조로 변화되었다. 경제성장의 바로미터라 할 수 있는 1인당 GNP도 1962년 83달러에서 1964년 194달러, 1970년 286달러, 1975년 594달러, 1980년 1,592달러, 1985년 2,194달러로 급격히 증가해 국민들의 생활수준도 크게 향상되었다(통계청, 1993).

수출의 주력산업도 1960년대 경제개발시기에는 1차산품과 수입된 중간재를 단순가공조립하는 노동집약적 산업제품 등이 주종을 이루

---

61) 즉 한 세대 만에 농업사회에서 공업사회로 급격한 산업화 과정을 경험하였는바, 1960년 전체 노동력의 78.9%인 672만 명이었던 1차산업 종사자인 농민의 숫자가 불과 30년 후에는 19.3%인 338만 명으로 줄어들었다(박현준, 1999:138).

었는바, 주로 경공업 위주의 제품으로서 면포, 견직물, 의류, 가발, 공예품, 합판, 박하뇌, 사카린, 고무제품, 타이어, 철광석, 시멘트, 중석(텅스텐), 무연탄, 흑연 등이었다. 1970년대에 이르러서는 수입된 부품을 조립하는 라디오 등의 전자제품, 의류, 신발 같은 노동집약적 부문의 수출이 급신장했으며, 중화학공업육성정책에 힘입어 선박, 철강, 석유화학 중간제품 같은 자본집약적 재화의 수출이 크게 증가하였다. 1980년대에 들어와서는 자본집약적이고 기술집약적인 산업과 관련된 대규모 기초전자산업, 자동차산업, 기초화학 중간재산업에 투자 및 수출이 계속 증가했다(홍원탁, 1989:135 – 141).[62]

급격한 산업구조의 변화에 따른 수출주력산업의 질적인 변화는 1960년대부터 1980년대 이후까지도 지속되었는데 적어도 산업구조

---

62) 이 당시 정부는 1960년대부터 강조해 온 비료, 정유, 철강, 시멘트 등 전통적인 기간산업의 테두리를 벗어나 좀 더 광범위하게 탈단순노동집약적 산업구조전환을 정책적으로 모색하였다. 1970년대 중반부터는 중화학공업육성이란 구호 아래 각종 대규모 자본집약적이고 기술집약적인 산업에 투자를 전개하였다. 제2차 5개년 경제개발계획기간 중 1967년에 조선공업육성법, 1969년에 전자공업육성법, 1970년에 기계공업육성법, 석유화학공업육성법등에관한법규가 마련되었다. 이러한 각종 공업육성과 관련된 산업정책은 1970년대 중반부터 본격적으로 이루어져 경부축의 중심인 수도권과 영남권을 중심으로 진행되었다. 즉 구미지역에 섬유산업단지조성과 전기전자제품을 위한 전자산업단지조성, 울산지역에 석유화학공업단지조성, 포항지역에 철강산업의 특화를 위한 산업기지조성, 창원지역에 조립금속기계업과 관련된 기계공업단지조성, 마산수출자유지역지정 등에 힘입어 섬유산업, 기초전자산업, 철강산업, 석유화학 중간제품 산업의 수출이 크게 증가하였다. 또한 태백시, 동해시, 그리고 삼척시와 같은 지역은 지하자원을 개발하기 위하여 특화산업단지화하였으며, 충주지역은 석유화학단지로 특화시켰다. 정부의 이러한 산업단지조성은 대도시 주변지역으로 확대되는 철도교통망을 중심으로 전개되었다. 특히 경인·경부고속도로의 완성 등 사회간접자본의 확충 및 기간산업을 기반으로 수출산업에 박차를 가하였다(조순, 1992:23 – 3, 홍원탁, 141, 한국도시연구소 편, 1998:66 – 68, 73).

상에서 볼 때, 한국사회는 이미 1970년을 전후해서 농업사회가 공업사회로 이행되는 대폭적인 변화가 있었음을 의미한다. 급격한 산업구조의 변화는 직업구조상의 일대 변화를 가져왔음은 물론, 농촌인구를 도시로 이동하게 하는 급속한 도시화를 일으켰으며, 계층구조에도 커다란 변화를 가져오는 등 사회구조를 전면적으로 개편시켰다.

이와 같이 1960년대 초부터 시행한 대외지향적 경제개발정책은 철도라는 매개체를 통해 가능하였다. 즉 철도는 산업화의 기관차역할을 수행한 결과, 저수준에 머물러 있던 한국경제를 도약하는 데 선행조건이 되었다. 산업의 대동맥이자 원동력 역할을 수행했던 철도가 공업사회로의 이행을 촉진시키는 등 한국산업의 구조를 질적으로 변화시켰으며, 1960년대에는 경부축을 중심으로 한 동남권 지역 개발을 용이하게 만들었다. 더 나아가 1970, 1980년대에는 철도의 신설, 복선화, 전철화 및 경부·호남고속도로와 같은 교통망의 확충에 힘입어 경부선축을 중심으로 한 지역의 발전이 가속화되었으며, 호남권지역 개발의 단초를 마련하였다. 이를 통해 산업공단조성, 생산력의 증대, 지역개발촉진, 도시발달, 유통망 확대 및 상권형성이 급속히 이루어졌다. 따라서 철도를 비롯한 교통망의 확장과 신설이 결국 산업화의 기틀을 마련하였으며, 궁극적으로 국민들의 의식구조 및 생활방식을 질적으로 변화시켰으며, 삶의 질을 향상시켰다.

# Ⅳ. 한국의 철도건설과 산업화

산업화 시기에 있어 경제발전에 결정적 역할을 수행했던 철도는 역시 한국경제발전에 기여한 바가 크다. 주지하다시피 한국의 철도는 일제에 의해서 부설되었는바, 국내자원을 효율적으로 착취·수탈하고 대륙침략을 위한 병참선으로 활용되어 왔었다. 해방 이후 한국철도는 남과 북으로 갈라지면서 한동안 침체상태에서 벗어나지 못했다.[63]

그 후 신탁통치를 맡은 미군정은 운수부 설치 및 사철철도의 국유화 등을 통해 정체상태에 있던 철도를 부흥시키고자 노력하였다. 그 당시 주 수송대상은 군수물자와 원조물자, 수입품, 식량 등으로서 대량수송과 광역운송의 이점을 가진 철도가 이용되었다. 이를 위해 우암선, 울산선, 김포선, 장생포선, 옥구선, 사천선, 영동선, 강경선, 충북선, 주인선 등이 건설되었다.

철도의 운영권이 1955년 한국정부로 인수된 후, 철도는 한국의 산업화에 본격적으로 활용되었다. 중추적인 육상교통수단으로서 철도는 한국경제발전의 초석이자 원동력 역할을 수행하기 시작하였다. 이러한 상황에서 3대산업선인 영암선과 함백선이 1953년, 문경선이 1955년에 재착공되어, 1955년에는 영암선과 문경선이, 1957년에는 함백선이 개통되어 석탄을 비롯한 각종 지하자원의 개발이 급진전되

---

63) 해방 당시 한국철도의 총연장길이는 6,362킬로미터였으며, 기관차가 1,166대, 객차 2,027대, 화차 15,352대, 정거장수는 762곳, 종사하는 인원만도 10만 명에 이르렀다. 남북의 철도가 단절된 후, 남한철도는 북한철도보다는 짧은 총연장 2,642킬로미터로서 국내정세의 혼란으로 철도는 침체상태에 있었다(철도학회지, 2000:5).

어 경제발전을 이루는 데 기여하였다(대한석탄공사, 2001:71). 3대산업선인 산업철도의 부설은 국내석탄산업의 일대 변화를 몰고 왔으며 궁극적으로 경제발전의 견인차역할을 담당하였다.

특히 1963년 철도의 운영주체가 교통부에서 철도청으로 독립되면서 철도를 통한 산업화가 본격적으로 진행되었다. 1960년대와 1970년대를 걸쳐 잇달아 경제개발 5개년계획이 추진되는 가운데 철도는 경제발전과 사회개발의 동맥으로 활용되었다. 정부는 자주경제의 기반을 구축하기 위해 전력, 석탄 등 에너지 공급원을 확보하고 기간산업을 육성하기 위해 철도를 적극적으로 활용하였다. 이 기간 동안 철도는 한국경제발전에 지대한 영향을 미치면서 산업화에 기여하였다. 한국의 철도가 기능을 가장 많이 발휘했던 때가 1960년대와 1970년대로서 경제발전을 통하여 국가부흥을 꾀하던 산업의 대동맥으로서의 역할을 충실히 수행했던 것이다. 철도야말로 산업화를 위한 사회간접자본으로서의 역할을 충실히 수행했다. 이와 아울러 도시화, 지역개발, 산업발전 및 국토의 균형적 발전을 촉진시킨 것도 철도였다.

철도를 통한 산업화가 급속히 진행되면서 철도건설도 본격화되었다.64) 이 당시 철도건설을 경제개발계획시기별로 살펴보면, 제1차 경제개발 5개년계획시기에는 경북선, 정선선, 경전선, 진삼선, 동해북부선, 망우선, 광주선, 북평선 부설 및 영동선의 복선화가 이루어졌으며, 제2차 경제개발 5개년계획시기에는 태백선, 문경선의 연장부

---

64) 해방 후 한국의 철도는 일제가 남긴 기존철도축을 간선망으로 하여 X자형으로 발달하였다. 따라서 한국의 철도는 기존축을 중심으로 복선화, 전철화가 이루어졌으며 지선들을 연장하거나 신설 등을 통하여 확대발전하였다.

설, 광주공업단지선, 전주공업단지선, 포항종합제철선, 여천선 부설 및 중앙선의 복선화가 이루어졌다. 제3차 경제개발 5개년계획시기에는 중앙선, 태백선, 경부선, 경인선의 복선전철화가 이루어졌다. 제4차 경제개발 5개년계획시기에는 호남선, 충북선의 일부구간 복선화, 경부선 복복선화가 이루어졌다. 제5차 경제개발 5개년계획시기에는 호남선 연장 및 복선화 등이 이루어졌다(대한석탄공사, 2001). 이를 토대로 1960년대, 1970년대 산업화가 급진전되었으며 지역개발과 산업발전, 균형적 국토개발이 가속화되었다.

이와 같이 경제도약단계인 1960년대 초부터 시작된 경제개발 5개년계획이 추진되자 철도는 자립경제기반의 토대로서 경제발전과 사회개발의 동맥역할을 수행하기 위해 대규모 건설이 추진되었다(이갑수, 2001:31). 특히 초기 정부주도의 경제개발을 추진할 당시 경부선과 경인선 철도가 없었다면 경제계획은 처음부터 불가능했을 만큼 철도는 한국의 산업화에 결정적 역할을 수행하였다. 산업발전의 초석이자 견인차로서 철도는 산업물자의 원활한 수송, 수출입 물동량의 수송, 경제활동인구를 원활히 수송함으로써 국가경제발전에 한몫을 담당하였던 것이다. 수송의 핵심역할을 담당했던 철도와 같은 교통기관이 없었다면 한국의 경제발전은 제한될 수밖에 없었을 것이다. 그와 같은 철도의 경제발전기여가 그 후의 지속적 철도건설을 자극하고 산업화를 급진전시켰다.

철도수송이 산업발전에 기여한 바를 시기별로 여객수송[65]과 화물

---

65) 1948년 당시 철도를 이용한 여객수송실적은 6,113만 명이었는데 1949년에 이르러서는 7,741만 명으로 증가하였다. 그 원인은 1948년 8월 대한민국정부가 수립되고 정치·경제·사회적 안정에 따라 학생과 경제활동인구의 수

수송66) 측면에서 살펴보면, 해방 직후부터 1960년대까지는 철도가 모든 수송의 대동맥으로 전국화물수송의 80% 이상, 여객수송의 50% 정도를 분담하였다. 그러나 1970년 고속도로가 개통되고 자동차가 급격히 증가하자, 1970년대 중반에는 철도의 수송 분담이 여객의 25%, 화물의 52%로 급감하였다. 1980년대에 이르러서는 고속도로와 국도가 급속도로 확장, 정비로 여객의 21%, 화물의 40%로 철도의 수송 분담률이 더욱 떨어졌다(정재정, 2001:136). 그러니까 자동차가 증가하고 고속도로가 발달되기 전 70년대 초반까지만 해도 국내에서 생산된 물자의 보급과 수출을 위한 제품수송 및 인력수송에 철도가

---

가 증가했기 때문이다. 그러다가 1951년에는 전쟁으로 인한 철도시설의 파괴와 군사적 목적이용으로 2,407만 명으로 급감되다가 전쟁이 끝난 후 1954년에는 다시 5,817만 명으로 점차 증가하였다. 그러나 정치적 혼란 등의 이유로 1957년에는 5,343만 명으로 감소하였다. 그 후 경제개발계획의 진행과 철도시설의 개선 등으로 여객이 계속 증가하기 시작하여 1969년에는 총 15,470만 명으로 급증하였다. 이는 그동안 철도시설의 꾸준한 개선과 아울러 디젤기관차의 도입으로 인한 시간단축 및 국민생활의 향상으로 관광객의 증가로 철도이용이 급증되었기 때문이다. 그러나 1969년 이후에는 고속도로의 개통과 자동차의 증가로 여객수송이 둔화되기 시작하여 1970년에는 13,125만 명, 1971년에는 12,876만 명으로 감소되어 하향추세가 계속되었다.

66) 1948년도의 화물수송실적은 512만 톤, 1949년에는 642만 톤이었는데, 1951년도에 이르러서는 군사물자, 수입품, 원조물자수송의 급증으로 1,302만 톤, 1952년에는 1,345만 톤으로 증가하다가 1954년도에는 전쟁후유증의 영향으로 927만 톤으로 급감하였다. 그 후 정치·경제·사회적으로 안정됨에 따라 증가하다가 1958년도에 이르러서는 화물운송운임의 90% 인상으로 급감되기 시작하였다. 그러나 경제개발계획이 시작된 1962년에 가서는 약 1,500만 톤으로 다시 증가되기 시작하였으며, 1971년에는 3,196만 톤으로 급증하였다. 이를 기점으로 그 후 철도에 의한 수송실적이 계속 둔화되기 시작했는데, 그 이유는 고속도로의 건설 및 완공, 대형화물차의 증가로 인한 공로수송의 발달, 항공수송의 발달에 기인한다.

중추적 역할을 수행하였다.

또한 철도수송이 산업발전에 기여한 바를 철도화물구성별로 살펴보면, 1970년대 중반까지만 하더라도 철도화물의 주종을 이루고 있었던 것은 양곡, 석탄, 비료, 시멘트, 채소류 등이었다. 1차산업 위주로의 철도수송이 이루어진 이유는 경제건설과 도시화가 동시에 진행되었기 때문이다. 이 당시 정부는 물자의 수요폭증에 대응하여 원활한 철도수송을 위해 온갖 노력을 다하였다. 1970년대 중반 이후에는 철도화물구성의 커다란 변화가 일어났다. 중화학공업이 발달함에 따라 공업제품의 수출이 증가하였고, 아파트 등의 보급으로 난방연료가 연탄에서 기름, 가스로 교체됨에 따라 양곡, 석탄, 채소류 등의 비중은 감소하고 유류, 시멘트 등의 비중이 증가했다. 1980년대 중반 이후에는 내수 및 수출과 관련하여 컨테이너수송 등이 활발하게 이루어졌다.[67]

이와 같이 한국의 산업화를 촉진시키고 국가발전을 견인하는 데 있어 철도의 역할은 지대한 것이었다. 또한 철도는 산업구조전반을 개편시키고 경제를 발전시키는 데 중심적 역할을 수행하였던 것이다. 한국의 근대화, 산업화에 있어 철도는 자원개발, 산업발전, 지역발전, 도시화에 직접적인 영향을 주었으며, 도약을 위한 선행조건이

---

[67] 한국의 철도수송은 사회경제의 변화와 맞물려 많은 변화를 겪었다. 해방 직후부터 1960년대까지는 철도가 모든 수송의 대동맥으로서 전국화물수송의 80% 이상, 여객수송의 50% 정도를 분담하였다. 그러나 1970년 경부고속도로가 개통된 이래 자동차가 급격히 증가하자, 1970년대 중반에는 철도의 수송 분담이 여객의 25%, 화물의 52%로 감소하였으며 1980년대 중반에 이르러서는 여객의 21%, 화물의 40%로 철도의 수송 분담률이 더욱 떨어졌다 (정재정, 2003:136).

되었다. 그만큼 철도가 한국의 경제발전에 기여한 역할은 지대하다
고 하겠으며, 특히 1960년대 이래 한국사회를 농업사회에서 공업사
회로 질적으로 변화시키는 데 결정적 기여를 하였다. 그러나 1970년
대 초부터 고속도로의 발달과 화물자동차의 증가로 그 중요성이 반
감되기는 하였지만 여전히 경제발전에 기여한 바가 크며, 앞으로도
중요한 교통기관으로 존재할 것이다.


# V. 철도를 통한 산업화, 경제발전

## 1. 해방 후-1960년대 초 복구기

정부수립 후 산업철도로 1949년에 처음으로 기공된, 영암선은 중
앙선의 영주에서 철암까지의 86.4㎞로, 강원도지역에 상당량 매장된
무연탄(삼척탄전)을 비롯한 각종 지하자원의 개발 및 원활한 수송을
위해 부설되었다.[68] 영월선의 연장으로 제천에서 분기되어 함백에
이르는 연장 60.7㎞의 함백선은 교통이 불편한 고지대에 위치하여
수면상태에 있던 영월탄전과 약 2억 톤의 매장량으로 추정되는 함백
탄전을 개발하기 위해 건설되었다(정경호, 14). 3대산업선 중에 최초

---

68) 영암선이 개통되기 전까지 장성, 도계탄광에서 생산되던 석탄을 묵호항을
   거쳐 배로 서울까지 운반하는 데 600시간이 소요되었는데, 영암선의 개통으
   로 철암역에서 청량리역까지 10시간으로 단축되었으며, 수송비용도 10분의
   1로 절감되어 국민생활과 경제안정 및 산업발전의 전환점이 되기도 하였다
   (대한석탄공사, 2001, 정경호, 1974:12).

로 부설된 경북선의 점촌에서 가은까지 연결되는 연장 22.5㎞의 문경선은 동해중부선, 진삼선, 경전중부선을 중단시키면서까지 제1차 철도건설계획에 의하여 부설된 것이었다. 문경선은 소백산맥지역의 무연탄을 비롯한 이 지역의 각종 지하자원을 개발하기 위해서, 또 문경지역의 시멘트공장, 석탄공장이 건설됨으로써 산업자원의 효율적 수송을 위해 산업선의 일환으로 건설되어 경제발전에 기여하였다 (정경호, 16). 한편 경제개발을 위한 각종 지하자원의 개발 및 산업의 동력자원으로 활용하기 위해 개발된 태백선도 이 당시 수송부진으로 연탄파동을 겪고 있는 도시지역의 난방을 위한 원료로 이용하기 위하여 채굴된 무연탄을 전국으로 원활하게 수송하여 국민생활의 안정과 산업발전에 기여하였다.

이 밖에도 1953년 11월부터 1958년 12월까지 진행된 충북선 복구 및 연장사업은 경부선과 중앙선을 동서로 연결시킴으로써 중부내륙지역을 전국의 육상교통체계 속에 편입시키는 데 크게 기여하였으며, 충청북도의 지역경제발전 특히 농업진흥에 크게 기여를 하였다. 주인선은 인천항에 발착하는 화물선적시간을 단축하는 데 기여하였다. 1951~1952년 부산, 울산지역에 건설된 우암선, 울산선, 장생포선은 전쟁기간 중 군용물자 수송을 위해 건설되었는데 이후 부산항의 물자수용능력을 확장하는 데 기여하였다. 1952년 9월에 착공되어 1953년 5월 준공된 사천선은 사천비행장의 군사수송을 원활히 하는 데 주목적이 있었다. 1957년 5월 착공하여 1년여 만에 준공한 강경선 역시 연무대의 논산훈련소에 병력과 물자를 수송하는 데 기여하였다 (철도건설국 편, 1969). 이 당시에 건설되고 복구, 연장된 철도는 군용목적뿐만 아니라 모두 경제부흥을 위한 주요 자원개발을 주목적으로 하는 것이었으며, 결과적으로 경제개발 5개년계획이 시행되는 데 있어 초석이 되었다.

한편 3대산업선 이외에 UN군(미8군)이 주관하여 부설한 두 개의 철도가 있다. 1950년 한국전쟁발발로 말미암아 철도의 운영권이 미군에 이양되고 전시운영체제로 전환되고 있는 상황에서, 미군은 군용화물을 수송하기 위하여 경인선의 소사에서 분기하여 김포비행장까지의 약 12㎞의 김포선을 1951년에 완공하였으며, 군산선의 종점 군산에서 옥구까지 약 12㎞의 옥구선이 1953년에 완공되었다(정경호, 16). 특히 옥구선은 양곡을 군산항으로 운반하는 데 기여하였다. 이러한 철도부설은 미군정의 철도부흥정책에 힘입은 것이었다. 또한 이 당시 미군(UN)은 한국 최초로 35량의 디젤기관차를 도입하여 철도근대화에 기여하였다. 미군에 의해 운영되던 철도가 1955년 6월 운영권이 한국정부로 인수된 후, 서울과 부산 간 통일호 운행이 개시되었으며, 함백선 60.7킬로미터 전구간이 개통되었다.

이 시기에 철도정책은 화물 및 인력수송은 물론 미국의 한반도 주둔과 관련된 군사정책의 일환으로서 전개되었으며, 전후에는 미군으로부터 한국철도를 회수하여 국유화하고 복구 및 새로운 건설을 단행하여 산업발전에 기여하였다. 특히 해방 이후 철도시설물의 보강과 기술의 발전이 시작된 시기이며 동시에 전국화물수송의 80% 이상, 여객수송의 50% 이상을 차지한 것에서 보듯이 모든 수송의 대동맥으로 활용되던 시기였다. 1960년대에 들어서부터는 이를 발판으로 한국의 경제발전과 지역개발 및 자원확보를 위한 철도건설이 추진되어 철도를 통한 산업화가 적극적으로 전개되었다.

## 2. 제1차 경제개발 5개년계획시기(1962~1966년)[69]

1962년부터 시작된 제1차 경제개발 5개년계획시기 정부의 정책목표는 사회경제적 악순환의 시정, 자립경제기반의 구축, 7.1%의 성장이었다. 경제정책과 관련하여 정부는 전력, 석탄, 정유 등 에너지 산업의 개발, 농업생산의 증대, 에너지 산업 등 기간산업의 확충과 사회간접자본의 확충, 유휴자본의 활용, 수출증대를 통한 국제수지의 개선, 기술의 진흥을 계획하였다. 이 기간 동안 GNP의 연평균 성장률은 8.3%로 계획 착수연도인 1962년의 3.1%와 비교하면 놀라운 고도성장이었다. 이 당시 정부가 제시한 "증산, 수출, 건설"이라는 구호가 경제정책의 방향과 그 성격을 단적으로 말해주고 있다.

1차 경제개발 5개년계획기간은 철도건설이 가장 활발하게 이루어진 시기였다. 정부는 빈곤척결과 경제발전이라는 큰 목표하에 산업발전과 지역사회개발에 따라 격증하는 수송수요에 부응하기 위하여 횡적인 철도건설은 물론, 생산지에 이르기까지의 철도를 건설할 필요성이 증대되었기 때문이다. 이 기간 동안 능의선(의정부-능곡, 31.8㎞), 영동선(북평-속초, 110.3㎞), 경인복선(영등포-동인천, 27.8㎞), 경북선(점촌-영주, 57.5㎞), 동해북부선(북평-속초, 110.3㎞), 망우선(망우-성북, 4.9㎞) 등 11개 노선 총 283.2㎞를 완성하였다. 이들 철도는 대부분 농수산물과 광산물을 원활하게 수송하고 고립되어 있던 영호남을

---

69) 이하 철도를 통한 산업화와 관련된 내용들은 한국철도100년사(철도청, 1999), 철도건설사(철도건설국 편, 1969), 철도기술백서(철도기술연구원, 2003), 대한토목학회지(대한토목학회, 1996) 및 철도와 관련된 인터넷자료를 토대로 구성되었다.

잇는 역할을 담당하였다. 능의선의 경우는 서울인구의 분산과 대도시 건설을 촉진시키고 관광객 유치를 목적으로 건설되었다. 경인선의 복선화는 우리나라 정치, 경제, 문화, 군사의 중심도시로서 폭증하는 인구를 분산시키고 경인공업지역의 발전에 대처하기 위한 것이었다. 경북선은 태백산지구 종합개발계획의 수송력을 향상시키기 위하여 건설되었는데 영남지방의 산업발전과 에너지자원의 확보, 생산력의 향상 및 기간산업을 확충하고자 하였으며, 삼척지구 무연탄과 동해지구의 수산물과 광산물을 수송하는 데 우회수송의 불편을 덜어 주었다. 망우선은 청량리, 성북, 망우를 연결하여 무연탄의 수송효율을 높이는 데 기여하였으며, 중앙선의 수송화물을 직결시켜 산업발전에 기여하였다. 동해북부선은 태백산에 연한 동해안 일대의 풍부한 지하자원의 개발을 촉진시키는 데 기여하였으며, 수산자원의 개발을 촉진하고 풍부한 임산자원의 활용 및 산업경제 면에서 경제적인 수송을 도모하고 지역사회개발을 촉진하는 데 기여하였다. 정선선 역시 함백 및 정선지역에 매장되어 있는 지하자원을 개발하는 데 수송을 담당하기 위하여 건설되었으며 기간산업발전에 크게 공헌하였다.

그 외에도 남포선(남포－옥마, 4.5㎞)은 충남에 위치한 성주탄좌의 무연탄의 개발을 촉진하기 위하여 건설되었는데 군산의 화력발전소, 장항의 비료공장 등에 연료를 공급함으로써 산업발전에 기여하였다. 1964년 4월에 착공하여 이듬해 12월에 개통한 진삼선(사천－삼천포, 18.5㎞)은 남해안 지역의 교통난 해소 및 산업경제의 중심지로 발전시키기 위한 목적으로 건설되었으며 지역사회개발의 중요성 차원에서 부설된 선이었다. 이 선은 부근 군소도서지방 어민들의 수산자원 개발에 박차를 가하였으며, 남해안의 수산자원의 수송과 인근도시와의 교통망을 연결함으로써 이후 남동임해공업지역의 발전에 이바지하였다. 경부선과 호남선 남단부를 연결하는 경전선(진주-순천, 80.5㎞)은 남해안 지역에 교통의 혜택을 줌과 동시에 인구, 경제, 문화면에서 영남과 호남, 두 지방을 소통시켜 대횡단철도로서 산업과 경제를 균형 있게 발전시키는 데 기여하였다.

한편 1962년에 착수된 황지선(통리-심포리-백산-황지, 14.5㎞)은 산업의 원동력이 되고 자립경제건설의 기본요소가 되는 석탄을 증산개발하기 위한 것이었으며, 태백지구의 본격적 종합개발을 위해 건설되었다. 1965년 7월 기공식을 가진 광주선(광주-금지, 65㎞)은 호남지역의 개발은 물론 호남의 곡창지대와 영동의 공업지대를 연결하여 두 지역의 경제발전을 추진하고 국가 전체의 경제발전에 기여하였다. 이 선은 또한 광주, 목포지구의 공업화와 당시 정부가 추진하고 있는 지리산지구 종합개발계획을 촉진시키는 데 중추적 역할을 수행하였다. 1966년 12월에 시작되어 1967년 11월에 준공을 본 북평선(북평-묵호), 복선공사를 한 영동선 역시 이 지역의 수산물, 광물수송을 원활하게 하기 위한 산업철도의 역할을 담당하였다. 특히 북평선은 동해공업지구를 발전시키는 데 중요한 역할을 담당하였다.

## 3. 제2차 경제개발 5개년계획시기(1967~1971년)

1차 경제개발계획을 성공적으로 마감한 정부는 2차 경제개발계획기조를 산업구조의 근대화, 자립경제확립의 촉진, 7.9%의 경제성장률로 잡았다. 이 시기 정부는 공업화를 본격적으로 추진하면서 농촌의 근대화에 주안점을 두었다. 구체적으로 식량의 자급자족, 철강, 기계, 화학공업에 중점을 둔 공업화, 수출증진과 수입대체에 의한 국제수지개선, 고용증대와 인구증가의 억제, 국민소득의 향상, 기술수준과 생산의 향상 등이 목표였다. 이 기간에는 연평균 19.5%의 성장을 기록하여 국민 1인당 GNP는 1971년 2백66달러에 달하여 1966년 GNP의 두 배를 넘었다. 수출에서도 1971년에 11억 3천만 달러에 이르러 당초 계획의 두 배를 상회하였다. 이 무렵의 구호는 근검, 절약, 저축이었다.

이 기간 동안 철도는 태백선(예미－정선, 41.6㎞), 문경선(점촌－문경, 22.3㎞) 등 13개 노선 총 228.1㎞가 연장·부설되었다. 이전 시기보다 긴 길이의 철도건설은 정부의 강력한 성장정책을 반영하고 있었다. 1967~1968년 착공해서 준공된 광주공업단지선, 전주공업단지선도 모두 정부의 경제개발계획 방침에 따른 두 지역의 공업단지 조성과 직접적인 관련 속에서 부설된 지역노선이었다. 광주공업단지선은 광주시를 공업도시로 발전시키기 위해 공업단지의 조성을 촉진하였으며 자동차공장을 비롯한 기타 중소기업진흥에 기여하였다. 전주공업단지선은 전주지역에 공업단지조성을 촉진시켰으며 각종 공장의 공업원료와 제품의 경제적 수송에 기여하였다.

포항종합제철선은 경제개발 5개년계획의 일환으로 연간 300만 톤을 생산하는 포항종합제철소를 지원하기 위해 신설되었는데, 포항제철소에 원자재를 공급하고 생산된 제품을 국내 및 해외에 공급하기 위한 수송선으로 활용하기 위해 단일 목적하에 건설되었다. 또한 여수항을 중심으로 한 대규모 임해공업단지가 건설됨에 따라 이를 지원하기 위해 건설된 여천선은 특히 1973년 10월 호남종합화학기지가 조성되어 국제규모의 석유화학공장을 완공함으로써 세계굴지의 석유화학공업임해단지로 개발하는 데 큰 기여를 하였으며 농산물 가공공장, 시멘트공장 등 호남지역의 공업발전을 촉진시키는 데 기여하였다. 또한 호남선의 일부구간 복선화가 추진되었는데 영산강과 동진강 지역의 개발을 촉진하고 호남지방일대의 공업단지를 조성하는 데 기여하였다. 중앙선의 복선화도 추진되었는데 무연탄, 시멘트를 비롯한 각종 지하자원을 개발하여 산업자원의 수요공급을 충족시키는 데 기여하였다.

## 4. 제3차 경제개발 5개년계획시기(1972~1976년)

정부는 10년간의 경제정책성과를 바탕으로 제3차 경제개발 5개년 계획기조를 보다 상향조정하였다. 구체적으로 ① 성장, 안정화, 균형의 조화, ② 자립적 경제구조의 실현, ③ 국토종합개발과 지역개발의 균형, ④ 8.6%의 경제성장률 등이었다. 이에 따라 정부의 경제정책은 중화학공업의 건설, 농어촌의 근대화, 수출증대에 의한 국제수지의 개선을 목표로 삼았다. 이 시기 정부의 경제정책은 두 차례의 경제계획을 성공적으로 수행한 성과와 경험을 바탕으로 보다 적극적으로 전개되었다. 특히 1973년 석유파동으로 세계적 불황이 불어 닥쳐 모든 선진국들이 마이너스성장을 기록할 당시에도 한국은 1974년 8.7%, 1975년 8.3%, 1976 15.2%의 성장을 기록하였다. 또 1인당 GNP는 1976년에 6백 98달러로 1971년의 2.6배로 늘어났다. 수출은 1976년에 78억 달러로 계획 당시의 2.2배가 되었다.

이 시기 철도는 중앙선(청량리−제천, 155.2㎞), 태백선(제천−고한, 80.1㎞), 경부선(서울−수원, 41.5㎞) 및 경인선(서울−인천, 38.9㎞)의 복선전철화, 영동선(고한−동해, 85.5㎞, 산업선 전철화) 등 14개 노선 총 449.2㎞가 부설되었다. 부설길이는 이전 시기에 비해 두 배나 증가한 것으로 이는 모두 정부의 수출공업육성을 위한 자원수송 및 공단조성과 밀접한 연관을 가졌다. 특히 풍부한 노동력과 시장을 끼고 있는 경인선의 복선화 작업은 자립경제체제확립과 경제개발을 집중적으로 추진하기 위한 목적으로 추진되었는데 수도권일대를 산업단지화하는 데 기여하였다. 즉 서울과 인천 사이를 연결함으로써 경인지역일대를 공업지대로 급성장시키는 데 기여하였다.

## 5. 제4차 경제개발 5개년계획시기(1977~1981년)

정부는 당시까지 이룩한 성장의 결과를 분배, 균형으로 연결시키지 않고 성장우선정책을 지속하였다. 제4차 경제개발 5개년계획기간 동안에 정부가 제시한 정책기조는 ① 자력성장구조의 실현, ② 사회개발을 통한 형평촉진, ③ 기술혁신과 능률향상, ④ 9.2%의 성장률 등이었다. 이 가운데 경제의 자립화와 산업구조의 중화학공업으로의 재편이 주안점이었다. 그러나 박정희대통령의 사망, 제2차 석유파동(1980~1981년) 등으로 1980년 최초로 마이너스 6.2% 성장을 기록했다.

이 시기 철도는 노선확충만이 아니라 기존노선의 복선화 등 철도체계의 효율화가 추진되었다. 이때 부설된 철도는 호남선 복선(천안−대전, 88.6㎞), 충북선 복선(조치원−봉양, 113.2㎞), 경부선 복복선(영등포－수원, 32.2㎞) 등 8개 노선 총 291.9㎞가 부설되었다. 1975년 착공해 1980년 10월 완공된 충북선의 복선화는 수송능력의 획기적 증대를 가져왔으며, 충주지역의 공업발전 및 충청북도의 지역경제발전에 큰 도움이 되었다. 1978년 호남선의 천안과 대전의 복선화에 이어 대전과 이리 사이를 복선화한 정부는 이어서 이리－송정리 사이 101.2㎞의 복선화를 시작하여 1988년 9월에 완료하여 호남지역의 산업발전에 기여하였다. 이와 함께 정부는 경부선의 복복선화를 시작함으로써 철도운행 및 수송능력을 향상시켜 해당지역 및 전국차원의 경부선축을 중심으로 한 산업발전과 균형적 경제발전을 추진하였다.

## 6. 제5차 경제사회개발 5개년계획기간(1982년 이후)

제5공화국이 등장한 이후에도 경제정책의 기조는 근본적인 변화는 없었다. 정부는 제5차 경제사회개발 5개년계획의 목표를 ① 경제안정기조와 자력성장기반의 구축, ② 기술혁신, ③ 국민생활의 질적 개선, ④ 정부기능의 혁신, ⑤ 7.5%의 성장률(결과 8.6%) 등으로 제시하였다. 정부는 국제수지의 호전에 힘입어 물가를 한자리로 안정시키고 비교우위의 산업을 육성하는 데 역점을 두었다.

이 시기 철도는 호남선 복선(이리－정주, 43.9㎞) 등 9개 노선 총 64.9㎞ 길이가 부설되어 이전 시기에 비해 노선길이와 사업수에서 축소되었다. 이러한 이유는 철도확충이 포화상태에 이르렀으며 철도가 경제성장을 위해 건설보다는 효율적 이용단계에 들어섰음을 의미한다. 이후 철도건설은 다양화되었는바, 복선화, 전철화 등 노선체계의

개선과 다양한 철도개발을 전개하였다. 광양제철선(천원-장성, 29.3
㎞), 중앙선(영주-단성, 35.0㎞, 전철화) 등 7개 노선 총 157.7㎞가 부
설되었다. 특히 광양제철선이 조사설계 후로부터 3년 9개월 만인
1987년 9월에 준공되어 광양제철소의 원자재 및 생산품 수송의 원활
화는 물론 지역산업기지개발을 촉진하는 매개역할을 수행하였다.

# Ⅵ. 요약 및 함의

전쟁의 폐허와 어수선한 정치사회적 상황 속에서 부존자원과 자본
도 없이 등장한 3공화국 군통치세력은 정치적 정당성의 부재를 경제
성장으로 만회하려고 하였다. 이들은 강력한 리더십과 추진력을 바
탕으로 실력 있는 관료들을 등에 업고 압축적 산업화에 매진했다. 물
론 이에는 미래를 위해 현재의 고통을 감내하고 근검절약하는 잘 훈
련된 저렴한 인적 자원이 수출지향적 산업화에 힘을 보탰다. 이 당시
한국의 산업화는 옳고 그름을 떠나 피할 수 없는 운명과 같은 것이
었다. 그 결과 한국은 빈한한 농촌사회에서 어느 정도 성공한 공업사
회로 전환되었으며, 전 국민이 1차산업에 종사하는 전근대적 산업구
조에서 고용창출효과가 큰 2, 3차산업의 비중이 확대되는 산업구조
로 변화되었다. 이러한 변화를 가능하게 했던 요인은 정부주도에 의
한 강력한 산업화 정책과 수차례에 걸친 경제개발계획의 결과였다.
그러나 압축적 산업화는 한국사회의 경제발전에 커다란 기여를 하였
지만 많은 문제를 파생시키기도 하였다.

한국사회에 있어 산업화, 공업화, 경제발전, 도시화를 가능하게 했던 것이 철도라는 매개체였다. 국가의 대동맥으로서 역할을 수행한 철도는 한 국가의 중추적인 육상교통기관으로 대량수송, 에너지 효율성, 안정성, 정시성, 고속성이라는 장점을 바탕으로 산업발전에 기여하였다. 철도는 새로운 경제의 원동력으로 사람과 화물의 이동거리를 크게 확장시켰으며, 도시와 농업지역을 연결시켜 농촌의 근대화, 도시화 촉진 및 공업발전을 가져왔으며, 기업투자를 자극하여 상권개발과 시장규모를 확대시켰으며, 산업도시를 형성시키는 데 기여하였다. 경제적 도약을 위한 선행조건으로서의 철도는 경제발전의 견인차로서 수출상품의 원활한 수송, 기간산업의 발전, 자원개발촉진, 지역개발촉진, 국토를 종합적이고 효율적으로 개발하는 데 커다란 기여를 하였다.

경제개발계획이 시작되기 전, 한국의 철도는 해방 및 6·25전쟁으로 운행이 마비된 상황하에서 미군정으로부터 철도행정을 인수받은 한국정부는 비정상적으로 운영되어 왔던 3대산업선인 영암선, 함백선, 문경선을 재착공하여 지하자원의 개발 및 경제발전을 이룩하는 데 긴요한 수단으로 활용하였으며, 국민경제생활의 안정과 산업발전의 전환점이 되었다. 1960년대에 들어와서는 이를 발판으로 한국의 경제발전과 지역개발, 자원 확보를 위하여 철도를 통한 산업화가 본격적으로 추진되었다. 연이은 경제개발 5개년계획이 추진되는 과정에서 철도는 경제발전과 사회개발의 대동맥으로 태어났다. 즉 철도를 통한 산업화가 급속히 진행되면서 철도건설도 본격화되었다. 이 당시 철도건설을 경제개발계획시기별로 살펴보면, 제1차 경제개발 5개년계획시기에는 경북선, 정선선, 경전선, 진삼선, 동해북부선, 망우선, 광주선, 북평선 부설 및 영동선의 복선화가 이루어졌으며, 제2차 경제개발 5개년계획시기에는 태백선, 문경선의 연장부설, 광주공업단지선, 전주공업단지선, 포항종합제철선, 여천선 부설 및 중앙선의 복선화가 이루어졌다. 제3차 경제개발 5개년계획시기에는 중앙선, 태백선, 경부선, 경인선의 복선전철화가 이루어졌으며, 제4차 경제개발 5개년계획시기에는 호남선, 충북선의 일부구간 복선화, 경부선 복복선화가 이루어졌다. 제5차 경제개발 5개년계획시기에는 호남선 연장 및 복선화 등이 이루어졌다.

이를 토대로 1960년대, 1970년대 산업화가 급진전되었던바, 자원개발촉진, 지역개발과 산업발전촉진, 균형적 국토개발이 가속화되었다. 이와 같이 한국사회에 있어 철도가 산업화에 미친 영향력은 지대한 것이었다. 그 전성기는 산업화가 시작되던 1960년대부터 1970년대로서, 철도를 통하여 한국의 연평균 경제성장률이 급신장되었으며, 산업구조도 질적으로 변화되었고, 국민소득도 괄목할 만하게 급증되었다. 그러나 1970년대에 진입하면서 자동차가 급증하고 고속도로가 완공됨으로써 산업화의 동력으로서의 역할이 퇴색하였다.

철도가 그동안 한국의 산업화에 미친 영향력을 감안한다면 그 이후의 영향력은 상대적으로 감소되긴 하였으나 여전히 중요한 교통수단으로 남아 경제를 발전시키는 데 크게 기여하고 있음은 명백하다. 그동안 철도가 산업화에 긍정적 역할을 수행하는 이면에는 여러 가지 문제점들을 야기하기도 하였다. 철도로부터 소외된 지역에서는 여전히 낙후된 지역으로 잔류케 함으로써 국토의 불균형적 발전 및 지역 간 소득격차를 심화시켰으며, 교육·문화적 혜택을 용이하지 않게 함으로써 상대적 박탈감, 고립, 소외감, 열등감 등을 심화시키기도 하였다. 특히 산업화 초기, 복선화가 조기에 이루어진 경부선축 지역만이 편중 개발됨으로써 국민소득의 격차 및 영·호남 간 지역 감정을 부추기는 요인으로 작용하기도 하였다.

아무튼 근대화, 산업화 시기에 있어 산업화의 대동맥으로서, 기관차로서의 역할을 수행했던 철도는 앞으로 한반도가 동북아지역의 물류중심지로서의 역할이 기대되는바, 머지않아 남북의 철도가 연결되어 시베리아횡단철도와 연계되었을 때, 그동안 저렴성, 정시성, 안전성 등으로 한계에 봉착했던 해상운송의 단점을 보완하는 한편, 국민경제에 미치는 실익과 경제난에 허덕이는 북한사회에 경제적 이익을 가져다줄 것으로 전망된다. 그것은 궁극적으로 남북한 간의 통합, 통일을 앞당기는 작업이라 할 수 있다. 그러나 본고가 아쉽게 생각하는 점은 철도가 근대화, 산업화에 미친 경제적 측면에만 초점을 맞춰 언급하였다는 것이다. 따라서 본 연구의 후속연구를 위한 제언으로 철도가 다양한 일상생활에 미친 영향력에 대한 연구도 가치 있는 작업이라고 생각한다.


## ≪참고문헌≫

강경우. 2001. "한국철도 르네상스의 관문, 화물운송".『한국철도의 르네
　　　상스를 꿈꾸며』. 서선덕 외. 삼성경제연구소.
강대기. 1987.『현대도시론』. 민음사.

국민호. 1997. "동아시아 경제발전과 유교". 『한국사회학』. 제31집 봄호. 한국사회학회.

권태준. 1992. "국토의 산업공간화와 삶의 세계의 변질". 『계간 사상』. 봄호. 사회과학원. 나남출판.

김선명. 2000. "한국 발전국가시기(1960~1979) 산업화의 정치경제". 『연대사회과학연구』, 제6권.

김준. 1999. "신화를 깨트리기 – 동아시아 산업화·민주화에 대한 비교역사적 연구". 『동아시아의 산업화와 민주화』. 신광영. 문학과 지성사.

김한준 외. 1989. 『현대도시문제의 이해』. 한길사.

대한석탄공사. 2001. 『대한석탄공사 50년사(1950~2000)』.

박순영. 1980. 『산업사회의 이데올로기』. 학문과 사상사.

박재규. 1998. "한국경제발전과 국가의 역할변화". 『한국사회학』. 제32집. 가을호. 한국사회학회.

박천홍. 2003. 『매혹의 질주, 근대의 횡단』. 산처럼.

박현준. 1999. "한국에서의 산업화와 사회이동". 『동향과 전망』. 봄여름 합본호(통권 제41호).

서선덕. 2001. "한국철도의 르네상스를 꿈꾸는 이유". 『한국철도의 르네상스를 꿈꾸며』, 서선덕 외. 삼성경제연구소.

아세아문제연구소 사회조사실. 1974. 『변동하는 남북한 사회』. 고려대학교출판부.

오갑환. 1996. 『사회의 구조와 변동』. 박영사.

오유석. 2002. "박정희식 근대화전략과 농촌새마을운동". 『동향과 전망』, 겨울호(제55호).

이갑수. 2001. "한국철도와 사회경제". 『한국철도의 르네상스를 꿈꾸며』. 서선덕 외. 삼성경제연구소.

이복수. 1987. "근대화의 구조적 충격에 대한 사회학적 함의". 『한국사회의 성격과 전망』. 홍승직 편. 고려대학교 아세아문제연구소.

이수자. 2000. "한국의 산업화와 유교적 가부장주의". 『한·독사회과학논총』. 제7호.

이승환. 2004. 『유교담론의 지형학』. 푸른숲.

이영환 편. 2001. 『한국시민사회의 변동과 사회문제』. 나눔의 집.

이용주. 1998. "한국 산업화의 실체와 허상". 『한국사회학』. 제32집. 가을호. 한국사회학회.

이재명. 1994. 「철도가 한국근대화에 미친 영향에 관한 연구」. 단국대학교 행정대학원석사논문.

이종오. 1985. "60~70년대 공업화과정에서의 사회구조의 변화와 사회운동". 『한국사회학』. 제19집. 겨울호. 한국사회학회.

이철우. 2004. "일본의 철도부설과 한국민족주의의 저항". 『평화연구』. 제12권 2호. 고려대학교 평화연구소.

정경호. 1974. 「한국의 철도교통에 대한 지리적 고찰」. 고려대학교 교육대학원석사논문.

정재정. 2001. "한국의 철도역사". 『한국철도의 르네상스를 꿈꾸며』. 서선덕 외. 삼성경제연구소.

조순. 1992. "한국경제의 발전전략". 『계간 사상』. 봄호. 사회과학원. 나남출판.

철도건설국 편. 1969. 『철도건설사』. 교진사.

철도기술연구원. 2003. 『철도기술백서』.

철도청. 1999. 『한국철도100년사』.

통계청. 1972. 1985. 1990. 『경제활동인구연보』.

통계청. 1993. 『한국경제지표』.

한국도시연구소 편. 1998. 『한국도시론』. 박영사.

한국은행. 1982. 『한국의 국민소득』.

한상진. 1995. "광복50주년의 한국사회". 『계간 사상』. 여름호. 나남출판.

한완상 편. 1996. 『한국사회학』. 민음사.

홍갑선. 1996. 『철도산업론』. 21세기한국연구재단.

홍두승 편. 1997. 『한국사회 50년』. 서울대학교출판부.

홍승직. 1987. "근대화의 구조적 충격에 대한 사회학적 함의". 『한국사회의 성격과 전망』. 홍승직 편. 고려대학교 아세아문제연구소.

Ambrose, Stephene E. 2000. Nothing like it in the World(손원재 역, 『대륙횡단철도』, 청아출판사).

Appelbaum, R. P. 1983. Theories of social Change(김지화 역. 『사회변동의 이론』. 한울).


Berg, Ivar. 1979. *Industrial Sociology*. Prentice-Hall. Inc.

Berger, Peter L. 1983. *"Securality: East and West"* in Cultural Identity and Modernization in Asian Countires: Procedings of Kokugakuin University Centennial Symposium. Tokyo: Institute for Japanese Culture and Classics. Kokugakuin Univ.

Harrison, David. 1988. *The Sociology of Modernization and Development* (양춘 역. 『사회변동론』. 나남출판).

Hirszowicz, Maria. 1981. *Industiral Sociology: An Introduction*. Martin Robertson & Company Ltd.

Hoselitz, B. F. 1960. *Sociological Aspects of Economic Growth*. New York: Free Press.

Jary, David & Jary, Julia. 1991. *Collins Dictionary of Socilogy*. Harper Collins Publishers.

Lerner, Daniel. 1958. *The Passing of Traditional society*. Glencoe: Free Press.

Levy, Marion. 1966. *Modernization and the Structure of societies.* 2 vols. Princeton. N.J.: Princeton University Press.

Lipset, S. M. & Bendix, R. 1959. *Social Mobility in Industrial society.* Berkeley and Los Angeles: Univ. of California Press.

Moore, Wilbert E. 1965. *The Impact of Industry.* New jersey: Prentice – Hall.

Murray, Andrew. 2001. *Off the Rails*(오건호 역.『탈선』. 이소출판사).

Rostow, W. W. 1962. *The Process of Economic Growth.* W. W. Norton & Company. Inc.

Smelser, Nail J. 1987. *Essays in Sociological Explanation*(박영신 역.『사회변동과 사회운동』. 세경사).

Tai, Hung–Chao. 1989. *Confucianism and Economic Development: An Oriental Alternative?.* The Washington Institute Press.

Bernstein, W. 2005. The Birth of Plenty(김현구 역.『부의 탄생』 시아출판사).


原田勝正. 1998.『鐵道と 近代化』. 吉川弘文館.

今野源八郎 編. 1962.『交通經濟學』. 青林書院.

# 영문요약

## The Industrialization Policy of Korea and Industrialization Through the Railroads

### —from the Korean Liberation Period to the Mid-1980s—

The military ruling forces of the third Republic, who seized political power in the midst of the annihilation of war and the political and social turmoil, did their utmost in industrialization for the purpose of overcoming the weakness of their legitimacy. Without some amount of endowed resources and capital, the Korean society coped with the routinized absolute poverty through several times of economic development plans and, consequently, improved the living standards of the people in high degrees. At that time, the Korean society was in a situation of mobilizing human and material resources as a whole.

As can be seen in the contribution of the railroad during its industrialization period, the railroad, as a backbone land transportation means, made a great contribution to the industrial development on the basis of its merits in terms of mass transportation, stability, punctuality, and speediness. Railroad extended the distance of movement of human beings and goods as a new generative power of economy and expedited the development of key industries and resource development and also made a great contribution to the regional development and a comprehensive development of the whole national land.

In particular, the Korean railroad had a great impact on the economic development since the 1960s which represented the leaping stage of the Korean economy. In the processes of the repeated implementation of the economic development plans, the railroad made a great contribution as the main artery of the industry. The railroad played an essential prerequisite role for economic leap in the period of industrialization of Korea and played the great role of the artery as the motive power of economic and social development of Korea. While the importance of the railroad has decreased due to the development of alternative transport means and opening of express ways, it still contributes to the economy as an important transport means.

# 제6장

# 한반도 육상네트워크의 미래와
# 그 의미

### ─대륙횡단철도와 해상네트워크의 비교─

# 요약

21세기 세계는 경제통합과 경제의 권역화가 활발히 전개되고 있다. 한반도가 위치하고 있는 동북아시아지역내 국가들도 번영을 위해 상호 협력관계를 도모하고 있는 한편 지속적인 경제성장을 위해 인적·물적 자원의 교류를 적극적으로 추진하고 있다. 한국도 제2의 경제도약을 위해서, 동북아지역의 경제허브이자 국제물류의 중심지로써 자리매김하기 위해 남북한 철도연결이 그 어느 때보다도 중요한 과제로 부상하고 있다.

남북한 철도가 대륙횡단철도와 연계됨은 궁극적으로 한반도의 끝에서 유럽대륙까지 랜드브리지의 완성을 의미함과 동시에, 철의 실크로드의 개막을 의미하는 것으로 국내외적으로 많은 함의를 갖는다. 북한의 개혁·개방유도, 남북한 긴장해소 및 관계개선, 북한경제의 회생, 동아시아지역 국가들과의 단일시장구축을 통한 상호협력증진과 경제발전, 물동량 증가에 따른 국제물류운송비의 획기적인 절감, 시장기반확대, 자원의 안정적 확보 등 다양한 의미를 제공한다.

따라서 남북철도연결은 한국철도 본연의 기능을 회복하는 것이자 60년 동안 분단되어 왔던 한반도의 운명을 극복하고 광활한 유라시아대륙으로 공간을 넓혀 나가는 것을 의미한다. 그것은 한반도의 경제발전은 물론 동북아지역의 상호협력과 번영의 지렛대로 작용할 수 있는 매개체로 한반도에만 국한된 지엽적인 사업이 아닌 전 세계인들이 바라는 범지구적 프로젝트이자 통일을 앞당기는 민족적 프로젝트라고 할 수 있다.

# I. 서 론

21세기 세계는 경제통합과 경제의 권역화가 활발히 전개되고 있다. 한반도가 위치하고 있는 동북아시아지역내 국가들도 번영을 위해 상호협력관계를 도모하고 있는 한편, 지속적인 경제성장을 위해 인적·물적 자원의 교류를 적극적으로 추진하고 있다. 2000년 현재 동북아지역은 세계인구의 25%가 거주하고 있고 세계경제의 1/5을 점유하고 있으며, 세계 GDP의 20% 및 세계물동량의 30%를 차지하고 있는 곳이자 성장이 지속되고 있는 곳이다(현대경제연구원, 2003:45). 세계 최대의 잠재시장인 인구 13억의 중국이 경제대국으로 부상하고 있는 곳이며, 세계 제2의 경제대국인 일본, 미개발자원의 보고인 러시아 극동지역과 인접하고 있는 곳이기도 하다. 따라서 현재 동북아지역은 세계에서 가장 역동적인 경제권으로 부상하고 있는 곳으로서 세계경제의 주목의 대상으로 되고 있다.

유럽, 미주의 경제권과는 다른 특성을 보이는 동북아지역은 경제적 관계에서 상호보완적이며, 생산요소결합형의 경제권을 형성하고 있다. 또한 공동개발체형 경제권이며, 대외개방형 경제권, 개발과 성장을 전제로 한 협력체제 구축이 요망되는 경제권이다. 즉 경제개발, 구매력 증대, 교역증대 등 전면적 경제협력으로서 시장통합과 상호보완적이며 분업적인 경제협력이 필요한 지역이라고 할 수 있다. 특히 동북아 지역은 그동안 경제발전의 걸림돌로 작용하였던 정치적 이데올로기 퇴조와 더불어 군사·안보보다는 경제적 이익추구가 급선무로 부각되는 지역이기도 하다.

한반도는 동북아 경제권을 형성하는 데 있어 중심부에 위치하고 있으며, 주도적인 역할을 담당하기에 적합한 교량적 위치에 있다. 또한 한반도는 제2의 경제도약을 위해서뿐만 아니라 동북아 경제권의 성장을 견인하기 위해서는 교통인프라의 구축이 그 어느 때보다도 중요한 시기이다. 국제물류의 중요성이 크게 부각되고 있는 상황에서 교통인프라의 구축은 결국 물류비용절감을 가져오는 제3의 이익원이자 제4의 경쟁력으로서 철도, 항만, 도로와 같은 사회간접자본시설의 투자가 요구된다. 기업들의 전체 매출액에서 물류비가 차지하는 비중이 15%임을 감안할 때 비용절감 및 매출액 증가를 위해 국제물류, 다국 간 물류, 국제복합물류관리의 구축이 필요한 상황이다(이강대, 2005, 현병언 외, 2003, 서선덕 외, 2001:265). 이와 같이 한반도는 동북아 지역경제의 중심이자 물류거점으로서 지정학적, 지경학적으로 공동물류체계구축의 중요한 위치에 있다.

한반도가 동북아지역의 경제허브지이자 국제물류의 중심지, 관문으로써 확고히 자리매김하기 위해서는 남북철도의 연결이 시급하다. 현재 여러 가지 변수로 답보상태에 있는 남북철도는 경의선 및 경원선, 동해선의 일부구간이 연결되거나 공사가 진행 중에 있다. 한반도는 물론 동북아지역의 경제발전의 성장동력이자 대동맥으로서의 제기능을 수행하기 위해서, 상호협력과 동반자관계를 촉진시키기 위해서 남북 간의 철도연결이 그 어느 때보다도 필요한 시점이다. 남북철도가 연결되면, 중국의 길림성, 요령성, 흑룡강성 등 동북3성을 비롯하여, 러시아의 극동 및 시베리아지역, 일본, 더 나아가 동남아시아, 중동 및 미주지역과의 교류가 지금보다 더 활발해짐으로써 동북아지역의 경제성장의 시너지효과를 가져올 뿐만 아니라 세계경제에 주는 파급효과는 클 것으로 전망된다. 그것은 결과적으로 환동해경제권과 환황해경제권을 아우르는 것으로 제2의 경제도약을 희망하는 한반도의 경제성장 잠재력을 극대화시키는 것이며 동북아지역내 국가들과의 교역확대 및 인적·물적 교류, 경제발전을 증진시키는 것이다. 특히 북한의 개혁·개방촉진 및 경제난에 허덕이는 북한경제의 회생을 가져올 것이며, 남북 간 교류 및 관계개선을 증진시켜 통일을 위한 밑거름이 될 것이다. 따라서 남북철도의 연결은 한반도지역의 평화와 안정을 가져다줄 것임은 물론 동북아지역내 국가들 간의 경제협력을 촉진시켜 다양한 이익을 증대시키는 기회가 될 것으로 전망된다.

따라서 본고는 먼저 남북한 철도가 연결됨으로써 철의 실크로드가 가져오는 정치적, 경제적, 사회문화적 의의 및 효과에 대해서 논의하고자 한다. 그 다음에는 남북철도의 현황과 문제점 및 남북철도의 연결구축방안, 국제철도연결에 대해서 논의하고자 한다. 또한 남북철도와 연결되는 대륙횡단철도 즉 시베리아횡단철도, 중국철도, 몽고철도, 만주철도의 현황, 이들 철도들이 갖고 있는 한계와 문제점 등을 살펴보고 한다. 그 다음 현재 남북철도의 미연결로 인해 지금도 운행되고 있는 해상네트워크를 통한 해상운송현황에 대해서 전반적인 내용에 대해서 논의하고자 한다. 또한 그것을 육상네트워크와의 비교를 통하여 운송거리, 운임시간, 운임 등 장단점 및 문제점에 대해서도 언급하고자 한다. 그간의 기존연구들이 남북철도연결을 전제하지 않은 상황에서 주로 해상네트워크와 관련된 복합연계운송만을 연구해온 점을 감안하여 본고는 남북종단철도와 대륙횡단철도와 연계된 육상네트워크 및 국제복합운송에 초점을 맞춰 논의를 전개하고자 한다. 궁극적으로 본고는 ESCAP에서 추진하고 있는 아시아횡단철도 망(TAR: Trans Asia Railroad)의 활성화 방안과 궤를 같이하는 것으로 남북한 철도가 연결됨으로써 비로소 국제복합운송망구축의 완성을 의미함과 동시에 아시아대륙과 유럽대륙이 하나로 연결됨으로써 세계 3대축의 2개축이 연결되는 목표를 실현하는 의미를 가질 것이다.

## Ⅱ. 남북한 철도연결의 의미와 효과

동북아시아 경제발전의 중심축을 이루고 있는 한국은 제2의 경제도약을 위해 많은 노력과 관심을 기울이고 있다. 이러한 노력 중에 가장 크게 검토되고 있는 것이 1992년 북경에서 열린 아시아-태평양 경제사회이사회(ESCAP) 제48차 총회에서 합의된 아시아횡단철도 북부노선프로젝트의 하나인 남북철도의 연결사업이다. 남북철도의 연결사업은 그동안 상이한 이데올로기와 체제하에 60년 동안 분단되어 왔던 남북철도의 복원을 의미하는 것으로 궁극적으로 한반도 내에 평화와 안정을 가져오는 것이라고 할 수 있다. 그것은 또한 한반도의 끝에서 유럽대륙까지 랜드브리지(land bridge)의 완성을 의미하는 것으로써 한반도가 동북아의 중심지이자 물류거점지로의 역할을 수행하는 것을 의미한다. 철의 실크로드의 완성이라고 할 수 있는 남북철도의 연결은 국내외적으로 많은 의미를 갖는다고 할 수 있다.[70] 즉 북한의 개혁·개방유도 및 남북한 관계개선, 유라시아대륙

---

70) 남북한 철도가 연결되면 그것은 세계물류의 혁명에 크게 기여할 뿐만 아니

과의 직접적 물류수송망 연결 및 그에 따른 교역증대와 물류비용의 획기적 절감, 동아시아지역 국가들과의 단일시장구축을 통한 상호협력증진과 경제발전, 시장기반 확대, 철도관련산업 해외진출, 자원의 안정적 확보 등 다양한 의미를 제공하는 것으로 요약할 수 있다.

## 1. 철의 실크로드완성으로서 의미와 효과

남북철도의 연결은 대륙횡단철도와 연결되는 세기의 프로젝트로서, 한반도가 해양과 대륙 즉 유럽, 아시아, 태평양을 잇는 중심교량 역할의 완성이자 진정한 의미의 유라시아철도망의 시발점과 종착점의 완성을 의미한다. 남북철도연결은 동북아를 비롯한 대륙철도 간 중심교량으로서의 역할과 물류중심지, 경제중심지로서의 발전 가능성을 의미하는 것이다.

남북한철도의 연결은 그동안 해상, 육상 등 복합운송망을 통해서만 이루어져 왔던 물류수송에 혁명을 가져다주는 것으로 대륙횡단철도와 연계됨으로써 물류비 절감과 수송거리와 수송기간 단축을 가능하게 할 것이다.[71] 그것은 수출입관련 기업들에게 제3의 이익원으로

---

라 대륙횡단철도와 연결되어 동유럽과 중앙아시아지역으로까지 교역이 확대될 전망이다. 그것은 또한 기존물류비용의 1/5의 절감과 시간단축 등 물류에서의 경제적 효과뿐만 아니라 동북아시아의 긴장해소, 한반도의 평화정착이라는 정치안보적 실익도 매우 크다(정재정, 2005:240).

71) 남북한철도의 연결은 유럽과의 교역물자를 시베리아횡단철도, 중국횡단철도 등 대륙횡단철도를 통해 수송함으로써 선박에 의한 해운수송보다 운송기간을 단축하고 비용을 절감할 수 있어 한국의 국제경쟁력을 획기적으로 향상시킬 수 있는 기틀을 만들 수 있으리라 본다(서선덕 외, 2001:214-5).

간주되는 물류비용의 절감이라는 경제적 이익을 가져다줄 것이다. 또한 수송기간의 단축은 교역량의 증가는 물론 기업의 경쟁력 강화 및 신수요를 창출하는 효과를 가져다줄 것이다.

또한 남북철도연결은 한반도가 유라시아대륙으로 진출하는 물류전초기지가 될 뿐 아니라, 동북아 물류중심지로 환동해 또는 환황해 경제권을 형성함을 의미한다.[72] 남북철도가 동북아 경제협력의 두 권역, 중국의 요동성, 산동성 및 황해연안지역, 발해지역의 환황해경제권과 러시아 극동연해주 및 시베리아지역, 북한의 두만강지역, 일본 호쿠리쿠지방의 환동해경제권을 결합시킴으로써, 환동해 및 환황해 교역네트워크 구축과 동서연결축을 구축하여 완전한 의미의 동북아 경제협력의 광역수송체계를 구축하게 됨을 의미한다(성원용, 2002: 61). 한반도 전체가 동북아시아 역내외수송의 물류중심지로서, 상호 동반적 성장의 벨트로서 입지조건을 확보하게 된다. 따라서 한반도는 동북아의 물류거점지로서 부상하게 됨은 물론 동북아지역을 단일 시장경제권으로 묶게 되는 계기를 마련할 것으로 전망된다.

또한 한반도는 남북철도가 대륙간 철도와 연결됨으로써 러시아의 풍부한 지하자원과 한국의 자본 및 기술력, 중국의 풍부한 노동력과 거대한 소비시장이라는 경제 3요소를 충족시키는 동북아 최고의 경제요충지로 부상하게 될 것이다. 이것은 한반도가 물류이동의 중심

---

[72] 환동해경제권 형성에 가장 열의를 보이고 있는 나라는 일본이다. 일본의 동해연안의 지역과 도시를 중심으로 환동해경제권 개발에 구상이 의욕적으로 일어나고 있다. 특히 홋카이도, 아오모리, 아키다, 야마가타, 나카타, 도야마, 이시카와, 후쿠이현 등 동해안에 면해 있는 일본의 지역은 지리적으로 인접한 남북한 러시아, 중국 등 북부지방과의 경제교류를 활성화시켜야 한다는 움직임이 활발하게 일고 있다(김영봉, 1994:8).

지일 뿐 아니라 투자와 개발의 중심지로도 발전할 수 있음을 의미하는 것이다. 더 나아가 남북한 철도연결은 동북아시아지역에 협력인프라를 구축함으로써 동북아시아의 평화와 번영의 지렛대가 될 수 있을 것임을 의미한다. 따라서 남북한 철도의 연결은 지리적 근접성, 경제구조의 상호보완성을 넘어서 태평양을 통해 미국과, 시베리아횡단철도를 통해 유럽과 연결될 수 있는 세계경제의 성장거점으로서 유리한 조건을 차지하는 매개체가 될 것이다.

동북아 지역에서 물류규모가 급증하고 있는 상황에서 새로운 운송루트의 확보는 해상을 통한 운송보다 운송시간을 단축하고 비용을 절감할 수 있게 해주는 의미를 갖는다. 남북철도연결은 아시아대륙 및 유럽대륙을 연결하는 내륙수송망을 갖추게 되어 동북아의 육상교통의 중심지로 부상할 수 있는 계기를 맞이할 수 있게 해주며 한국의 국제경쟁력을 획기적으로 향상시킬 수 있는 기틀을 만들 수 있을 것이다(서선덕 외, 2001:215).[73] 그것은 중국의 동북부지역, 러시아의 극동연해주지역, 중앙아시아, 중동 그리고 동서유럽에 이른 국제운송망을 형성하는 데 단초를 제공함으로써 유라시아대륙의 복합운송주도권을 획득하게 됨을 의미한다. 뿐만 아니라 복합운송의 동북아 거점 그리고 아시아경제권의 물류중심지로 성장하게 함으로써 한반도

---

[73] 동북아와 유럽을 연결하는 수송체계가 저렴하고 안전하며 신속한 유라시아 철도운송 중심으로 재편됨에 따라 유럽시장에서 한국기업과 상품의 경쟁력이 제고될 것이고 동유럽을 비롯해 중앙아시아, 러시아지역(CIS)으로의 시장진출이 가속화될 것이다. 이는 미·일 시장에 편중되었던 한국의 교역구조를 획기적으로 개선함으로써 보다 균형 잡힌 대외경제관계, 이를 바탕으로 보다 자주적인 대외정책을 추진할 수 있는 기회를 제공할 것이다(성원용, 2002:63-64).

가 동북아경제협력의 구심점이 되게 할 것이다(김상원, 2001:31). 그것은 제2의 경제도약을 꿈꾸는 한국의 경제를 한 단계 업그레이드시키는 데 기여하는 것을 의미한다.

남북한 철도연결은 동북아지역내 국가들의 경제발전과 경제적 보완관계를 형성시키는 데 기여할 것이다. 그것은 그동안 접근이 용이하지 못한 지역개발과 지역 간 경제협력을 촉진시켜 동북아 지역의 단일경제권의 형성을 통한 상호지속적인 경제발전을 가져오게 됨을 의미한다. 즉 중국, 러시아 등 성장잠재력이 큰 동북아시아지역내 국가들의 경제성장에 시너지효과를 극대화하는 데 이바지할 것이다. 또한 상대적으로 낙후되어 왔던 일본 내 동부지역의 경제활성화에도 기여할 것이다. 이와 같이 동북아시아지역은 남북철도연결을 통하여 그간 소극적으로 이루어져 왔던 국제협업과 국제분업적 관계를 더욱 활성화시킬 수 있을 것이다.[74] 남북철도연결이 동북아시아지역내 국가들의 상호보완성과 다양성을 결합시킴으로써 동북아지역내 국가들의 경제발전과 경제협력을 촉진시키는 요인으로 작용할 수 있음을 의미한다.

특히 러시아는 남북철도연결로 걸프전 이후 감소되어 왔던 시베리아횡단철도의 물동량 증가 및 연해주지방의 발전과 번영, 러시아내륙지방의 경제활성화에 크게 기여할 수 있을 것으로 전망된다. 또한 시베리아지역의 석유 및 우랄지역의 철광석, 쿠즈네츠크 탄전, 이르쿠츠크 천연가스, 삼림자원 등을 개발하는 데 박차를 가할 것이며, 극동지역의 자원개발과 해양개발촉진, 나홋카의 공단개발에 중요한

---

74) 중국의 천연자원과 저렴한 노동력, 러시아의 풍부한 부존자원, 북한의 값싼 노동력, 일본의 첨단기술과 자본, 한국의 자본과 개발경험이 공존하는 곳이다.

영향을 미칠 것이다. 한편 중국에게 있어 남북한의 철도연결은 동북 3성의 지하자원 및 농업개발촉진에 기여할 것이며, 그것을 한국이나 일본으로 수출할 수 있는 진출 루트로서 활용될 수 있을 것으로 전망된다. 또한 용량한계에 도달해 수출입화물적체로 고심하고 있는 대련항과 천진항의 숨통을 열어주는 대체루트 역할수행 및 중국의 동해안 진출 루트로서 활용될 것이다(윤재희, 2002:108, 정성호, 2002: 151, 권원순, 2001:55, 김영봉, 1994:6). 또한 일본은 남북철도연결로 인해 과거에 검토하였던 후쿠오카-대마도-아키도-거제도-부산을 잇는 235㎞의 한일해저터널계획을 현실화시킬 가능성이 높음은 물론 그에 따른 대유럽행 교역상품수출의 비용절감효과를 가져올 것이며 동북아시아지역내 국가는 물론 동남아시아지역 국가들에게도 경제적 이익을 가져다줄 것이다(世界日報社刊, 1993:51, 김상원, 2001:32, 신범식, 2003:288). 무엇보다도 남북철도연결은 중국과 러시아에게 있어 중국횡단철도와 시베리아횡단철도를 이용한 유럽의 교역물자수송에 따른 상당한 부가적인 수입을 가져다줄 것으로 전망된다.

## 2. 남북한에 주는 의미와 효과

남북철도의 연결의 의미는 남북한 간에 있어서도 교통체계구축 이상의 상당한 함의를 준다. 그동안 분단을 상징해 왔던 비무장지대를 관통하여 남북한 철도가 연결된다는 것은 남북 간 긴장해소 및 신뢰구축에 대한 분위기 조성, 남북화해협력의 안정성과 지속성을 담보해주는 데 토대를 마련할 것으로 보인다. 남북한 철도연결은 남북철도의 복원을 의미하는 것이자 분단된 한반도의 운명을 극복하고 광활한 유라시아대륙으로 공간을 넓혀 나가는 것을 의미하는 것으로 한반도에 평화와 안정, 번영을 가져오고 동북아시아의 경제발전에 기여함을 의미한다.[75] 즉 남북철도연결은 그동안 동북아의 안정과 평화에 걸림돌로 작용하였던 남북대치상황을 종식시켜 한반도는 물론 주변국가들로 하여금 긴장을 완화시키는 데 기여할 것이며, 그것은 궁극적으로 한반도내부로부터 경제통합을 가로막았던 체제의 이질성을 극복함으로써 동북아 상호협력과 경제통합을 가속화하는 전기를 마련할 것이다.

남북철도연결의 가장 큰 의미 중의 하나는 경제난에 허덕이는 북한경제의 회생과 활성화에 기여함을 의미한다.[76] 그것은 북한체제의 경직성을 완화시켜 개혁·개방화를 촉진시킴으로써 국제사회의 일원

---

75) 남북철도의 연결의 상징인 경의선과 경원선, 동해선의 복원의미는 남북한 간의 정치적 갈등완화, 이산가족의 교류, 남북경제협력의 촉진 등 다양한 차원에서의 긍정적 효과를 가져다줄 것으로 기대되고 있다. 그것은 대륙횡단철도를 통한 유럽대륙으로의 연계가능성과 함께 철의 실크로드시대가 개막되면서 섬 아닌 섬나라로 지내왔던 남한과 북한 모두에게 있어 커다란 기회와 도전이 될 것이다. 즉 물류거점지, 경제중심지로 부상하게 될 것으로 전망되며 그에 따른 상당한 경제적 효과가 있을 것으로 기대된다.

76) 1994년 김일성은 벨기에 노동당 중앙위원회 위원장과의 대화에서 신의주와 개성 사이의 철길을 복선으로 만들고 남한으로 들어가는 중국상품을 운송해 주기만 해도 연간 4억 달러 이상의 수입이 발생한다고 언급했다. 러시아나 흑룡강에서 수출하는 물자를 두만강 역에서 넘겨받아 동해안에 있는 철길로 옮겨 주면 거기에서도 한해 10억 달러의 수입이 발생할 것이라고 언급했다(조선노동당출판사, 1996, 김일성저작집, 제44권, 470-471). 김일성은 남북철도의 연결로 이런저런 수입이 연간 15억 달러 정도가 될 것이라 판단했던 것 같다. 그만큼 북한에 있어서 철도연결은 북한경제에 커다란 도움이 될 뿐만 아니라 침체된 경제를 회생시키는 긴요한 수단임을 추측할 수 있다.

으로 참여시키는 데 일조할 것이다. 남북한 철도연결은 남북경제교류발전과 함께 남북경제공동체구상을 앞당기는 촉매제가 될 것이며 대북사업의 활성화가 촉진될 것이다. 철도가 연결되면 남북교역상품의 생산지역인 북한 서해안공단 활성화에 기여할 것이고, 현재 진행 중인 개성공단의 개발촉진 및 금강산육로관광 등 남북협력사업 추진이 순조로이 진행될 것임을 의미한다. 또한 북한, 러시아, 중국이 공동참여하는 두만강유역개발을 촉진시킬 것이며 특히 나진-선봉지역의 간선교통망으로 활용될 수 있을 것이다(윤재희, 108).

또한 남북철도연결은 남북한 산업구조에도 변화를 줄 것으로 보인다. 지금까지 중소기업 위주의 임가공형태에 머물던 남북경협이 대기업들의 대형투자로 설비반출형 위탁가공형태로 질적 도약을 이룰 것으로 기대된다. 남한의 사양산업으로 인식되어 왔던 업종들이 북한으로 생산기지를 이전함으로써 그동안 침체되어 왔던 경공업분야의 활성화에 기여할 것이며 남북 간 산업구조가 기술집약형 대 노동집약형 산업으로 재편됨으로써 남북 간 상호보완적인 산업구조로 변화시킬 것이다(이영선, 1994:200, 윤재희, 2002:110). 또한 남북철도의 연결은 그동안 간접교역으로만 이루어져 왔던 거래관계를 직접교역으로 전환되는 계기를 마련할 것이다. 즉 인천에서 중국의 위해항을 우회하여 남포항과 해상교역을 해 왔던 화물컨테이너수송을 육로수송으로 직접 교역함으로써 물류비 절감과 수송기간 단축으로 교역량이 대폭 늘어날 것으로 전망된다.[77]

---

77) 남북한 철도를 연결할 경우, 인천에서 남포까지 인원과 물자를 수송할 경우 해운수송에 비하여 비용은 현재 1,000~1,100 달러 정도 소요되고 있으나 1/3-1/5 수준으로, 수송기간은 13~14일 소요되던 것이 1~3일 정도 소요될 것으로 예상

따라서 남북철도연결은 한국철도본연의 기능을 회복하는 사업임과 아울러 한반도의 통일을 앞당기는 민족적 프로젝트라고 할 수 있다. 그것은 한반도의 끊어진 허리를 잇고 막혔던 핏줄을 통하게 하는 것으로 다방면에 걸친 남북교류와 상호발전을 가능케 하여 준통일에 가까운 효과를 가져오리라 기대할 수 있다. 그것은 통일 이후 갖추어야 할 국가물류체계의 사회간접자본시설을 미리 구축해 두는 것으로 남북한은 남북철도연결로 인해 통일준비과정으로 들어서게 되는 것과 같은 의미를 제공한다(맹주환, 2004). 더 나아가 남북철도연결은 남북 간 인적·물적교류의 확대를 가져와 상호이해와 협력분위기를 증진시키는 계기를 마련할 것이다. 그것은 남북한의 사회문화적 이질성을 줄이고 대신 그동안 잊히고 상실되어 왔던 한민족의 동질성을 회복시키고 동시에 우리민족끼리의 공존공영을 추구하는 것을 의미한다.

　이와 같이 남북철도연결은 한반도에만 국한된 지엽적인 사업이 아닌 전 세계인들이 바라는 거대한 프로젝트라 할 수 있다. 남북철도연결은 한반도가 동북아의 물류중심지로서, 아시아-태평양지역의 관문으로써 최상의 입지조건을 확보하게 됨을 의미함과 동시에 결과적으로 우리민족이 재도약하여 동북아의 중심국가로 자리매김함을 의미하여 세계 속의 강국중의 하나로 위치함으로써 한국의 위상을 높이는 데 결정적인 계기를 마련하는 것이다.

---

　되어 10일 이상 단축할 수 있다. 특히 컨테이너 1개당 800달러 수준이었는데 철도이용 시 약 200~250달러가 예상되어 운임의 6분의 1 수준으로 줄어들 것으로 추정된다(이성욱, 2001:17, 성원용, 2002:56, 최연혜, 2001:17).

# Ⅲ. 남북한철도의 현황과 문제점

남한의 철도는 서울을 기점으로 하여 주로 여객 위주의 철도시스템을 구축하여 오늘에 이르고 있다.[78] 경부선, 호남선, 중앙선을 중심으로 X자형으로 발달하여 온 남한철도는 2002년 말 현재 노선총연장 3,125㎞이며 복선화율은 29%, 전철화율은 21%이다. 남한의 철도는 1,435㎜의 표준궤로 50㎏의 중량레일을 사용하고 있으며, 전기방식의 경춘선(교류 25,000볼트)을 제외하고는 대부분의 철도가 디젤방식으로 운용되고 있다(유원희·구동희, 2001:23). 앞으로 남한철도는 북한철도와의 연결을 위해 디젤방식보다는 전기방식으로 전환될 필요가 있으며, 남북 간 원활한 수송을 위해, 물동량증가에 대비하여 복선화율을 높여야 하고 에너지 효율성과 환경친화성을 고려하여 전철화비율을 높여야 한다. 또한 아시아-유럽대륙 간 컨테이너화물의 대량수송을 위해 2단적재가 용이하도록 터널의 높이를 확장시키는 등의 개선작업이 요구되는 상황이다.

한편 북한은 여객수송보다는 주로 공업용 원자재, 광산물, 농수산물 등 화물수송을 위해 철도에 의존하는 주철종도의 정책을 추진하

---

78) 남한의 철도는 해방 직후부터 1960년대까지 철도가 모든 수송의 대동맥으로서 전국화물수송의 80% 이상, 여객수송의 50% 정도를 분담하며 발전하여 왔다. 그러나 1970년 경부고속도로가 개통된 이래 자동차가 급격히 증가하자 1970년대 중반에는 철도의 수송 분담이 여객의 25%, 화물의 52%로 감소하였으며, 1980년대 중반에는 여객의 21%, 화물의 40%로 철도의 수송 분담률이 더욱 떨어졌다. 현재는 도로정체로 철도여객이 다소 증가하여 25% 수준을 유지하고 있다. 반면 철도의 화물수송은 도로수송의 발달로 16% 수준으로 격감하고 있다(서선덕 외, 2001:136).

여 왔다.[79] 북한의 대부분의 간선도로가 기본적으로 철도노선을 따라 평행하게 발달되어 온 것에서 알 수 있듯이, 철도는 중요한 육상운송기관으로서 자리잡아 왔다.[80] 특히 북한은 산악지형이 많아 경사가 급한 곳이 많기 때문에 견인력이 높고 대량수송이 가능한 전기철도를 보편화시켰다. 따라서 북한은 일찍부터 수차례의 경제계획기간 중에 철도전기화를 추진하여 현저한 성과를 거두었으며 주요간선인 평의선과 평라선, 만포선 등이 전기화되었다(임명, 1993:112). 북한철도의 전철화율은 4,131㎞로 전체 철도의 80%에 이른다.

북한철도는 2002년 말 현재 총연장길이가 5,214㎞이며, 98%가 단선으로 구성되어 있으며, 경량레일(ㄹ37레일)의 표준궤를 사용하고 있다(이영균 외, 2001:47). 북한의 철도망은 평양을 중심으로 동서해안을 따라 H자형으로 발달되어 왔는데 크게 서해안축, 동해안축, 동서횡단축을 중심으로 11개의 주 노선을 포함 100여 개의 노선으로 구성되어 있다. 즉 서해안지대를 연결하는 경의선(또는 평의선이라 칭함), 동해안을 따라 부설된 원라선, 동서를 횡단하는 평원선 등이

---

79) 북한의 수송부문은 전체화물수송의 90% 정도와 여객수송의 70% 정도를 철도가 담당하고 있다. 북한은 철도수송능력을 제고하기 위하여 철도의 전기화, 광궤화, 중량화, 복선화에 의한 정책을 꾸준히 추진하여 왔다. 1991년 현재 철도수송수단별로는 기관차 1,500여 대, 화물 및 여객용 차량 32,000여 대 및 전문차량으로 구성되어 있다.

80) 북한은 해방 이후부터 철도를 국유화하여 철도에 많은 투자를 하여 왔다. 철도를 통해 북한은 경제발전에 필수적인 지하자원 개발을 촉진하였으며, 농공업발전 및 지역 간의 균형적 개발에 박차를 가하였다. 북한은 험준한 지형으로 인한 도로운송의 취약점을 극복하기 위하여 간선철도를 비롯한 많은 지선을 건설하였으며, 험준한 지형에 적합한 3,000볼트 직류전압의 철도전기화 작업을 지속적으로 추진하였다. 북한은 철도운송의 대량성, 안정성, 정시성, 에너지효율성 등의 이점을 최대한 살려 철도에 대한 투자를 타 교통기관이 따라올 수 없을 정도로 상당히 비중 있게 다루었다.

중심간선을 이루고 있다. 또한 신의주나 중국의 단동을 거쳐 북경까지 가는 TCR의 국제선과 남양과 중국의 도문을 거쳐 만주리를 경유하여 TSR과 연결되는 TMR의 국제선 및 두만강과 러시아의 핫산을 거쳐 TSR로 모스크바까지 연결되는 국제선이 있다.[81]

그러나 북한은 계속된 경제침체로 인해 철도기반시설에 대한 지속적인 유지보수 및 관리부족으로 열악한 상태를 면치 못하고 있는 실정이다. 또한 북한철도는 평균 시속 40㎞로서 열차속도가 매우 느리고 선로상태의 불량 및 고중량에 견디지 못하는 취약성을 갖고 있다. 또한 화물차량의 부족 및 열차노후화도 문제가 되고 있을 뿐만 아니라, 화물적하 및 양하의 기계화 수준도 낮다(유석형 외, 1993:26, 임명, 1993:118). 또한 북한철도는 평양근처에만 복선화되어 있을 뿐, 나머지 전체의 노선은 단선화되어 있어 앞으로 남북 간 원활한 수송을 위해 복선화작업이 시급히 요구되고 있는 상황이다. 또한 고중량에 견딜 수 있도록 지반시설을 튼튼히 할 필요가 있으며, 노후화된 열차들의 교체 및 보강, 차량수를 늘리고 다양화해야 하는 상황에 있다.

---

81) 북한은 지리적으로 중국 및 러시아와 접하고 있는바, 이들 국가들과 철도망이 연결되어 국제화물 및 여객을 수송하고 있다. 현재 신의주-단동(주 4회 왕복), 남양-도문, 만포-집안(비정기적 운행)의 대중국 3개 노선과 두만강-핫산(주 2회 왕복)의 대러시아노선 등 4개가 운행되고 있다(김연규 외, 2000:31-4).

# Ⅳ. 남북한철도 연결과 중·러 간 국제철도연계

## 1. 남북한철도의 미연결구간과 연결구축

남북한은 일제시대의 철도시스템을 바탕으로 각각 서로 상이한 철도시스템을 구축하여 왔다. 가장 특징적인 것은 기본적으로 북한은 산세가 험한 지형에 맞게 견인력이 높은 전기방식의 철도시스템을 구축하여 운영하여 온 데 반해, 남한은 디젤방식의 철도시스템을 구축하여 발전하여 왔다는 점이다. 이러한 상황에서 아시아－유럽 간 대륙횡단철도와의 연결계획사업이 ESCAP에 의해 국제적으로 논의됨으로써 그 어느 때보다도 남북한 철도연결에 대한 필요성이 대두되고 있다. 현재 남북한의 철도는 단절구간의 복원 및 전구 간 정비만으로도 중국 및 러시아와 연결하는 한반도종단철도망의 구축이 가능하다.

남북한 철도의 단절노선은 부록－1에서 보듯이, 경의선, 경원선, 동해선 등 총 187㎞이다. 경의선은 남한의 문산에서 판문점(장단), 북한의 봉동까지 20㎞로, 이 구간을 통해 현재 운영되고 있는 신의주역과 중국의 단동역을 거쳐 중국횡단철도와 연계가 가능하다. 경원선은 남한의 신탄진에서 군사분계선을 가로질러 북한의 평강(복계)까지 31㎞로서, 이 구간을 통해 원산, 나진이나 청진을 거쳐 두만강역과 러시아 핫산역을 경유하여 시베리아횡단철도와 연계가 가능하다. 동해선은 남한의 강릉에서 군사분계선을 넘어 고성(온정리)까지 136㎞로, 이 구간이 연결되면 나진 또는 청진을 거쳐 두만강역을 통해 시베리아횡단철도와 연결이 가능하다. 또한 경원선과 동해선을 통해 북한의 남양과 중국의 도문을 경유하여 중국횡단철도와 연결도 가능하다. 그 외에 관광객 수송을 위해 추진 중인 금강산선은 철원에서 군사분계선을 넘어 기성까지 75㎞이다. 이들 철도 중 경의선과 경원선은 짧은 시간 내에 복구개통이 가능하나, 동해선은 단기간 내에 개통하기에는 시간이 많이 소요될 것으로 전망된다. 현재 남북간 철도 중 경의선구간의 연결공사가 완료됨으로써 언제든지 대륙횡단운행이 가능한 상황이나 북한집권자의 정치적 결정이 남아 있는 상황이다.

그러나 남북철도 간의 상이한 철도시스템 및 북한철도 자체의 문제점으로 인해 연결 또는 운행이 현재로서는 용이하지 않다. 따라서 이에 대한 선행작업으로, 견인력이 높고 환경친화적이 되기 위해서, 남한의 디젤방식의 철도시스템을 전기철도로의 전환할 필요가 있다. 따라서 남북한철도의 상이한 철도시스템을 극복하기 위해 디젤방식과 전기방식을 겸용할 수 있는 하이드리드(Hybrid)방식의 추진장치의 개발이 필요하다. 또한 북한철도가 직류방식의 전력을 사용하고 있는바, 남북이 공동으로 사용할 수 있는 직교류방식의 차량시스템개발이 필요하다. 그리고 북한 대부분의 철도차량 및 레일의 노후화로 인한 철도사고를 방지하기 위하여 화차의 교체 및 안전한 수송을 위해 무거운 하중을 견딜 수 있는 중량레일로 교체가 필요한 상황이며, 철도보수의 기계화와 신호통신설비의 현대화가 이루어져야 한다. 또한 대륙 간 화물의 원활하고도 신속한 수송을 위해, 대량수송을 위해 북한철도의 98%가 단선인 점을 감안하여 복선화작업이 선행되어야 한다. 그리고 남북 간 원활한 수송을 위해 신호방식, 통신방식,

유지보수방법, 궤도의 내구력에 대한 세부적인 기술검토 등이 요구되고 있는 상황이다(이종득·이성욱, 2002:422, 유원희·구동희, 2001:29).

## 2. 국제철도연결구간 현황과 문제점

남북 간 단절된 구간의 철도가 연결되면,[82] 남북철도는 철도본연의 기능을 수행하는 것이라 할 수 있다. 그것은 중국대륙이나 시베리아대륙을 향한 진출이 본격화됨을 의미한다. 부록-2에서 보듯이, 그동안 북한은 신의주-단동,[83] 남양-도문[84]을 통해 중국과 국제열차를 운영하여 인적·물적 교류를 하여 왔으며, 두만강역과 핫산[85]을 연결하여 러시아와 화물수송을 하여 왔다.

---

82) 원래 한반도종단철도의 구상은 경부선 및 호남선을 경의선(서울-신의주) 또는 경원선(서울-원산) 및 원라선(원산-나진)과 연결한 후, 기존의 시베리아횡단철도 또는 중국횡단철도에 연계시켜 극동/유럽 간 새로운 복합운송경로를 개발하고자 하는 구상이다.

83) 주 4회 운행되며 구간거리는 2.6㎞로, 화물과 여객을 수송하고 있으며 신의주-단동-심양-북경에 도달할 수 있는 한편, 몽골횡단철도를 이용하여 북경-대동-집령-에렌호트-울란바토르-울란우데를 거쳐 시베리아횡단철도와 연결된다. 다른 노선으로 중국횡단철도를 이용하여 북경-서주-정주-난주-우루무치-아라산쿠-카자흐스탄의 드루즈바(12㎞)-예카테린부르크나 노보시비르스크에서 시베리아횡단철도와 연결된다.

84) 주 1회 운행되며 주로 화물노선으로 이용되며 남양-도문-목단강-장춘-길림-하얼빈-대경-치치하얼-만주리수분하역과 러시아 자바이칼스크 그로데코보역에서 환차·환적하여 치타에서 시베리아횡단철도와 연결된다.

85) 월 3회 운행되며 구간거리는 8㎞로 시베리아횡단철도와 연결되나, 러시아 측(1,520㎜ 광궤)과 북한(1,435㎜ 표준궤) 간 궤간차이로 환차·환적이 요구된다. 북한은 1974년부터 두만강과 나진 사이의 50㎞ 구간을 표준궤와 광궤의 혼합선을 건설하였으며, 1989년에는 이 구간을 청진까지 연장하였다(광궤철도인 청진에서 두만강까지는 70㎞)(정성호, 2002:149, 나희승 외, 2004).

이와 같이 북한의 국제철도노선은 대중국노선과 대러시아노선이 연결되어 있다. 대중국 철도노선은 평양-북경구간 총연장 1,374㎞로, 22시간 소요되고 있으며, 청진-남양-도문-연길로 연결되는 구간은 주로 청진항을 이용하여 중국의 중계화물을 수송하는 데 활용되고 있다. 대러시아 철도노선은 두만강-핫산구간을 연계하여 시베리아횡단철도와 연결되고 있으며 궤간 차이로 환차·환적이 필요하다. 특히 평양-모스크바노선은 두 선으로 나누어지는데 평양-신의주-단동-심양-바이칼-모스크바까지 총연장 8,666㎞로 1주일이 소요되고, 평양-두만강-핫산-하바로프스크-바이칼-모스크바 간 노선은 총연장 10,214㎞이다(정성호, 2002:149, 유원희·구동희, 2001:24).

남북한 철도가 대륙횡단철도와 원활하게 연결되기 위해서 여러 가지 내재된 문제점을 극복하여야 한다. 우선적으로 북한, 중국, 몽골, 러시아 및 동유럽국가가 가입되어 있는 국제철도협력기구(OSSHD 또는 OSJD)에 가입할 필요가 있으며 국제여객수송(SMPS), 국제화물수송(SMGS), 국제수송화차(PPW), 국제철도여객운임(MPT), 국제철도화물운임(ETT) 등에 관한 국제협약기구에 가입하여야 한다.

남북한 철도가 대륙횡단철도와 연계되는 데 있어 또한 가장 중요하게 대두되는 것이 각 국가 간의 철도궤간 차이로 국제철도운송에 필요한 차량정비시설, 환적화물운송에 필요한 환적·환차시설 등이 필요한 상황이다(심치호, 2004:5).[86] 또한 시베리아횡단철도 전구간이 대부분 복선전철화되어 있지만 두만강-핫산-우수리스크구간은

---

86) 환적에 따른 많은 시간소요 및 원활한 수송을 위해서 궤간가변대차의 개발, 이중궤간, 대차교환시설 등이 필요하다. 즉 차량교환, 대차교환 등에 따른 환적설비가 필요하다.

비전철화 구간으로 되어 있어 전철화 시설이 요구된다. 또한 북한철도 대부분이 전철화되어 있긴 하지만 화물운송의 신속성, 대량수송을 위해 복선화작업이 요구되는 상황이다. 따라서 전철화 및 비전철 구간을 운행할 수 있도록 하이브리드방식의 추진장치가 필요하며, 다양한 국가들 간 경유가 가능하도록 통일된 신호시스템을 표준화하거나 차상신호장치의 개발이 필요하다(유원희·구동희, 2001:29).

북한과 러시아 철도기반시설들이 대부분 노후화되고 낙후된 점을 감안하여 효율적인 운행과 안전성 확보를 위해 시설물에 대한 보강 및 유지관리기술 또한 요구된다(나희승 외, 2004). 또한 화물의 안전하고도 신속한 수송, 적기수송을 위해 실시간 정보를 제공하는 위성에 의한 위치추적시스템구축이 필요하다. 또한 추위에 약한 액화화물이나 결빙 시 손상되는 화물수송을 위해 혹한에 대비한 대책, 컨테이너 부족에 따른 공컨테이너 회수문제, 다국경 통과에 따른 운임비용산정, 통관문제 등을 해결해야만 국제복합운송노선으로서의 기능을 본격적으로 수행할 것이다. 따라서 서비스수준향상, 기술적 자립 및 경영의 노하우 축적 등이 수반되어야 할 것이다.


# V. 대륙횡단철도와 남북한종단철도


## 1. 시베리아횡단철도(TRANS SIBERIAN RAILWAY)

그림-1에서 보듯이, 시베리아횡단철도(TSR)는 러시아의 극동지역과 유럽을 연결하는 복합운송루트이다.[87] 세계에서 가장 최장철도인 TSR은 1916년에 전구간이 완공된 총연장 9,298㎞의 광궤철도로 러시아의 극동항만인 보스토치니에서 출발하여 다른 국가들을 통과하지 않고 모스크바까지 직행할 수 있는 대륙횡단철도이다. TSR은 러시아연방의 20개 주 89개 도시를 지나며, 벨라루시의 브레스트를 거쳐 유럽의 주요도시로 연계된다. TSR의 전구간은 복선화되어 있고, 직교류를 혼용하고 있으며 96.2%가 전철화되어 있다(김상원, 26, 나희승 외, 2004). 한편 러시아는 군사적 목적과 산업발전을 목적으로 개발된 시베리아횡단열차의 수송력 부족을 보완하기 위하여 바이칼－아무르철도[88]를 1989년에 완성하여 철도의 수송능력을 크게 향상시켰다(김홍섭, 2002:36, 옥준종, 134).

　TSR은 북한철도와 연계되는바, 북한의 나진이나 청진을 거쳐 두만강역과 러시아의 핫산역에서 환적·환차하여 TSR의 전 노선과 연계된다. 또한 한국에서 선적된 화물을 해상을 통하여 러시아의 극동항이자 TSR의 시종착역인 보스토치니항(나호트카)까지 운송하여 TSR과 연계되기도 한다. 그러나 TSR을 이용하는 데 있어 가장 큰 문제점은 열차의 노후화, 화차, 보관 등 관련시설 미흡, 동절기 기상조건에 의한 추위에 약한 화물의 수송곤란, 적기수송과 신속한 수송을 위한 화물위치추적의 곤란, 철도종사자들의 서비스정신부족, 통관문제, 사회주의 잔재에 따른 관료들의 경직성과 비효율성 등이 있다.

---

87) TSR은 SLB(Siberian Land Bridge), TSL(Trans Siberian Landbridge), TSCS(Trans Siberian Container Service) 등의 이름으로 불린다(김홍섭, 1991:342, 옥준종, 133).
88) Baikal－Amur Main Line(BAM)는 제2시베리아횡단철도라고도 하며, 총연장 구간거리는 4,300㎞로 TSR노선 북쪽으로 평행하게 건설되었다. BAM선은 타이셰트에서 시베리아횡단철도와 합류되며, 태평양연안의 바니노항과 연결된다.

## 2. 중국횡단철도(TRANS CHINESE RAILWAY)

그림-1에서 보듯이, 중국횡단철도(TCR)는 연운항에서 철도를 이용하여 중국대륙 및 중앙아시아, 러시아 및 유럽 등으로 연결되는 복합운송루트이다. TCR은 표준궤철도로 총연장 4,147㎞이며 3개의 철도노선으로 연결된다. 즉 연운항과 란주간의 용해선(1,795㎞), 란주와 우루무치간의 란신선(1,892㎞), 우루무치와 아라산쿠간의 북강선(460㎞)으로 구성되어 있다. TCR은 1992년에 시베리아횡단철도와 연결되었으며, 복선구간은 76.6%이며 직류전압을 이용하는 전철화구간은 28.8%이다(이상협, 631, 하영석, 50, 나희승, 2004).

중국횡단철도 역시 북한철도와 연결되는바, TCR만 이용하여 TSR과 연계되기도 하고, TMR(만주철도 또는 장춘철도)을 이용하여 TSR과 연계되기도 하고, TCR과 TMGR을 이용하여 TSR과 연계된다. 대표적인 노선으로 북한의 신의주를 거쳐 중국의 단동-북경-서주-정주를 경유하여, 란주, 우루무치를 경유, 아라산쿠와 카자흐스탄의 드루즈바에서 환적·환차하여 러시아의 예카테린버그역에서 TSR과 연계된다. 또한 북한의 남양에서 중국의 도문을 거쳐 TMR을 이용하여 만주리 수분하역과 러시아 자바이칼스크 그로데코보역에서 환적·환차하여 치타에서 TSR과 연계되기도 한다. 한편 항구를 이용하는 경우도 있는데, 한국에서 선적된 화물을 중국의 연운항[89]이나 천진항[90]까지 운송한 후 TCR이나 TMGR을 이용하여 복합운송한 후 TSR

---

89) 연운항을 거쳐 북경-서주-정주-란주-우루무치(TCR)-아라산쿠와 카자흐스탄의 드루즈바에서 환적·환차한 후 TSR과 연계됨.

90) 천진항을 거쳐 북경-에렌호트와 몽고의 자민우드역에서 환차·환적하여 울

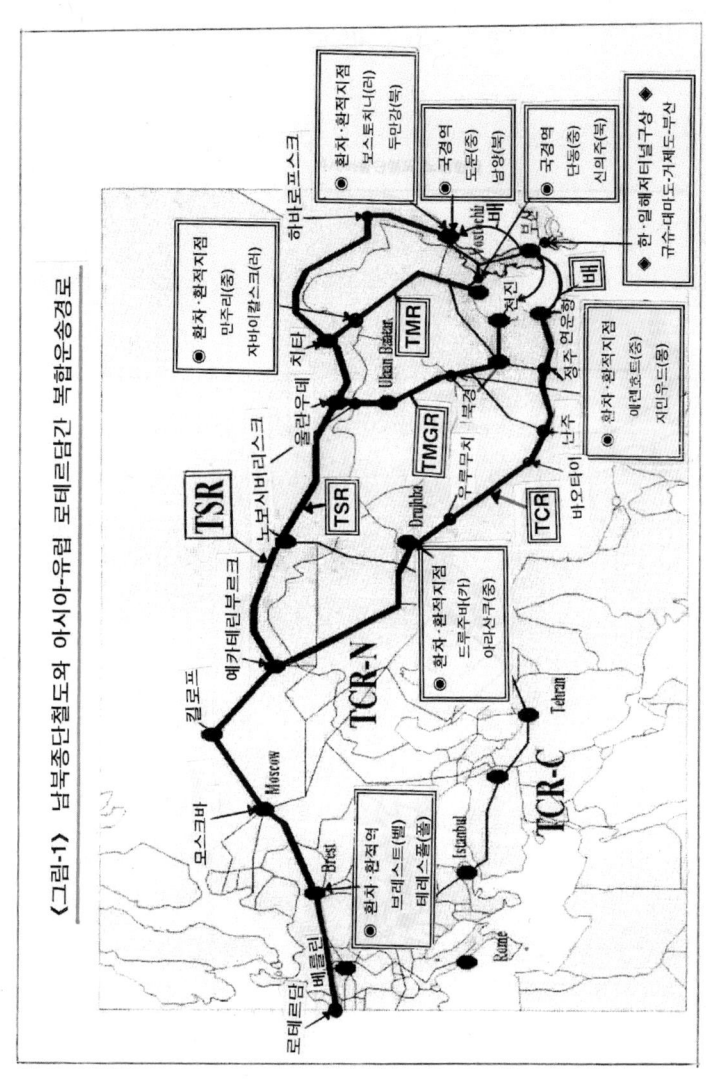

《그림-1》 남북종단철도와 아시아-유럽 로테르담간 복합운송경로

란바토르(TMGR)-호이트를 경유하여 러시아의 울란우데에서 TSR과 연계됨.

과 연계되기도 한다. 중국횡단철도의 문제점은 노후차량의 교체 및 속도를 높이기 위해 철도의 디젤화, 전구간의 전철화가 시급한 상황이다. 또한 중국횡단철도가 TSR과의 연계되는 데 있어서 문제점은 국경 간 궤간 차이로 인한 환적·환차문제, 국경통과절차 복잡, 국경통과에 따른 협조문제, 신속하고도 적기수송을 위한 화물위치추적의 곤란, 화차, 보관 등 관련시설 미흡, 철도종사자들의 서비스정신부족, 사회주의 잔재에 따른 관료들의 경직성과 비효율성 등이 항존하고 있다.

## 3. 만주횡단철도(TRANS MANCHURIA RAILWAY), 몽골횡단철도(TRANS MONGOLIA RAILWAY)

장춘철도라고 칭하는 만주횡단철도(TMR)는 중국의 동북지역 남부에 위치하고 있는 대련항에서 출발하여 만주리역을 통과한 후, 러시아 자바이칼스크에서 환적·환차하여 치타에서 TSR과 연결된다. TMR은 연길-하얼빈-초이발산 노선을 중심으로 하고, 대련-심양-장춘-하얼빈 노선과 연결되는데, 이중 심양-단동, 하얼빈-도문 구간은 북한철도망과 연결된다. 즉 북한의 남양과 중국의 도문을 거쳐 만주리역을 통과한 후, 러시아의 카림스키야역(자바이칼스크)에서 환적·환차하여 TSR과 연계된다.

한편 몽골횡단철도(TMGR)는 중국의 천진항을 출발하여 북경과 에렌호트와 몽고의 자민우드에서 환차·환적하여 몽고의 울란바토르를 경유하여 러시아의 울란우데에서 TSR과 연결된다. TMGR은 북경-

대동-집령-울란바토를 구간으로 북경-심양-단동 구간이 북한철도
망과 연결된다. 즉 북한의 신의주와 중국의 단동을 거쳐 북경-몽고
의 울란바토르-러시아 울란우데에서 TSR과 연계된다.


# Ⅵ. 육상운송과 해상운송과의 비교


## 1. 한국의 부산과 유럽의 로테르담 간 운송경로


### (1) 철도운송: 4개 경로(㉮㉯㉰㉱)

앞으로 연계될 우리나라 부산에서 유럽의 물류거점지 로테르담으
로 연결되는 철도는 시베리아횡단철도와 중국횡단철도가 있다. 시베
리아횡단철도는 철도를 통하여 한반도 및 동북아시아에서 발생하는
화물을 유럽까지 운송할 수 있는 노선으로, 북한의 두만강역과 러시
아의 보스토치니항에서 환적·환차한 후, 러시아의 주요도시를 거쳐
벨라루시의 브레스트역에서 환적·환차하여 유럽 각 지역으로 연결
된다. 중국횡단철도 역시 철도를 이용하여 한반도 및 동북아시아에
서 발생하는 화물을 신의주나 남양을 거쳐, 중국의 단동 또는 도문
역을 통과하여 몽고나 카자흐스탄, 만주를 거쳐 시베리아횡단철도와
연결된 후 유럽 각 지역으로 운송이 가능한 노선이다. 유럽과 연결
되는 경로가 TCR을 이용하여 카자흐스탄을 거쳐 TSR과 연계되는
경로, TCR을 이용한 후 몽골의 TMGR을 이용하여 TSR과 연계되는
경로, TMR(만주철도 또는 장춘철도)을 이용하여 TSR과 연계되는

경로가 있다. 따라서 화물의 수송을 위해 철도를 이용하는 경우 다양한 운송경로가 있고 그에 따라 운송거리 또는 소요시간도 각각 상이하게 나타나며, 어느 경로를 이용하든 TSR을 통해 로테르담으로 화물운송이 가능하다.

### (2) 복합운송: 해상운송과 육상운송을 통한 2개 경로(⑩⑭)

부산에서 유럽의 로테르담까지 화물을 운송하는 경로는 배와 철도를 이용하여 복합 운송하는 경로도 있다. 먼저 배로 부산항에서 중국의 연운항에 운송한 후, TCR을 이용하여 TSR과 연계되는 경로, 또 다른 하나는 부산항에서 러시아의 보스토치니항구에 도착하여 TSR과 연계되는 경로가 있다.[91] 이들 공히 벨라루시 브레스트역에서 환적·환차하여 로테르담에 도달할 수 있다. 그러나 배와 철도를 이용하는 경우 항만의 적체로 인한 시간누수에 따라 도착시간이 일정하지 않을 수 있으며 국경역에서의 통관절차, 환적·환차, 철도상황에 따라 운송시간이 달라질 수 있다.

### (3) 해상운송: 1개 경로(⑭)

부산에서 유럽의 로테르담까지 화물을 운송하는 경로는 해상을 이

---

91) 최근 또 하나 검토되고 있는 것이 철도페리를 이용한 복합운송이다. 2007년 말 운항될 것으로 전망되는 철도페리는 배의 내부에 선로를 설치, 컨테이너 등 화물을 실은 열차 즉 열차페리용 선박(5,000톤급)을 이용해 국내화물을 인천에서 중국의 옌타이항으로 실어 나르고 거기서 중국횡단철도(TCR) 및 시베리아횡단철도(TSR)를 이용하여 유럽으로 운송되는 것이라 할 수 있다 (조선일보, 2006년 1월 3일).

용하여 운송하는 경로가 있다. 배로 가는 경로도 운송경로가 다양한 바, 수에즈운하를 통과하는 경로, 희망봉을 돌아가는 경로, 북극해로 가는 방법, 파나마운하를 통과하는 경로가 있다. 이 중 98% 이상의 대부분의 배들이 운송거리가 가장 짧은 수에즈운하를 이용하고 있다. 또한 운송거리도 선박회사를 어디로 선택하느냐에 따라 달라질 수 있으며 그에 따라 소요시간도 달라질 수 있다. 지정학적 최단거리가 19,790㎞이지만 해상운송의 실제거리는 선사에 따라, 중간에 기항하는 항만의 수에 따라, 서향 항해냐 동향 항해냐에 따라 운송거리, 운송시간이 달라질 수 있다.

## 2. 부산과 로테르담 간 운송거리, 운송시간, 운임비교

현재 부산에서 유럽의 로테르담까지 철도를 이용하여 화물을 운송할 시, 운송거리는 해상을 이용한 운송거리보다 훨씬 짧으며, 수송시간도 대략 7일 정도 단축되는 것으로 나타난다. 즉 해상운송을 하는 경우 수송거리는 약 2만㎞에 수송시간은 30~35일 정도로 소요되나, 대륙횡단철도로 수송하는 경우 수송거리는 약 1,2000㎞에서 14,000㎞로 수송시간은 23~28일 정도 소요되어 대륙횡단철도의 경쟁력이 있을 것으로 보인다. 따라서 대륙횡단철도를 이용하는 것이 해상운송보다 운송거리, 운송시간이 짧게 소요된다.

도표-1에서 보듯이, 부산에서 로테르담까지 가는 경로는 다양하다. 즉 철도만을 이용해서 가는 경로, 배와 철도를 이용해서 가는 복합운송경로, 배로만 가는 경로가 있다. 이 중에서 부산에서 로테르

담까지 가장 거리가 먼 노선을 순서대로 살펴보면, 배로만 가는 ㉑
경로(20,190㎞),

**(도표-1). 대한민국 부산-유럽 로테르담 간 운송경로**

| | |
|---|---|
| 철도 | ㉮ TKR1(경원선) → TSR → 로테르담(총연장 14,107㎞) |
| | 부산 → 서울 → 신탄진 → 평강 → 원산 → 청진 → 두만강 → 핫산 → TSR → 모스크바 → 브레스트 → 로테르담 |
| | ㉯ TKR2(경의선) → TCR-TSR → 로테르담(총연장 13,138㎞) |
| | 부산 → 서울 → 문산 → 개성 → 평양 → 신의주 → 단동 → 북경 → 정주 → 란주 → 우르무치 → 아라산쿠 → 드루주바 → TSR(예카테린부르크) → 모스크바 → 브레스트 → 로테르담 |
| | ㉰ TKR3(경의선) → TCR → TMGR → TSR → 로테르담(총연장 12,276㎞) |
| | 부산 → 서울 → 문산 → 개성 → 평양 → 신의주 → 단동 → 북경 → 에렌후트 → 자민우드 → 울란바토르 → TSR(울란우데) → 모스크바 → 브레스트 → 로테르담 |
| | ㉱ TKR4(경원선) → 남양 → TMR → TSR → 로테르담(총연장 12,653㎞) |
| | 부산 → 서울 → 신탄진 → 평강 → 원산 → 청진 → 회령 → 남양 → 도문(투문) → 만주리 → 자이바이칼스크 → TSR(치타) → 모스크바 → 브레스트 → 로테르담 |
| 배 + 철도 | ㉲ SEA → TCR → TSR → 로테르담(총연장 11,150㎞) |
| | 부산 → 연운항 → TCR → TSR → 모스크바 → 브레스트 → 로테르담 |
| | ㉳ SEA → TSR → 로테르담(총연장 13,050㎞) |
| | 부산 → 보스토치니항 → TSR → 로테르담 |
| 배 | ㉴ SEA → 로테르담(총연장 20,190㎞, 지정학적 최단거리 19,790㎞) |
| | 부산 → 배 → 로테르담 |
| 비고 (구간 거리) | * 육상거리: 부산 → 두만강 1,313 / 부산 → 신의주 945 / 부산 → 남양 1,354 / 평양 → 북경 1,349 / 두만강 → 핫산 → 모스크바 9216 / 보스토치니 → 모스크바 9,298 / 모스크바 → 브레스트 2,533 / 브레스트 → 로테르담 1,045 / 신의주 → 단동 → 북경 1,126 / 북경 → 정주 → 우르무치 → 드르주바 → 모스크바 7,489 / 북경 → 에렌후트 → 울란바토르 → 울란우데 → 모스크바 6,627 / 남양 → 도문 → 만주리 → 모스크바 7,721 (단위: ㎞) |
| | * 해상거리: 부산 → 배 → 연운항 780 / 부산 → 배 → 보스토치니 820 (단위: ㎞) |

* 김한태(1994), 김상원(2001), 김성국·정헌영(2005), 김홍섭(2002), 진형인·조용갑·전형진(1998), 우종균(1999), 하영석(2002), 임종관(1992)의 논문을 참조하여 재구성.
* UNESCAP(1999), TAR in the Southern Corridor of Asia-Europe Route.

그 다음 경원선과 TSR을 이용하는 ㉮노선(14,107㎞), 경의선과 TCR, TSR을 이용하는 ㉯노선(13,138㎞), 배와 TSR을 이용하는 ㉺노선(13,050㎞), 경원선과 TMR, TSR을 이용하는 ㉱노선(12,653㎞), 경의선과 TCR, TMGR, TSR을 이용하는 ㉰노선(12,276㎞), 배와 TCR, TSR을 이용하는 ㉯노선(11,150㎞)이 있다. 따라서 배편으로 가는 ㉳경로가 거리상 가장 멀고, 배와 철도를 이용하는 복합운송경로인 ㉯노선이 가장 가까운 경로라 하겠다. 즉 거리상으로 보면, ㉯노선의 운송시간이 가장 적게 소요될 것이고 ㉰, ㉱, ㉺, ㉯, ㉮, ㉳ 순으로 운송시간이 걸릴 것으로 예측되나 현실적으로는 그렇지가 않다. 그 이유는 국경통과 시 철도궤간 차이로 인한 환적·환차소요시간, 국경통관절차상의 문제, 상이한 전기·신호체계, 항만사정, 철도시설의 노후화, 운영관리의 비효율성 등 다양한 요인들에 의해 운송시간이 달라질 수 있기 때문이다.

그와 같은 내용은 이론상의 이야기일 뿐, 실제로 이 중에서 현재 ㉯와 ㉺, ㉳경로만이 운행되고 있으며, 특히 배를 이용하여 중국 연운항에서 TCR과 연결하여 TSR을 경유하는 ㉯노선이 가장 적절한 운송경로로 평가되고 있다. 그러나 현재 ㉺경로를 통해 불규칙하게 소량의 컨테이너화물운송이 이루어지고 있으나,[92] 대다수의 화주들은 여러 가지 여건상 해상운송 ㉳경로를 많이 이용하고 있는 상황이다. 즉 철도를 이용하여 로테르담까지의 운송거리가 해상운송거리보

---

92) 현재 TSR을 이용하여 운송하는 데 있어 특징은 서향물동량이 동향물동량에 비해 훨씬 많아 서향운임이 동향운임에 비해 높다. 그 이유는 서향화물이 전자제품 등 고가품인 데 비해 동향화물은 광산물 등과 같은 저가품인 벌크화물이 많은 데 그 차이가 있으나 실제 이용량은 해상운송의 1 / 10도 안 되는 상황이다.

다 약 1 / 2 정도 짧음에도 불구하고 철도보다 해상운송이 더 선호되고 있다. 그 이유는 해상운송이 TSR, TCR보다 운송거리가 길다는 지정학적 불리함에도 불구하고 선사들의 선박기항이 유럽지역에서 항만별로 특화되어 있으며 안정성, 정확성, 신뢰성 면에서 육상운송보다 더 낫기 때문인 것으로 풀이되며 동시에 거대한 운송능력을 갖고 있기 때문이다.

또한 운임측면에 있어서도 해상운송이 육상운송 혹은 복합운송보다 저렴한 것으로 나타났다(우종균, 1999:83). 즉 비록 철도와 배와 철도를 이용하는 것이 운송거리, 운송시간에서 유리함에도 불구하고 해상운송경로를 이용하는 것이 저렴한 것으로 나타났다.[93] 그 이유는 철도운송이나 복합운송을 하는 경우 운영상의 문제로 발생하는 비용 즉 항만사용료, 항만적체로 인한 부대비용발생, 통관에 따른 수수료부담 등에서 다양한 비용이 발생되거나 추가되기 때문이다. 또한 복합운송을 하는 경우 대륙횡단철도 이용 시 고율의 운임, 손실·멸실위험에 대한 대책미흡, 국경통과 시 환적·환차에 따른 시간지체 등으로 인해 제반 관련비용이 발생하기 때문이다.

따라서 대륙횡단철도가 해상운송에 대한 경쟁력을 가지려면, 보다 나은 운임경쟁력이 있어야 할 뿐만 아니라, 신속성, 안전성, 화물위치추적의 용이성, 서비스질의 향상, 운영의 효율성 등에서 전반적인 운송경쟁력을 갖추는 것이 필요하다.[94] 대륙횡단철도가 국제복합운

---

93) 그러나 임종관의 논문에 의하면, 부산에서 로테르담까지 해상 운송하는 경우, 수출 시 1컨테이너당 1,880달러이나 TSR은 1,650달러이고, 수입 시는 해상운송이 1,490달러, TSR이 1,160달러이다. 따라서 TSR이용운임이 해상운송보다 수출 시 230달러, 수입 시 330달러 더 저렴한 것으로 분석했다(임종관, 1992:41).

송망으로서 기능하기 위해서는 이러한 제반 문제점 등을 극복해야만 해상운송보다 경쟁력이 있을 것이다. 따라서 효율적인 철도운송시스템 및 운송조건이 개선되는 경우 해상운송보다 운송시간의 단축 및 운임도 보다 더 저렴해져 더욱더 경쟁력이 높아질 것이다.

## 3. 대륙횡단철도 TSR과 TCR운송여건 비교

ESCAP을 비롯한 많은 전문가들은 TSR이 철도복합운송루트 가운데 최적노선이라고 주장한다. 왜냐하면 그동안 TSR이 두만강과 인접한 러시아지역의 하산이 북한경유 통과화물에 대한 처리경험이 많은 것과 TSR의 인프라가 타 철도노선에 비해 비교적 잘 구축되어 있다는 이유 때문에 극동지역을 경유하는 TSR이 복합운송루트 가운데 최적노선이라 주장한다.[95]

---

94) 해상운송의 경우 아시아 주요항만에서 유럽의 주요항만까지 해상운송과 유럽의 항만에서 최종목적지까지의 내륙운송을 연계하는 일관복합운송요금체계가 발달되어 있으나 부산에서 TSR 또는 TCR을 이용하여 유럽으로 운송하는 경우, 해상운송료, 항만이용료, 철도운송비용, 세관통과료 등의 관련된 모든 비용이 화주부담으로 지불되므로 실질적으로 해상운송에 비해 운임경쟁력이 떨어진다. 또한 철도요금체계에 있어 운송거리증가에 따라 운송거리 단위당 요금이 체감하는 반비례운임제가 되어야 해상운송에 대한 경쟁력을 가질 수 있으나 현재 철도운송요금은 국가마다 구간별 비례증가요금제, 장거리 체감제 등 서로 다른 요금체계를 고수하여 대륙횡단철도 전체의 운임 경쟁력을 갖추기 힘들다.

95) TSR은 수송거리 면에서 해상수송의 경우 수에즈운하 경유보다는 약 8,000 킬로, 희망봉을 경유할 때보다 14,000킬로 단축이 가능하고, 운임 면에서도 약 30% 정도 저렴하다. TSR은 당초 기대치만큼 많은 수송량을 수송하지 못하고 있는데 이는 TSR이 물리적인 조건이나 배후설비의 낙후보다는 운영시스템과 노하우의 부족 그리고 마케팅 활동, 화물정보체계 및 적기수송

또한 TSR을 이용하는 것이 TCR을 이용하는 것보다 더 유리한 노선으로 평가되고 있다. 그 이유는 TCR이 TSR보다 많은 문제점과 장애요인이 상존하고 있기 때문인 것으로 평가된다. 즉 TCR은 최종 목적지인 유럽으로 운송되는 거리가 짧다는 이점 이외에는 중국 내 수송인프라의 낙후로 인해 기존 물동량의 소화도 어려울 뿐만 아니라 중국, 카자흐스탄을 거치게 됨에 따라 환적·환차, 국경통과수속, 수수료 부담 등 여러 가지 측면에서 TSR보다 경쟁상 열위에 있기 때문이다(하영석, 2002:55). 또한 TCR의 수송능력이 철도의 단선노선, 비전철화 등으로 매우 제한적이어서 TCR루트의 개척이 당분간 TSR을 이용할 운송물량에 큰 타격을 주지 못할 것으로 예상되고 있기 때문이다. 그러나 부산과 로테르담 간 복합운송에 있어 경로의 결합측면에서 중국횡단철도를 이용하는 경로가 시베리아횡단철도를 이용하는 경로보다 운송거리와 운송시간이 상대적으로 우위에 있음을 부인할 수 없다.[96]

---

등의 경영·관리상의 문제점으로 인해 비롯된 것이다. 이러한 문제점들을 개선하기 위해 시장경제원리와 경영의 자율화 등 자본주의적 경영기술이 도입되고 있으며 TSR에도 종래의 독점적·관료적 경영에서 자율이 강조되고 화주를 위한 서비스질을 높이기 위한 노력이 지속되고 있다. 따라서 시베리아횡단철도가 복합운송망으로 경쟁력을 확보하기 위해서는 해상운송에 대한 상대적인 경쟁력을 확보하기 위해서는 특히 해상운송에 대한 상대적인 경쟁력을 확보하여야 한다. 부산-로테르담구간은 운송거리와 운송시간 측면에서 우위를 가지고 있으나, 운임 면에서는 안전성을 포함하여야 하기 때문에 운임비용 이외의 제반여건 안정화를 가져와야 한다. 철도이용운임 비교측면에서는 시베리아횡단철도는 중국횡단철도를 이용하여 로테르담까지 운송하는 경우 통과하는 국가가 중국철도루트보다 적어서 운송비용이 상대적으로 낮다고 할 수 있다(김상원, 2001:31, 김홍섭, 1991:11).

96) 또한 TCR의 장점은 TSR보다는 약 1천 킬로, 해상운송보다는 약 7천 킬로 거리 단축이 가능하고 운송비용도 15~20% 정도 절감이 가능하며, 동절기에

중국횡단철도의 하나인 만주횡단철도(TMR)노선은 기술적 상태, 속도 및 운송기간, 4개국 국경지점에서의 연결미흡, 환적·환차 등의 문제점이 상존하고 있기 때문에 기존 TSR노선에 비해 경쟁상 열위에 있는 것으로 평가되고 있다. 즉 TMR을 이용한 운송루트가 만주의 하얼빈, 장춘 등 복잡한 구간을 통과하기 때문이다.

한편 TMR보다 TMGR을 이용한 운송이 보다 더 합리적이라 할 수 있다. 즉 TMGR은 운송구간 중 모든 화물이 집산되는 북경지역의 운송압박은 있으나, 단동-베이징 구간은 물동량이 그렇게 많지 않은 구간이기 때문에 TMGR을 이용하는 노선이 효과적인 운송루트로 평가되고 있다.

아무튼 현재 중국은 대륙횡단철도가 가져오는 막대한 운송수입 및 운송망 확충을 통한 경제성장의 극대화에 있어 철도역할의 중요성을 인식하여 철도의 현대화 작업을 서두르고 있다. 따라서 철도의 전철화, 복선화작업이 급속히 진행되고 있으며, 서비스질 향상, 열차속도 개선, 노후화된 철도시설에 대한 개선을 적극적으로 추진하고 있다. 특히 시베리아횡단철도보다 운송거리가 짧다는 이점을 최대한 활용하여 동북아시아지역에서 발생하는 수출입화물운송을 적극 유치하려고 노력하고 있다.

---

는 TSR이 섭씨 -20~-30도로 액화화물운송에 따른 어려움이 있으나 TCR은 가능하다(김홍섭, 2002:38).

# VII. 결론 및 함의

최근 국내에서 보도된 뉴스에 의하면, ① 2006년 4월경 전 대통령이었던 김대중씨가 경의선을 타고 평양에서 김정일을 만나고자 하는 방북계획, ② 2006년 6월 독일에서 개최되는 월드컵 축구경기응원을 위해 단절되었던 경원선을 타고 러시아의 시베리아횡단철도를 이용하여 독일로 직행하고자 하는 철도청의 구상, ③ 2007년 말쯤 수출 컨테이너화물을 철도페리를 이용하여 인천항에서 중국 옌타이 항까지 운송한 후, 중국횡단철도 및 시베리아횡단철도를 이용하여 유럽으로 운송될 전망의 기사내용이 있었다.

이러한 뉴스들은 무엇을 의미하는가? 앞의 두 내용은 후술하는 바와 같이 남북종단철도의 연결이 한반도는 물론 한반도 외부에 상당히 큰 의미와 상징성을 가져다줌을 의미한다. 마지막 내용은 점점 수출입화물의 물동량이 급증하는 상황에서 제3의 이익원으로 거론되는 물류비용의 절감을 위해 남북간 철도연결이 그 어느 때보다도 시급함을 보여주는 의미가 내재되어 있다.

남북간 철도의 연결은 상이한 체제와 이데올로기하에 60년 동안 분단이 고착화되어 왔던 한반도에 평화와 안정을 가져오는 것으로, 그동안 남북 간에 항존해 왔던 긴장의 해소 및 관계개선, 북한의 개혁·개방유도, 인적·물적 교류증진, 경제난에 허덕이는 북한경제를 회생시키는 데 커다란 기여를 할 것이다. 대외적으로는 남북종단철도가 대륙횡단철도와 연결됨으로써 유럽과 아시아가 하나의 대륙으로서 연결되고, ESCAP 및 국제사회가 추진하였던 랜드브리지의 완성을 의미함과 동시에 철의 실크로드시대의 개막을 알리는 것이 될 것이다. 또한 남북철도연결은 한반도가 지정학적·지경학적으로 아시아-태평양의 관문으로서의 중요한 역할을 수행함과 동시에 국제물류중심지로 부상함을 의미한다. 따라서 남북철도의 연결은 한반도만에 국한된 지엽적인 사업이 아닌 전 세계인들이 바라는 범지구적 프로젝트로서 한국에게 제2의 경제도약을 가져다주고 동북아지역내 국가들의 경제발전에 기여함을 의미한다. 즉 남북 간 철도가 대륙횡단철도와 연결됨으로써 한반도는 물론 동북아지역내 국가들 간의 상호보완적인 관계를 더욱 활성화시켜 상호협력과 번영을 추구하는 데 시너지 효과를 발휘하는 것을 의미한다.

그러나 남북간 철도연결은 많은 난관과 문제점이 상존하고 있다. 이미 알려진 바와 같이 북한의 철도기반시설은 그동안 경제침체로 지속적인 유지보수 및 관리부족으로 열악한 실정이다. 열차노후화를 비롯하여 고중량에 취약한 선로시설, 화차부족, 전 노선의 단선 등의 개선이 시급한 상황이다. 이와 같은 상황에서 대륙횡단철도와 연계되기 위해서는 남북 간의 철도가 상호통행이 가능하도록 전기와 디젤을 겸용할 수 있는 하이브리드방식의 추진장치개발, 중량레일로의 교체, 중심노선의 복선화, 전기·신호장치의 통일 등 철도시설의 기계화, 현대화 작업이 요구된다. 그중에서도 가장 큰 문제점으로 대두되고 있는 것이 북한 집권자의 정치적 결정 및 군부강경파의 협조가 있어야만 비로소 남북철도가 연결될 수 있는 정치적·군사적 과제가 남아 있다.

한편 남북한 철도가 연계될 대륙횡단철도는 화물을 운송하는 데 있어 여러 복합운송경로가 있다. 그러나 다양한 운송경로가 있음에도 불구하고 현재 해상운송이 선호되고 있다. 그 이유는 해상운송보다 철도운송이나 복합운송이 운송거리, 운송시간에 있어서 유리한 상황이지만, 운임에 있어서 경쟁력이 떨어지고 있기 때문이다. 또한 철도수송이나 복합운송을 하는 데 있어 각 국경을 통과하는 데 따른 제반문제, 항만사정, 상이한 철도시설, 상이한 신호체계, 국경 간 궤도 차이로 인한 환적·환차문제 등이 있으며, 화물운송의 생명이라 할 수 있는 신속성(적기수송), 정확성, 신뢰성, 서비스질 저하 등의 요인이 내재되어 있으며 동절기에 취약한 화물수송곤란, 화물위치추적곤란, 사회주의 잔재에 따른 관료들의 경직성과 비효율성, 서비스 부족 등의 문제가 있다.

이와 같이 남북한 철도가 대륙횡단철도와 연계되기 위해서는 여러 가지 난제들이 있지만 가장 큰 문제는 북한집권자의 정치적 결정이 급선무이다. 남북 간의 정치적 합의가 결정되면 남북종단철도의 연결과 운행은 시간문제일 것이다. 그에 의해서 남북철도는 철도가 갖고 있는 본래의 기능을 회복할 수 있으며, 그에 따라 남북은 상호협력과 공존공영을 추구할 수 있으며, 더 나아가 동북아시아지역내 국가들 간의 평화와 경제적 번영을 추구하는 데 지렛대로 작용할 것이다. 또한 그럼으로써 랜드브리지로서의 대륙횡단철도의 본연의 목적을 수행할 수 있을 것이다. 그것은 동북아시아지역내 국가들 간의 상호협력과 번영에 박차를 가할 것이다. 일본의 커다란 자본과 기술력, 한국의 개발경험과 자본력, 중국의 저렴한 노동력과 13억 시장, 러시아의 석유와 가스 등의 풍부한 지하자원, 북한의 저렴한 노동력 등이 어우러짐으로써 한반도는 물론 동북아시아지역 국가들이 상호 번영을 지속하는 계기를 마련할 것이다. 따라서 남북철도연결은 통일을 앞당기는 민족적 프로젝트로서 민족화합의 동맥이자 생명선이며 제2경제도약을 추구하는 한국에게 커다란 이익과 북한에 경제적 효과 이상의 것을 제공하는 성장동력이며, 더 나아가 동북아시아지역내 국가들의 번영에도 견인차역할을 수행할 것이다.


# ≪참고문헌≫

권원순, 2000, 「한·러 운송협력의 현황과 전망」, 『유라시아연구』, 연세대 동서문제연구원.

권원순, 2001, 「시베리아횡단철도 이용활성화와 한-러경제협력」, 『한국철도학회지』, 제4권 제1호, 한국철도학회.

김상원, 2001, 「시베리아횡단철도와 동북아경제협력」, 『한국철도학회지』, 제4권 제1호, 한국철도학회.

김성국·정헌영, 2005, 「대륙횡단철도를 고려한 아시아-유럽 컨테이너 화물운송수단 선택에 관한 시험적 연구」, 『해운물류연구』, 제44호, 한국해운물류학회.

김연규·안병민·이선영, 2000, 『남북한 교통망연결을 위한 기초조사』, 교통개발연구원.

김영봉, 1994, 「환동해 경제권형성과 국토개발과제」, 『국토』, 국토연구원.

김우준, 2003, 「중국 동북3성과 시베리아·러시아극동지방 간 관계」, 『현대중국연구』, 현대중국학회.

김한태, 1994, 「남북철도 연결과 대륙횡단철도 이용」, 『북한』, 5월호, 6

월호.

김홍섭, 1991, 「소련의 해운 및 시베리아횡단철도의 수송환경변화와 우리의 대응방향」, 『월간 해운산업동향』, 한국해양수산개발원.

김홍섭, 2002, 「대륙횡단철도를 통한 한반도 물류중심화 전략연구」, 『물류학회지』, 한국물류학회.

나희승·손지언·조영걸, 2004, 「대륙횡단철도 연계운영의 효율화를 위한 기초조사」, 『한국철도학회』, 2004년 춘계학술대회 논문집.

맹주환, 2004, 「한반도종단철도의 연결과 효과」, 『통일한국』.

문명식, 2004, 「연해주의 문화인류학고 한·러관계: 여러민족 간의 관계와 한·러 경제협력」, 『평화연구』, 2003 / 2004 겨울, 제12권 1호, 평화연구소.

배긍찬, 2003, 「ASEAN+3 협력과 동아시아정체성」, 『동남아시아연구』, 13권 1호, 한국동남아학회.

서선덕 외, 2001, 『한국철도의 르네상스를 꿈꾸며』, 삼성경제연구소.

성원용, 2002, 「TKR-TSR 연결의 의의와 파급효과」, 『동북아경제연구』, 제14권 제3호, 한국동북아경제학회.

신범식, 2003, 「교통의 국제정치: 시베리아횡단철도 국제화와 동북아 협력을 위한 한국의 대응전략」, 『한국과 국제정치』, 제19권 4호, 경남대 극동문제연구소.

심치호, 2004, 「중국·북한 국경역 운영시스템 및 남북철도운송방안 연구」, 『한국철도학회』, 한국철도학회지.

옥준종, 1989, 「중국대륙횡단철도를 이용한 컨테이너서비스에 대한 연구」, 『무역학회지』, 제16권, 무역학회.

우종균, 1999, 「아시아횡단철도의 경로별 운송조건 및 경쟁력 분석」, 『월간 해양수산』, 한국해양수산개발원.

유석형·임종관, 1993, 『남북한 화물운송체제 구축방안』, 해운산업연구원.

유원희·구동희, 2001, 「남북철도와 대륙횡단철도의 연계기술」, 『토목』, 대한토목학회지.

윤재희, 2002, 「남북철도연결사업에 있어서 주변국가의 경제적 효과」, 『복지행정연구』, 안양대 복지행정연구소.

이강대, 2005, 『교통물류계획』, 두남.

이상협, 2002, 「범아시아철도의 컨테이너 화물수송노선 대안 및 사업추진방안」, 『대한토목학회논문집』, 대한토목학회.

이성욱, 2001, 「북한의 철도시설과 운영현황」, 『토목』, 대한토목학회.

이영균 외, 2001, 『남북한 간 교통물류체계 정비확충방안』, 교통개발연구원.

이영선, 1994, 「한반도 경제통합과 동북아 경제협력」, 『동아시아연구논총』, 연세대 동서문제연구소.

이종득·이성욱, 2002, 「남북철도연결과 교류방안」, 『한국철도학회』, 2002년도 추계학술대회논문집.

임명, 1993, 「북한의 철도교통」, 『대한교통학회지』, 제11권 제1호, 대한교통학회.

임종관, 1992, 「대륙횡단철도와 극동/유럽 정기항로의 경쟁여건 비교」, 『월간 해운산업동향』, 한국해양수산개발원.

임현수, 2003, 「러시아의 동북아 경제협력정책과 TSR·TKR연결을 위한 경제적 협상전략」, 『동북아경제연구』, 제15권 제2호, 한국동북아경제학회.

정성호, 2002, 「동북아지역 철도연결망의 현황과 전망」, 『지역개발연구』, 강원대 지역개발연구소.

정재정, 2005, 「역사적 관점에서 본 남북한 철도연결의 국제적 성격」, 『동방학지』, 연세대 국학연구원.

진형인, 1995, 「남북한 해상운송체계의 현황과 과제」, 『해양한국』, 한국해사문제연구소.

진형인·조용갑·전형진, 1998, 『TAR활용을 위한 국제복합운송망 구축
　　방안』, 한국해양수산개발원.

최연혜, 2001, 「남북철도연결에 있어서의 동·서독 철도통합의 시사점」,
　　『토목』, 대한토목학회.

하영석, 2002, 「아시아-유럽 간 해륙철도 복합운송로의 경제성 비교분
　　석」, 『한국해운학회지』, 제36호, 한국해운학회.

현대경제연구원, 2003, 『허브 한반도』, 거름.

현병언·김창은·노전표·이석태, 2003, 『신물류관리』, 율곡출판사.


UNESCAP, 1999, TAR in the Southern Corridor of Asia－Europe Route.


世界日報社 刊, 佐佐 保雄 監修, 1993, 『日韓TUNNEL PROJECT』.

조선노동당출판사, 1996, 『김일성저작집』, 제44권.

조선일보(2006년 1월 3일자).

# (부록-1) 남북한 철도단절구간 현황

| 노 선 | 단절구간 | 단절구간 거리 | 비 고 〈국제철도와 연계〉 |
|---|---|---|---|
| 경의선 (서울-신의주) | 문산 ↔ 장단(판문점) ↔ 봉동<br>12km　　　　　　8km | 20km | * 중국 단동역에서 중국횡단철도연계 (3개 노선으로 TSR과 연계)<br>* 경의선 현재완공<br>* 부산-서울-문산(491km), 개성-평양-신의주(434km) → 총연장 945km (단절구간 포함 20km) |
| 경원선 (서울-원산) | 신탄진 ↔ 군사분계선 ↔ 평강<br>16.2km　　　14.8km | 31km | * 청진에서 광궤를 이용하여 나진-두만강-핫산을 거쳐 TSR과 연계<br>* 청진-회령-남양-도문을 거쳐 TMGR과 연결된 후TSR과 연계<br>* 부산-서울-신탄진(533km) 평강-청진-남양(790km) → 총연장 1,354km (단절구간 포함 31km)<br>* 부산-서울-신탄진(533km) 평강-청진-두만강(749km) → 총연장 1,313km (단절구간 포함 31km) |
| 동해북부선 (강릉-청진) (=동해선) | 강릉 ↔ 군사분계선 ↔ 고성(온정리)<br>127km　　　　9km | 121km | * 간성-군사분계선-고성(33km) |
| 금강산선 (서울-금강산 내금강) | 철원 ↔ 군사분계선 ↔ 기성<br>25km　　　　51km | 75km | * 관광여객수송 |

# (부록-2) 국경역 현황과 국경 간 환적·환차구간

| 연계구간 | 신의주-단동(중국) | 남양-도문(중국) | 두만강-핫산(러시아) |
|---|---|---|---|
| 구간거리 | 2.6km | 2km | 8km |
| 궤 간 | 同一(1,435mm) | 同一(1,435mm) | 러시아광궤(1,520mm)<br>북한표준궤(1,435mm) |
| 운행횟수 | 주 4회 화물과<br>여객수송 | 주 1회<br>화물노선 | 월 3회 |
| 환적 여부 | 북한중국 표준궤로<br>필요 없음 | 북한중국 표준궤로<br>필요 없음 | * 북한·러시아 궤간차이로 환적<br>·환차 필요<br>* 청진이나 나진에서 환적하여<br>핫산역까지 수송 |
| 대륙횡단열차<br>국경 간<br>환적·환차역 | •북한 두만강역과 러시아 핫산역에서 환적·환차<br>•중국 아라산쿠역과 카자흐스탄 드루르바역에서 환적·환차(TCR+TSR)<br>•중국 만주리 수분하역(1,435mm)과 러시아 자바이할스크(1,520mm) 그로레코역에<br>  서 환적·환차(TCR+TMR+TSR)<br>•중국 에렌호트와 몽골의 자민우드역에서 환적·환차<br>  (TCR+TMGR+TSR)<br>•폴란드 테레스폴역(1,435mm)과 벨라루시 브레스트역(1,520mm)에서 환적·환차<br>* 국경 간 철도궤 간 상이시 방법: 환적·환차. 대차교환. 혼합궤도 이용 | | |

# Future and Meaning of a Railroad Network in Korean Peninsula: Comparative Study on Transcontinental Railway and Marine Network

Regionalization and integration of economy in the 21st century are in progress actively. Nation−states in the North East Asia have made efforts to enhance the exchange of manpower and material for continuous economic development and the cooperation for prosperity. At recent times, the connection between North and South Korean railroads for Korea's role as economic hub and center of international distribution emerged as quite important subject.

The linkage between Korean railroads and transcontinental railways is able to complete 'land bridge' from the end of Korean peninsula to European continent and provide the implication of 'Iron's Silk Road'. There can be various results through the joining of the railroads as follows; the reform and opening of North Korea, dissolution of tension and improvement of relationship between North and South Korea, recovery of North Korean economy, enhancement of cooperation and economic development through the formation of single market in the North East Asia, reducing of international distribution cost due to the increase of the quantity of goods transported, and the extension of foundation for market, and stable acquirement of resources.

The connection of North and South Korean railroads, therefore, will mean that the function of Korean railroads will be restored in itself and the influential areas of Korea will be extended to Eurasia continent. It can be defined as a global project for global citizens and a national programme for Korean reunification because the linkage will be functioned as a factor for cooperation and prosperity in the North East Asia as well as economic growth in North and South Korea.

# 제7장

# 동북아시아 철도네트워크의 가능성

−한반도와 동북아시아를 중심으로−

# 요약

　현재 세계는 시장경제가 보편화되면서 경제의 세계화가 가속화되고 있으며 지역을 중심으로 권역화되고 있다. 그러나 한반도가 위치하고 있는 동아시아지역은 세계에서 가장 역동적인 경제시장으로 등장하고 있는데도 상이한 체제와 이데올로기로 유기적인 협력체제가 구축되지 못하고 있다. 세계경제규모의 5분의 1을 차지하고 있는 이 지역이 생산의 중심지, 물류중심지로서 부상하고 있음에도 불구하고 그 중요성을 활용하지 못하고 있다. 따라서 급속한 경제성장으로 폭증하는 수출입물동량의 원활한 수급을 위해서, 해상운송의 한계를 극복하기 위해서 동아시아지역내 국가간 상호협력에 토대된 육상운송부문의 연결이 시급하다.

　이러한 중심적 역할을 수행할 수 있는 것이 대륙횡단철도이다. 유라시아대륙을 연결하는 대륙횡단철도의 중요성은 가장 격동적으로 경제성장을 지속하고 있는 동북아경제권과 유럽경제권을 유기적으로 연결함을 의미한다. 시장경제체제의 도입을 통해 점차 교역규모가 증가하고 있는 중국, 러시아지역을 관통함으로써 성장잠재력을 현실화시키는 성장축임을 의미한다. 따라서 21세기에 있어 대륙횡단철도가 주는 함의는 동북아지역내의 성장의 속도를 좌우하는 주요 관건이 될 것이다. 그만큼 동북아지역내 국가들간의 철도연결은 교역 및 투자, 인적 교류의 확대를 위해 필요 불가결한 존재가 되고 있다. 더 나아가 그것은 화물의 대형화, 수송의 신속성과 안정성, 운임의 경제성이 보다 더 요구되고 있는 이때 더욱 필요한 존재라 할 수 있다. 이러한 상황을 감안할 때 동북아지역의 지속 가능한 발전과 번영, 공존을 위해 성장동력원이자 견인차로써 남북한철도의 연결이 시급한 선행과제로 등장하고 있다. 궁극적으로 그것은 아시아-유럽대륙 간 랜드브리지의 완성이자 철의 실크로드의 완성을 의미하는 것으로 철도를 통한 세계화에 기여하는 것을 의미한다.

# Ⅰ. 문제의 제기

세계는 지금 자본이 국경 없이 넘나들고 인간들 간의 교류가 활발하게 전개되고 있다. 이러한 가운데 시장경제가 보편화되면서 경제의 세계화가 가속화되고 있으며 지역을 중심으로 권역화되고 있는 상황이다. 하지만 아직도 동아시아지역은 상이한 체제와 이데올로기로 유기적인 협력체제가 구축되지 못하고 있다. 한반도가 위치한 동아시아지역은 세계에서 가장 역동적인 경제시장으로 등장하고 있는데도 생산의 중심지, 물류중심지로서 그 중요성을 활용하지 못하고 있는 실정이다. 급속한 경제성장으로 폭증하는 수출입물동량의 원활한 수급을 위해서 동아시아 국가 간 상호협력에 토대된 운송부문의 연결이 시급하다.

동아시아의 물류운송체계에 커다란 변화를 가져오고 있는 요인으로는 중국, 러시아, 북한 등의 경제체제의 변화 및 개혁·개방정책이다. 중국은 자본주의 시장경제를 받아들이고 외국의 자본과 기술을 적극적으로 유치하여 경제발전을 꾀하고 있다. 그에 따라 수출입물동량이 빠르게 증가하고 있어 동아시아지역의 물류운송체계에서 차지하는 비중이 높아지고 있다. 러시아 역시 시장경제체제를 도입하고 적극적으로 개혁과 개방을 추진하고 있으며 시베리아지역개발을 위해 한국, 일본과의 경제협력을 증진시키려 노력하고 있다. 또한 러시아는 경제적 이익을 위해 주변국들의 수출입화물의 수송을 대행해줌으로써 운임수익의 증대를 꾀하고 있는 상황이다. 북한도 경제난으로 어려움을 겪고 있는 가운데 침체된 경제상황을 극복하기 위해 중국의 시장경제체제의 도입효과를 지켜보면서 조심스럽게 개방정책을 시도하고 있다. 북한은 체제개방에 대해서는 지극히 몸을 낮추고 있지만 남북한 철도연결로 인해 얻어지는 많은 이득을 고려하여 남북철도연결에 관심을 보이고 있는 상황이다.

이와 같이 동아시아지역은 세계의 어느 지역보다 빠른 속도로 경제가 성장하고 있으며, 국제자본들이 이 지역에 해외투자를 확대함에 따라 동아시아 국가들의 수출입물동량이 지속적으로 증가하고 있다. 그동안 수송분야에서 일정부문을 담당하여 왔던 해상운송의 한계를 극복하기 위해 철도를 통한 육상운송에 대한 고려가 큰 관심사로 부각되고 있다. 화물의 대형화와 수송의 신속성과 안정성, 운임의 경제성 등의 요구가 커짐에 따라 해상운송보다 육상운송의 유익성이 크게 논의되고 있는 상황이다. 그러나 지리적으로 동아시아지역은 물류중심지로 부상하고 있는데도 불구하고 동아시아육상네트워크의 연계가 원활하게 이루어지고 있지 못하고 있는 상황이다. 그 가장 큰 이유는 동아시아지역의 물류운송중심지로 커다란 역할을 수행할 수 있는 남북한철도연결이 이용잠재력이 큼에도 불구하고 아직 결실을 맺고 있지 못하기 때문이다.

만약 남북간의 철도가 연결된다면 상호간 협력인프라를 구축함으로써 일본, 유럽, 미주, 동아시아지역의 화물을 효율적으로 대륙으로 수송할 수 있게 될 것이다. 또한 중국, 러시아, 남북한의 화물을 태평양으로 수송할 수 있는 기회가 제공됨으로써 동북아지역의 물류운송중심지 역할을 담당할 수 있을 것이다. 따라서 섬처럼 고립되었던 한반도가 동북아시아의 물류중심지로 본격적인 기능을 발휘하기 위해서는 궁극적으로 남북한의 상이한 체제와 이데올로기를 초월하여 남북한의 경제발전을 위하여 남북한의 철도연결이 시급한 상황이다. 궁극적으로 이것은 시베리아횡단철도나 중국횡단철도와의 연결을 의미하는 것이며 더 나아가 유라시아대륙과의 연결을 의미하는 것이다.

본고는 이러한 점에 착안하여 우선 세계에서 가장 역동적인 경제시장으로 부상하고 있는 동아시아지역내 국가들의 전반적인 경제환경변화를 다양한 지표를 가지고 분석하고자 한다. 그 다음에는 아시아-유럽 간 랜드브리지의 완성, 철의 실크로드완성으로서의 의미를 주는 남북한간 철도연결이 가져다주는 경제적 효과 즉 동아시아지역내 국가들에 미치는 경제적 실익에 대해서 검토하고자 한다. 또한 그것이 남북한에 미치는 경제적 효과 및 정치적 의미 등에 대해서 심도 깊게 논의하고자 한다. 기존의 연구들이 소홀히 다뤄왔던 남북한 철도연결의 실질적인 이익과 효과 및 동아시아지역에 주는 현실적 이익은 무엇인가를 정치경제학적 시각에서 논의하고자 한다. 그 다음에 가서는 남북한 종단철도가 궁극적으로 유라시아대륙과 연결되는 가교로서 역할을 하는 대륙횡단철도 즉 시베리아횡단철도, 중국횡단철도 등의 현황과 문제점에 대해서 최근의 자료를 이용하여 검토하고자 한다. 또한 이들 철도와 중간고리 역할을 하는 북한지역내 철도의 현황 및 문제점에 대해서도 체계적으로 언급하고자 한다. 마지막에 가서는 그동안 해상운송에만 의존해 온 한반도 내 수출입 화물운송을, 남북한 철도가 연결되었을 때 발생하는 경제적 비용, 효과, 장단점 등에 대해서도 비교 검토하고자 한다.

# Ⅱ. 동아시아지역의 경제환경변화

세계경제가 변화하는 가운데 동아시아 지역간의 경제적 협력이 점차 강화되고 있다. 동북아시아경제권은 한국, 일본, 중국, 러시아, 몽고, 북한으로 구성되는바, 세계에서 가장 역동적인 경제시장으로 부상하고 있어 세계 3대 경제권 중에서 가장 속도가 빠르게 성장하고 있다. 현재 동북아지역은 세계경제규모의 5분의 1을 점유하고 있는 곳으로 세계인구의 4분의 1이 거주하고 있고 100만 이상의 도시가 43개나 위치하고 있으며 세계물동량의 약 30%를 차지하고 있어 중장기적으로 물류의 중요성이 크게 부각되는 지역이다(현대경제연구원, 2003:29 – 45).

세계 총국민총생산(GNP)에서 동북아지역이 차지하는 비중은 1990년의 16%에서 2000년 19.7%, 2010년에는 26.9%, 교역비중은 2000년에 19.3%에서 2010년에는 30%로 급상승하여 동북아 경제규모는 북미 및 유럽과 대등한 규모가 될 것으로 전망된다. 특히 중국은 1978년 개혁·개방 이후 연평균 성장률 10%대에 달하는 경이적인 경제성장을 이룩하였다. 그 결과 2000년 기준으로 GDP규모와 교역순위에서 세계 7위, 그리고 외환보유고에서는 일본에 이어 세계 2위를 차지하는 등 경제대국으로 변신했으며, 구매력 평가기준(PPP)으로는 세계 2위로까지 급성장하였다(현대경제연구원, 2003:24 – 5). 이는 풍부한 자원, 노동력 등 높은 생산성과 성장잠재력에 기인하는 것으로 앞으로 동북아지역 성장의 견인차 역할을 할 것으로 전망된다.

## 동북아지역국가들의 주요지표 및 경제지표(2000년)

| | 면적<br>(만 ㎢) | 인구<br>(백만 명) | GNP<br>(10억 US$) | 1인당 GNP<br>(US$) | 1인당 GDP<br>(US$) | GDP<br>성장률 | 수출<br>(10억 US$) | 역내의존율<br>(백만 달러, %) |
|---|---|---|---|---|---|---|---|---|
| 한 국 | 10 | 46 | 399 | 8,600 | 6,908 | −5.8 | 156.7 | 23.2 |
| 중 국 | 960 | 1,246 | 1,082 | 873 | 770 | 7.8 | 415.8 | 24.3 |
| 일 본 | 38 | 126 | 4,089 | 32,350 | 29,836 | −2.8 | 436.5 | 13.8 |
| 러시아<br>극동 | 613 | 6 | 332 | 2,260 * | 1,890 * | −4.6 * | 87.7 * | 57.0 |
| 북 한 | 12 | 23 | n.a | n.a | 573 | −1.1 | n.a | 58.5 |
| 몽 골 | 157 | 3 | 1 | 380 | 436 | 3.5 | 0.54 | 70.2 |
| 동북아 | 1,790 | 1,450 | 5,903 | 3,710 | – | – | 1,097.2 | – |
| 세 계 | 13,357 | 5,897 | 28,835 | 4,890 | – | – | 6,748.1 | – |

* 표시는 러시아 전체를 의미함
GDP성장률 수치는 1998년 기준
출처: World development indicators, 2000, World Bank,
　　　運輸省第一港灣建設局, 2000,「環日本海國際物流基盤整備調査」.
　　　성원용, 2002,「TKR‐TSR 연결의 의의와 파급효과」,「동북아 경제연구」제14권 제3호.
　　　심기섭, 2000,「동북아지역의 물류인프라 현황 및 효율적 연계수송망의 구축방안」,「월간
　　　해양수산」통권 제193호.

　　　동북아지역의 국가들 간에는 이해관계가 충돌하기는 하지만 협력
관계측면에서 상호보완성이 많다. 즉 일본은 막대한 자본과 첨단기술,
한국은 경제개발경험과 기술, 생산시설 및 장비, 중국과 러시아는 농
산물, 광물 등 1차산업과 관련된 자원과 노동력에서 강점이 있다. 반
면 일본과 한국은 에너지, 산업자원, 농축산물의 부족, 중국과 러시아
는 자본과 기술, 경영력의 부족 등에 있어서 상호경제적 보완관계가
뚜렷이 성립되고 있다. 또한 동북아 경제권은 유럽이나 미주지역과는
다른 특성을 지니고 있는데, 경제적 상호보완성 외에도 생산요소의
결합형의 경제권을 형성하고 있다. 즉 한국과 일본은 중국, 러시아,
북한 등에 개발계획의 실현을 위해 경제적으로 지원이 필요하며 동

북아지역의 개발대상지역은 러시아 극동지역의 자원개발 및 해양개발, 중국 동북3성지역의 자원 및 농업개발 등과 밀접히 상호관련을 맺는 경제권이다. 그러나 이 지역은 역내의 시장만으로는 독립적인 경제권을 유지할 수 없는 상황으로 대외개방형 경제권을 형성해야 하는 지역으로 상호경제협력관계가 필요하다(이철우, 2006:105－6).

한편 동북아 경제권이 형성되고 국가 간 협력체제가 활발하게 이루어지는 경우 경제성장은 빠른 속도를 유지하면서 화물의 수송수요 또한 상당수준으로 증가할 것으로 보인다. 동북아 지역국가들의 2000년 교역현황을 살펴보면, 일본은 8천23억 달러, 중국 4천743억 달러, 한국 3천327억 달러, 러시아 1천499억 달러, 몽골 약 13억 달러, 북한 약 20억 달러로 나타났다. 또한 지난 10년간(1990~2000) 경제성장률을 보면, 중국은 동북아시아 평균 2배에 달하는 10.9%로 나타났으며, 한국은 5.2%, 일본은 1.0%, 북한은 1.3%, 몽골은 1.1%, 러시아는 약 3%로 나타났다. 특히 세계 제2위의 경제대국으로 부상하고 있는 중국은 경제성장률 면에서 급성장하고 있으며 회복기에 들어선 일본도 성장률이 증가할 것으로 예상되며, 러시아도 성장률이 증가할 것으로 전망된다. 이는 세계평균 경제성장률이 3% 대임을 감안할 때 그리고 세계무역에서 차지하는 비중이 2000년 기준 13.3%임을 고려할 때, 동북아지역내 국가들의 경제성장률이 급신장되고 있음을 알 수 있다(IMF, 2004, 현대경제연구원, 2003:23). 따라서 세계경제의 중심이 기존의 유럽 및 북미에서 서서히 동북아지역으로 이동하고 있음을 예측해 볼 수 있다.

또한 동북아지역내 국가 간 교역규모현황을 한국을 중심으로 살펴보면, 2000년 현재 중국과는 총 313억 달러(수출 185억 달러, 수입

128억 달러)였으며, 일본과는 총 523억 달러(수출 205억 달러, 수입 318억 달러), 러시아와는 약 10억 달러(수출 약 8억 달러, 수입 2억 달러), 북한과는 총 약 4억 달러(수출 2.7억 달러, 수입 1.5억 달러)로 나타났다(한국산업은행, 2003). 이를 통해서 알 수 있듯이, 동북아지역내 국가 간 교역규모는 상당히 높음을 알 수 있으며, 앞으로 점점 교역규모는 커질 것으로 전망되며, 교역화물물동량도 점점 증가할 것으로 전망된다.

동북아지역내 화물수송물동량이 급증하고 있는 상황에 있지만 이 지역의 화물수송수요는 주로 해운에 의존하여 왔으나 앞으로는 크게 변화될 것이다. 1985~1990년 기간 중 동북아지역의 컨테이너 물동량의 연평균 증가율은 11.3%로 세계 컨테이너 물동량 연평균 증가율을 8.9%를 상회하였으며 이러한 추세는 1990~2000년 기간 중에도 계속되어 2001년 현재 세계 컨테이너 물동량의 약 25%(5,957만TEU)를 동북아지역이 차지하였는데(한국은 999만TEU, 4%), 이러한 추세는 2011년에 이르면 33%(14,029만TEU)로 급증할 것으로 전망된다(한국은 2,067만TEU, 7%). 특히 동북아 컨테이너물량의 2분의 1이 중국이 점유할 것으로 전망된다(한국산업은행, 2003). 따라서 동북아지역내 국가들 간의 교역규모가 점점 확대됨을 대비하여 컨테이너화물에 관한 물동량의 효율적인 처리가 급선무로 대두되고 있는 상황이다. 이를 위하여 상대적으로 취약했던 물류시스템의 획기적인 기반구축을 위해 해상운송보다는 철도를 중심으로 한 육상네트워크의 대폭적인 투자가 요망된다. 이를 위해서 우선적으로 아시아대륙과 유럽대륙의 랜드브리지(가교)로서의 역할을 하는 남북한 철도의 연결이 그 어느 때보다도 시급을 요하는 상황이다. 이는 격동적으로 경제성장을 지속하고 있는 동북아경제권과 유럽경제권을 연결하기 위해서, 점차 교역규모가 확대됨에 따른 물동량증가에 대비하기 위해서라도 반드시 필요한 작업이기도 하다.

## Ⅲ. 철의 실크로드완성으로서 의미와 효과

동북아지역에 있어 철의 실크로드의 완성이라고 할 수 있는 남북철도의 연결은 많은 의미를 갖는다. 남북철도의 연결은 대륙횡단철도와 연결되는 세기의 프로젝트로서 유럽, 아시아, 태평양을 잇는 중심교량역할의 완성이자 진정한 의미의 유라시아철도망의 시발점과 종착점의 완성을 의미한다.[97] 남북철도연결은 동북아를 비롯한 대륙철도 간 중심교량으로서의 역할과 물류중심지, 경제중심지로서의 발전가능성을 의미한다. 유라시아대륙과의 직접적 물류수송망 연결 및 그에 따른 교역증대와 물류비용의 획기적 절감, 동아시아지역 국가들과의 단일시장구축을 통한 상호협력증진과 경제발전, 시장기반 확대, 철도관련산업 해외진출, 자원의 안정적 확보 등 다양한 의미를 제공하는 것으로 요약할 수 있다. 또한 그것은 북한의 개혁·개방유도 및 남북한 관계개선과도 밀접하게 연관된다.

남북한철도의 연결은 그동안 복합운송망을 통해서만 이루어져 왔

---

[97] 1992년 북경에서 열린 아시아-태평양 경제사회이사회(ESCAP) 제48차 총회에서는 아시아횡단철도 북부노선프로젝트의 하나인 남북철도의 연결사업을 검토한 바 있다.

던 물류수송에 혁명을 가져다주는 것으로 대륙횡단철도와 연계됨으로써 물류비 절감과 수송거리와 수송기간 단축을 가능하게 할 것이다.[98] 그것은 수출입관련 기업들에게 제3의 이익원으로 간주되는 물류비용의 절감이라는 경제적 이익을 가져다줄 것이다. 또한 수송기간의 단축은 교역량의 증가는 물론 기업의 경쟁력 강화 및 신수요를 창출하는 효과를 가져다줄 것이다.

남북철도연결은 한반도가 유라시아대륙으로 진출하는 물류전초기지가 될 뿐 아니라, 동북아 물류중심지로 환동해 또는 환황해 경제권을 형성함을 의미한다.[99] 남북철도가 동북아 경제협력의 두 권역, 중국의 요동성, 산동성 및 황해연안지역, 발해지역의 환황해경제권과 러시아 극동연해주 및 시베리아지역, 북한의 두만강지역, 일본 호쿠리쿠지방의 환동해경제권을 결합시킴으로써, 환동해 및 환황해 교역 네트워크 구축과 동서연결축을 구축하여 완전한 의미의 동북아 경제협력의 광역수송체계를 구축하게 됨을 의미한다(성원용, 2002:61). 한반도 전체가 동북아시아 역내외수송의 물류중심지로서, 상호동반적 성장의 벨트로서 입지조건을 확보하게 된다. 따라서 한반도는 동

---

98) 남북한철도의 연결은 유럽과의 교역물자를 시베리아횡단철도, 중국횡단철도 등 대륙횡단철도를 통해 수송함으로써 선박에 의한 해운수송보다 운송기간을 단축하고 비용을 절감할 수 있어 한국의 국제경쟁력을 향상시킬 수 있는 기틀을 만들 수 있으리라 본다(서선덕 외, 2001:214-5).

99) 환동해경제권 형성에 가장 열의를 보이고 있는 나라는 일본이다. 일본의 동해연안의 지역과 도시를 중심으로 환동해경제권 개발에 구상이 의욕적으로 일어나고 있다. 특히 홋카이도, 아오모리, 아키다, 야마가타, 나카타, 도야마, 이시카와, 후쿠이현 등 동해안에 면해 있는 일본의 지역은 지리적으로 인접한 남북한 러시아, 중국 등 북부지방과의 경제교류를 활성화시켜야 한다는 움직임이 활발하게 일고 있다(김영봉, 1994:8).

북아의 물류거점지로서 부상하게 됨은 물론 동북아지역을 단일시장 경제권으로 묶게 되는 계기를 마련할 것으로 전망된다.

남북한 철도의 연결은 한국과 일본의 자본, 기술, 러시아의 풍부한 지하자원 및 중국의 풍부한 노동력과 거대한 소비시장이라는 경제적 3요소를 충족시킬 것이다. 이것은 한반도가 물류이동의 중심지일 뿐 아니라 투자와 개발의 중심지로 발전할 수 있음을 의미한다. 더 나아가 남북한 철도연결은 동북아시아지역에 협력인프라를 구축함으로써 동북아시아의 평화와 번영의 지렛대가 될 수 있을 것임을 의미한다. 따라서 남북한 철도의 연결은 지리적 근접성, 경제구조의 상호보완성을 넘어서 태평양을 통해 미국과, 시베리아횡단철도, 중국 횡단철도를 통해 유럽과 연결될 수 있는 세계경제의 성장거점으로서 유리한 조건을 차지하는 매개체가 될 것이다.

동북아지역내의 물류규모가 급증하고 있는 상황에서 새로운 운송 루트의 확보는 해상을 통한 운송보다 운송시간을 단축하고 비용을 절감할 수 있게 해주는 의미를 갖는다. 남북철도연결은 아시아대륙 및 유럽대륙을 연결하는 내륙수송망을 갖추게 되어 동북아지역이 육상교통의 중심지로 부상할 수 있는 계기를 맞이할 수 있게 해주며 동북아지역의 국제경쟁력을 획기적으로 향상시킬 수 있는 기틀을 만들 수 있을 것이다(서선덕 외, 2001:215).[100] 그것은 중국의 동북부

---

[100] 동북아와 유럽을 연결하는 수송체계가 저렴하고 안전하며 신속한 유라시아 철도운송 중심으로 재편됨에 따라 유럽시장에서 한국기업과 상품의 경쟁력이 제고될 것이고 동유럽을 비롯해 중앙아시아, 러시아지역(CIS)으로의 시장진출이 가속화될 것이다. 이는 미·일 시장에 편중되었던 한국의 교역구조를 획기적으로 개선함으로써 보다 균형 잡힌 대외경제관계, 이를 바탕으로 보다 자주적인 대외정책을 추진할 수 있는 기회를 제공할 것이다(성원

지역, 러시아의 극동연해주지역, 중앙아시아, 중동 그리고 동서유럽에 이른 국제운송망을 형성하는 데 단초를 제공함으로써 유라시아대륙의 복합운송주도권을 획득하게 됨을 의미한다. 뿐만 아니라 복합운송의 동북아 거점 그리고 아시아경제권의 물류중심지로 성장하게 함으로써 동북아경제협력의 구심점이 되게 할 것이다(김상원, 2001:31).

남북한 철도연결은 동북아지역내 국가들의 경제발전과 경제적 보완관계를 형성시키는 데 기여할 것이다. 그것은 그동안 접근이 용이하지 못한 지역개발과 지역 간 경제협력을 촉진시켜 동북아 지역의 단일경제권의 형성을 통한 상호지속적인 경제발전을 가져오게 됨을 의미한다. 즉 중국, 러시아 등 성장잠재력이 큰 동북아시아지역내 국가들의 경제성장에 시너지효과를 극대화하는 데 이바지할 것이다. 또한 상대적으로 낙후되어 왔던 일본 내 동부지역의 경제활성화에도 기여할 것이다. 이와 같이 동북아시아지역은 남북철도연결을 통하여 그간 소극적으로 이루어져 왔던 국제협업과 국제분업적 관계를 더욱 활성화시킬 수 있을 것이다.[101] 남북철도연결이 동북아시아지역내 국가들의 상호보완성과 다양성을 결합시킴으로써 동북아지역내 국가들의 경제발전과 경제협력을 촉진시키는 요인으로 작용할 수 있음을 의미한다.

특히 러시아는 남북철도연결로 걸프전 이후 감소되어 왔던 시베리아횡단철도의 물동량 증가 및 연해주지방의 발전과 번영, 러시아내륙지방의 경제활성화에 크게 기여할 수 있을 것으로 전망된다. 또한 시베리아지역의 석유 및 우랄지역의 철광석, 쿠즈네츠크 탄전, 이르

---

용, 2002:63 − 64).

101) 중국의 천연자원과 저렴한 노동력, 러시아의 풍부한 부존자원, 북한의 값싼 노동력, 일본의 첨단기술과 자본, 한국의 자본과 개발경험이 공존하는 곳이다,

쿠츠크 천연가스, 삼림자원 등을 개발하는 데 박차를 가할 것이며, 극동지역의 자원개발과 해양개발촉진, 나홋카의 공단개발에 중요한 영향을 미칠 것이다. 한편 중국에게 있어 남북한의 철도연결은 동북 3성의 지하자원 및 농업개발촉진에 기여할 것이며, 그것을 한국이나 일본으로 수출할 수 있는 진출 루트로서 활용될 수 있을 것으로 전 망된다. 또한 용량한계에 도달해 수출입화물적체로 고심하고 있는 대련항과 천진항의 숨통을 열어주는 대체 루트 역할수행 및 중국의 동해안 진출 루트로서 활용될 것이다(윤재희, 2002:108, 정성호, 2002:151, 권원순, 2001:55, 김영봉, 1994:6). 또한 일본은 남북철도연 결로 인해 과거에 검토하였던 후쿠오카-대마도-아키도-거제도- 부산을 잇는 235㎞의 한일해저터널계획을 현실화시킬 가능성이 높음 은 물론 그에 따른 대유럽행 교역상품수출의 비용절감효과를 가져올 것이다. 또한 그것은 동북아시아지역내 국가는 물론 동남아시아지역 국가들에게도 경제적 이익을 가져다줄 것이다(世界日報社刊, 1993:51, 김상원, 2001:32, 신범식, 2003:288).

## Ⅳ. 남북한에 주는 의미와 효과

남북철도의 연결은 교통체계구축 이상의 상당한 함의를 준다. 그 동안 분단을 상징해왔던 비무장지대를 관통하여 남북한 철도가 연결 된다는 것은 남북 간 긴장해소 및 신뢰구축, 남북화해협력의 안정성 과 지속성을 담보해주는 데 토대를 마련할 것으로 보인다. 남북한

철도연결은 분단된 한반도의 운명을 극복하고 광활한 유라시아대륙으로 공간을 넓혀 나가는 것을 의미하는 것으로 한반도에 평화와 안정, 번영을 가져옴을 의미한다.[102] 즉 남북철도연결은 그동안 동북아의 안정과 평화에 걸림돌로 작용하였던 남북대치상황을 종식시켜 한반도는 물론 주변국가들로 하여금 긴장을 완화시키는 데 기여할 것이다. 그것은 궁극적으로 한반도내부로부터 경제통합을 가로막았던 체제의 이질성을 극복함으로써 동북아 상호협력과 경제통합을 가속화하는 전기를 마련할 것이다.

남북철도연결의 가장 큰 의미 중의 하나는 극심한 경제난에 허덕이는 북한경제의 회생과 활성화에 기여함을 의미한다.[103] 그것은 북한체제의 경직성을 완화시켜 개혁·개방화를 촉진시킴으로써 국제사회의 일원으로 참여시키는 데 일조할 것이다. 남북한 철도연결은 남

---

102) 남북철도의 연결의 상징인 경의선과 경원선, 동해선의 복원의미는 남북한 간의 정치적 갈등완화, 이산가족의 교류, 남북경제협력의 촉진 등 다양한 차원에서의 긍정적 효과를 가져다줄 것으로 기대되고 있다. 그것은 대륙횡단철도를 통한 유럽대륙으로의 연계가능성과 함께 철의 실크로드시대가 개막되면서 섬 아닌 섬나라로 지내왔던 남한과 북한 모두에게 있어 커다란 기회와 도전이 될 것이다. 즉 물류거점지, 경제중심지로 부상하게 될 것으로 전망되며 그에 따른 상당한 경제적 효과를 가져올 것으로 기대된다.

103) 1994년 김일성은 벨기에 노동당 중앙위원회 위원장과의 대화에서 신의주와 개성 사이의 철길을 복선으로 만들고 남한으로 들어가는 중국상품을 운송해 주기만 해도 연간 4억 달러 이상의 수입이 발생한다고 언급했다. 러시아나 흑룡강에서 수출하는 물자를 두만강 역에서 넘겨받아 동해안에 있는 철길로 옮겨 주면 거기에서도 한해 10억 달러의 수입이 발생할 것이라고 언급했다(조선노동당출판사, 1996, 김일성저작집, 제44권, 470-471). 김일성은 남북철도의 연결로 이런저런 수입이 연간 15억 달러 정도가 될 것이라 판단했던 것 같다. 그만큼 북한에 있어서 철도연결은 북한경제에 커다란 도움이 될 뿐만 아니라 침체된 경제를 회생시키는 긴요한 수단임을 추측할 수 있다.

북경제교류발전과 함께 남북경제공동체구상을 앞당기는 촉매제가 될 것이며 대북사업의 활성화가 촉진될 것이다. 철도가 연결되면 남북교역상품의 생산지역인 북한 서해안공단 활성화에 기여할 것이고, 현재 진행 중인 개성공단의 개발촉진 및 금강산육로관광 등 남북협력사업 추진이 순조로이 진행될 것임을 의미한다. 또한 북한, 러시아, 중국이 공동 참여하는 두만강유역개발을 촉진시킬 것이며 특히 나진－선봉지역의 간선교통망으로 활용될 수 있을 것이다(윤재희, 108).

또한 남북철도연결은 남북한 산업구조에도 변화를 줄 것으로 보인다. 지금까지 중소기업 위주의 임가공형태에 머물던 남북경협이 대기업들의 대형투자로 설비반출형 위탁가공형태로 질적 도약을 이룰 것으로 기대된다. 남한의 사양산업으로 인식되어 왔던 업종들이 북한으로 생산기지를 이전함으로써 그동안 침체되어 왔던 경공업분야의 활성화에 기여할 것이며 남북 간 산업구조가 기술집약형 대노동집약형 산업으로 재편됨으로써 남북 간 상호보완적인 산업구조로 변화시킬 것이다(이영선, 1994:200, 윤재희, 2002:110). 또한 남북철도의 연결은 그동안 간접교역으로만 이루어져 왔던 거래관계가 직접교역으로 전환되는 계기를 마련할 것이다. 즉 인천에서 중국의 연안항구를 우회하여 남포항과 해상교역을 해 왔던 화물컨테이너수송을 육로수송으로 직접교역함으로써 물류비 절감과 수송기간 단축으로 교역량이 대폭 늘어날 것으로 전망된다.[104]

---

104) 남북한 철도를 연결할 경우, 인천에서 남포까지 인원과 물자를 수송할 경우 해운수송에 비하여 비용은 현재 1,000~1,100달러 정도 소요되고 있으나 1/3~1/5 수준으로, 수송기간은 13~14일 소요되던 것이 1~3일 정도 소요될 것으로 예상되어 10일 이상 단축할 수 있다. 특히 컨테이너 1개당 800달러 수준이었는데 철도 이용 시 약 200~250달러가 예상되어 운임의 6분의 1

따라서 남북철도연결은 한국철도본연의 기능을 회복하는 사업임과 아울러 한반도의 통일을 앞당기는 민족적 프로젝트라고 할 수 있다. 그것은 한반도의 끊어진 허리를 잇고 막혔던 핏줄을 통하게 하는 것으로 다방면에 걸친 남북교류와 상호발전을 가능케 하여 준통일에 가까운 효과를 가져오리라 기대할 수 있다. 그것은 통일 이후 갖추어야 할 국가물류체계의 사회간접자본시설을 미리 구축해 두는 것으로 남북한은 남북철도연결로 인해 통일준비과정으로 들어서게 되는 것과 같은 의미를 제공한다(맹주환, 2004). 더 나아가 남북철도연결은 남북 간 인적·물적 교류의 확대를 가져와 상호이해와 협력분위기를 증진시키는 계기를 마련할 것이다. 그것은 남북한의 사회문화적 이질성을 줄이고 대신 그동안 잊히고 상실되어 왔던 한민족의 동질성을 회복시키고 동시에 우리민족끼리의 공존공영을 추구하는 것을 의미한다.

이와 같이 남북철도연결은 한반도에만 국한된 지엽적인 사업이 아닌 의미심장한 프로젝트라 할 수 있다. 남북철도연결은 한반도가 동북아의 물류중심지로서, 아시아-태평양지역의 관문으로써 최상의 입지조건을 확보하게 됨을 의미함과 동시에 결과적으로 우리민족이 재도약하여 동북아의 중심국가로 자리매김함을 의미하여 세계 속의 강국 중의 하나로 위치함으로써 한국의 위상을 높이는 데 결정적인 계기를 마련하는 것이다.

---

수준으로 줄어들 것으로 추정된다(이성욱, 2001:17, 성원용, 2002:56).

# V. 대륙횡단철도: 시베리아횡단철도와 중국횡단철도

## 1. 시베리아횡단철도(TRANS SIBERIAN RAILWAY)

러시아제국의 국운을 좌우할 만큼 중대한 국가적 사업으로 추진되었던 시베리아횡단철도는 제정러시아시대 알렉산드르 3세시대의 재무상으로 있던 비테재무상에 의해서 건설되었다. 비테는 낙후지역이었던 시베리아지역과 극동연해주지역을 개발하기 위한 경제·군사적 목적 및 유럽과 아시아를 연결을 통하여 경제발전을 추구하고 대륙간 육교로 활용 및 세계무역의 주축으로 부상하려는 의도에서 시베리아횡단철도건설에 착수하였다(신범식, 2003:129). 이러한 역사적 배경을 갖는 시베리아횡단철도는 2000년 초에 출범한 푸틴정부에 의해 그 중요성이 크게 부각되고 있는 상황이다.

그림-1에서 보듯이, 시베리아횡단철도(TSR)는 러시아의 극동지역과 유럽을 연결하는 복합운송루트이다.[105] 세계에서 가장 최장철도인 TSR은 1916년에 전구간이 완공된 총연장 9,298㎞의 광궤철도로 러시아의 극동항만인 보스토치니에서 출발하여 다른 국가들을 통과하지 않고 모스크바까지 직행할 수 있는 대륙횡단철도이다. TSR은 러시아연방의 20개 주 89개 도시를 지나며, 벨라루시의 브레스트를 거쳐 유럽의 주요도시로 연계된다. TSR의 전구간은 복선화되어 있고, 직교류를 혼용하고 있으며 96.2%가 전철화되어 있다(김상원,

---

105) TSR은 SLB(Siberian Land Bridge), TSL(Trans Siberian Landbridge), TSCS(Trans Siberian Container Service) 등의 이름으로 불린다(김홍섭, 1991:342, 옥준종, 133).

2001:26, 나희승 외, 2004). 한편 러시아는 군사적 목적과 산업발전을 목적으로 개발된 시베리아횡단열차의 수송력 부족을 보완하기 위하여 바이칼-아무르철도[106)를 1989년에 완성하여 철도의 수송능력을 크게 향상시켰다(김홍섭, 2002:36, 옥준종, 1989:134).

이와 같이 러시아 극동지역 아무르주, 하바로프스크, 연해지역을 연결해 온 시베리아횡단철도와 아무르주와 하바로프스크지방을 연결하는 바이칼-아무르철도는 태평양을 통한 미대륙과 유라시아대륙을 연결하는 주요 간선으로 기능하고 있다. 특히 기간노선인 시베리아횡단철도는 극동과 러시아의 다른 지역을 연결하는 국내수송의 역할만 담당하는 것이 아니라 극동지역의 주요 항만을 통한 연계수송에 의해 러시아 및 유럽, 중국, 몽골, 카자흐스탄 등과 아시아태평양 국가들을 연결하는 매우 중요한 역할을 담당하고 있다(심기섭, 2000:49-50).

현재 TSR은 북한철도와 연계되는바, 북한의 나진이나 청진을 거쳐 두만강역과 러시아의 핫산역에서 환적·환차하여 TSR의 전 노선과 연계된다. 또한 한국에서 선적된 화물을 해상을 통하여 러시아의 극동항이자 TSR의 시종착역인 보스토치니항(나호트카)까지 운송하여 TSR과 연계되기도 한다. 그러나 TSR을 이용하는 데 있어 가장 큰 문제점은 열차의 노후화, 화차, 보관 등 관련시설 미흡, 동절기 기상조건에 의한 추위에 약한 화물의 수송곤란, 적기수송과 신속한 수송을 위한 화물위치추적의 곤란, 철도종사자들의 서비스정신부족, 통관

---

106) Baikal-Amur Main Line(BAM)는 제2시베리아횡단철도라고도 하며, 총연장 구간거리는 4,300㎞로 TSR노선 북쪽으로 평행하게 건설되었다. BAM선은 타이셰트에서 시베리아횡단철도와 합류되며, 태평양연안의 바니노항과 연결된다.

문제, 사회주의 잔재에 따른 관료들의 경직성과 비효율성 등이 있다.

## 2. 중국횡단철도(TRANS CHINESE RAILWAY)

중국의 근대철도는 1876년에 처음 건설되었으며, 현재 5대 주요 간선철도노선[107]을 중심으로 50개의 간선철도, 270여 개의 지선들이 전국을 거미줄처럼 연결하고 있다. 중국에 있어 철도는 가장 중요한 수송시스템으로 국가경제활동의 대동맥역할을 수행하여 왔다. 광물 자원의 장거리 수송, 주요항구의 화물처리를 위한 임무를 담당할 뿐만 아니라 중장거리 여객수송, 대도시간 및 통근, 통학, 관광 등 여객수송도 거의 철도가 담당하고 왔다(이상협, 2002:630).

그림-1에서 보듯이, 중국횡단철도(TCR)는 연운항에서 철도를 이용하여 중국대륙 및 중앙아시아, 러시아 및 유럽 등으로 연결되는 복합운송루트이다. TCR은 표준궤철도로 총연장 4,147㎞이며 3개의 철도노선으로 연결된다. 즉 연운항과 란주 간의 용해선(1,795㎞), 란주와 우루무치 간의 란신선(1,892㎞), 우루무치와 아라산쿠 간의 북강선(460㎞)으로 구성되어 있다. TCR은 1992년에 시베리아횡단철도와 연결되었으며, 복선구간은 76.6%이며 직류전압을 이용하는 전철화구간은 28.8%이다(이상협, 631, 하영석, 50, 나희승 외, 2004).

특히 한반도와 교역이 많은 동북3성의 철도망은 길림성, 요령성, 흑룡강성 등 3성을 남북으로 관통하여 하얼빈과 대련과 연결되고 있

---

107) 5대 주요 간선철도로는 경호선(북경-상해), 경광선(북경-광주), 경심선(북경-심양), 합대선(하얼빈-대련), 상해와 광주를 연결하는 선이 있다.

다. 이 노선은 전체가 복선화되어 있고, 화물수송량은 동북3성 전체 철도수송량의 25%를 차지하고 있다. 동 노선은 2000년 말까지 전 노선을 전철화하는 계획을 추진하고 있으며, 동 계획이 완료될 경우 철도의 화물수송능력이 30% 정도 향상될 전망이다. 또한 길림성에는 서부지역으로부터 장춘, 길림을 경유해서 도문에 이르는 장백선(330km), 장도선(530km)이 동서의 축을 형성하고 있다. 흑룡강성의 동서간선은 남부의 만주에서 하얼빈, 목단강을 경유해서 동부의 국경도시인 수분하에 이르는 빈만선(950km), 빈수선(550km)이다. 이 동서축은 그 양 끝에 러시아의 철도와 연계되어 있다(심기섭, 2000:47-8).

현재 중국횡단철도 역시 북한철도와 연결되는바, TCR만 이용하여 TSR과 연계되기도 하고, TMR을 이용하여 TSR과 연계되기도 하고, TCR과 TMGR을 이용하여 TSR과 연계된다. 대표적인 노선으로 북한의 신의주를 거쳐 중국의 단동-북경-서주-정주를 경유하여, 란주, 우루무치를 경유, 아라산쿠와 카자흐스탄의 드루즈바에서 환적·환차하여 러시아의 예카테린버그역에서 TSR과 연계된다. 또한 북한의 남양에서 중국의 도문을 거쳐 TMR을 이용하여 만주리 수분하역과 러시아 자바이칼스크 그로데코보역에서 환적·환차하여 치타에서 TSR과 연계되기도 한다.

한편 항구를 이용하는 경우도 있는데, 한국에서 선적된 화물을 중국의 연운항[108]이나 천진항[109]까지 운송한 후 TCR이나 TMGR을 이

---

108) 연운항을 거쳐 북경-서주-정주-란주-우루무치(TCR)-아라산쿠와 카자흐스탄의 드루즈바에서 환적·환차한 후 TSR과 연계됨.
109) 천진항을 거쳐 북경-에렌호트와 몽고의 자민우드역에서 환차·환적하여 울란바토르(TMGR)-호이트를 경유하여 러시아의 울란우데에서 TSR과 연계됨.

용하여 복합운송한 후 TSR과 연계되기도 한다. 중국횡단철도의 문제점은 노후차량의 교체 및 속도를 높이기 위해 철도의 디젤화, 전구간의 전철화가 시급한 상황이다. 또한 중국횡단철도가 TSR과의 연계되는 데 있어서 문제점은 국경 간 궤간 차이로 인한 환적·환차 문제, 국경통과절차 복잡에 따른 협조문제, 신속하고도 적기수송을 위한 화물위치추적의 곤란, 화차, 보관 등 관련시설 미흡, 철도종사자들의 서비스정신부족, 사회주의 잔재에 따른 관료들의 경직성과 비효율성 등이 항존하고 있다.

## 3. 만주횡단철도(TRANS MANCHURIA RAILWAY), 몽골횡단철도(TRANS MONGOLIA RAILWAY)

과거 일본인들에 의해 부설된 남만주철도로 불렸던 장춘철도라고 칭하는 만주횡단철도(TMR)는 중국의 동북지역 남부에 위치하고 있는 대련항에서 출발하여 만주리역을 통과한 후, 러시아 자바이칼스크에서 환적·환차하여 치타에서 TSR과 연결된다. TMR은 연길-하얼빈-초이발산 노선을 중심으로 하고, 대련-심양-장춘-하얼빈 노선과 연결되는데, 이 중 심양-단동, 하얼빈-도문 구간은 북한철도망과 연결된다. 즉 북한의 남양과 중국의 도문을 거쳐 만주리역을 통과한 후, 러시아의 카림스키야역(자바이칼스크)에서 환적·환차하여 TSR과 연계된다.

한편 중국철도의 한 주요 지선인 몽골횡단철도(TMGR)는 중국의 천진항을 출발하여 북경과 에렌호트와 몽고의 자민우드에서 환차·환

적하여 몽고의 울란바토르를 경유하여 러시아의 울란우데에서 TSR
과 연결된다. TMGR은 북경-대동-집령-울란바토르를 구간으로
북경-심양-단동 구간이 북한철도망과 연결된다. 즉 북한의 신의주
와 중국의 단동을 거쳐 북경-몽고의 울란바토르-러시아 울란우데
에서 TSR과 연계된다.

## 4. 시베리아횡단철도(TSR)와 중국횡단철도(TCR)
    운송여건 비교

　대륙횡단철도를 이용한 유럽의 교역물자수송에 따른 상당한 부가
적인 운임수익 때문에 현재 중국횡단철도와 시베리아횡단철도는 경
쟁관계에 있다. 이를 통해서 알 수 있듯이, 시베리아횡단철도가 얻는
수익률이 큼에 대해 중국당국이 이를 간과하고 있지 않기 때문이다.
중국과 러시아는 자국의 이익을 위해 자국의 영토를 횡단하는 철도
를 성장과 번영의 지렛대로 활용하고자 한다.
　이러한 상황에서 ESCAP을 비롯한 많은 전문가들은 TSR이 철도
복합운송루트 가운데 최적노선이라고 주장한다. 왜냐하면 그동안
TSR이 두만강과 인접한 러시아지역의 하산이 북한경유 통과화물에
대한 처리경험이 많은 것과 TSR의 인프라가 타 철도노선에 비해 비
교적 잘 구축되어 있다는 이유 때문에 극동지역을 경유하는 TSR이
복합운송루트 가운데 최적노선이라 주장한다.[110]

---

110) TSR은 수송거리 면에서 해상수송의 경우 수에즈운하 경유보다는 약 8,000
　　킬로, 희망봉을 경유할 때보다 14,000킬로 단축이 가능하고, 운임 면에서도

또한 TSR을 이용하는 것이 TCR을 이용하는 것보다 더 유리한 노선으로 평가되고 있다. 그 이유는 TCR이 TSR보다 많은 문제점과 장애요인이 상존하고 있기 때문인 것으로 평가된다. 즉 TCR은 최종 목적지인 유럽으로 운송되는 거리가 짧다는 이점 이외에는 기존 물동량의 소화도 어려울 뿐만 아니라 중국, 카자흐스탄을 거치게 됨에 따라 환적·환차, 국경통과수속, 수수료 부담 등 여러 가지 측면에서 TSR보다 경쟁상 열위에 있기 때문이다(하영석, 2002:55). 또한 TCR의 수송능력이 철도의 단선노선, 비전철화 등으로 매우 제한적이어서 TCR루트의 개척이 당분간 TSR을 이용할 운송물량에 큰 타격을 주지 못할 것으로 예상되고 있기 때문이다. 그러나 부산과 로테르담 간 복합운송에 있어 경로의 결합측면에서 중국횡단철도를 이용하는 경로가 시베리아횡단철도를 이용하는 경로보다 운송거리와 운송시간이 상대적으로 우위에 있음을 부인할 수 없다.[111]

약 30% 정도 저렴하다. TSR은 당초 기대치만큼 많은 수송량을 수송하지 못하고 있는데 이는 TSR이 물리적인 조건이나 배후설비의 낙후보다는 운영시스템과 노하우의 부족 그리고 마케팅 활동, 화물정보체계 및 적기수송 등의 경영·관리상의 문제점으로 인해 비롯된 것이다. 이러한 문제점들을 개선하기 위해 시장경제원리와 경영의 자율화 등 자본주의적 경영기술이 도입되고 있으며 TSR에도 종래의 독점적·관료적 경영에서 자율이 강조되고 화주를 위한 서비스 질을 높이기 위한 노력이 지속되고 있다. 따라서 시베리아횡단철도가 복합운송망으로 경쟁력을 확보하기 위해서는 해상운송에 대한 상대적인 경쟁력을 확보하기 위해서는 특히 해상운송에 대한 상대적인 경쟁력을 확보하여야 한다. 부산－로테르담구간은 운송거리와 운송시간측면에서 우위를 가지고 있으나, 운임 면에서는 안전성을 포함하여야 하기 때문에 운임비용 이외의 제반여건 안정화를 가져와야 한다. 철도이용 운임 비교측면에서는 시베리아횡단철도는 중국횡단철도를 이용하여 로테르담까지 운송하는 경우 통과하는 국가가 중국철도루트보다 적어서 운송비용이 상대적으로 낮다고 할 수 있다(김상원, 2001:31, 김홍섭, 1991:11).
111) 또한 TCR의 장점은 TSR보다는 약 1천 킬로, 해상운송보다는 약 7천 킬로

중국횡단철도의 하나인 만주횡단철도(TMR)노선은 기술적 상태, 속도 및 운송기간, 4개국 국경지점에서의 연결미흡, 환적·환차 등의 문제점이 상존하고 있기 때문에 기존 TSR노선에 비해 경쟁상 열위에 있는 것으로 평가되고 있다. 즉 TMR을 이용한 운송루트가 만주의 하얼빈, 장춘 등 복잡한 구간을 통과하기 때문이다.

한편 TMR보다 TMGR을 이용한 운송이 보다 더 합리적이라 할 수 있다. 즉 TMGR은 운송구간 중 모든 화물이 집산되는 북경지역의 운송압박은 있으나, 단동－베이징 구간은 물동량이 그렇게 많지 않은 구간이기 때문에 TMGR을 이용하는 노선이 효과적인 운송루트로 평가되고 있다.

아무튼 현재 중국당국은 대륙횡단철도가 가져오는 막대한 운송수입 등을 고려하여 철도의 전철화, 복선화 작업을 추진하고 있으며, 서비스 질 향상, 열차속도개선, 노후화된 철도시설에 대한 개선을 급속히 추진하고 있다. 특히 시베리아횡단철도보다 운송거리가 짧다는 이점을 최대한 활용하여 동북아시아지역에서 발생하는 수출입화물운송을 적극 유치하려고 노력하고 있다.

---

거리 단축이 가능하고 운송비용도 15~20% 정도 절감이 가능하며, 동절기에는 TSR이 섭씨 －20~－30도로 액화화물운송에 따른 어려움이 있으나 TCR은 가능하다(김홍섭, 2002:38).

# Ⅵ. 남북한철도 연결과 중·러간 국제철도연계

## 1. 남북한철도의 연결방안

남북한은 일제시대의 철도시스템을 바탕으로 각각 서로 상이한 철도시설을 구축하여 왔다. 가장 특징적인 것은 기본적으로 북한은 산세가 험한 지형에 맞게 견인력이 높은 전기방식의 철도시스템을 구축하여 운영하여 온 데 반해, 남한은 디젤방식의 철도시스템을 구축하여 발전하여 왔다.[112) 현재 남북한의 철도는 단절구간의 복원 및 전구간 정비만으로도 중국 및 러시아와 연결하는 한반도종단철도망의 구축이 가능하다.

남북한 철도의 단절노선은 경의선, 경원선, 동해선 등 총 187㎞이

---

112) 앞으로 남한철도는 북한철도와의 연결을 위해 디젤방식보다는 전기방식으로 전환될 필요가 있으며, 남북 간 원활한 수송을 위해, 물동량 증가에 대비하여 복선화율을 높여야 하고 에너지 효율성과 환경친화성을 고려하여 전철화 비율을 높여야 한다. 또한 아시아-유럽대륙 간 컨테이너화물의 대량수송을 위해 2단적재가 용이하도록 터널을 높이를 확장시키는 등의 개선작업이 요구되는 상황이다. 한편 북한은 계속된 경제침체로 인해 철도기반시설에 대한 지속적인 유지보수 및 관리부족으로 열악한 상태를 면치못하고 있는 실정이다. 또한 북한철도는 평균시속 40㎞로서 열차속도가 매우 느리고 선로상태의 불량 및 고중량에 견디지 못하는 취약성을 갖고 있다. 또한 화물차량의 부족 및 열차노후화도 문제가 되고 있을 뿐만 아니라, 화물적하 및 양하의 기계화 수준도 낮다(유석형 외, 1993:26, 임명, 1993:118). 또한 북한철도는 평양근처에만 복선화되어 있을 뿐, 나머지 전체의 노선은 단선화되어 있어 앞으로 남북 간 원활한 수송을 위해 복선화작업이 시급히 요구되고 있는 상황이다. 또한 고중량에 견딜 수 있도록 지반시설을 튼튼히 할 필요가 있으며, 노후화된 열차들의 교체 및 보강, 차량수를 늘리고 다양화해야 하는 상황에 있다.

다. 경의선은 남한의 문산에서 판문점(장단), 북한의 봉동까지 20㎞로, 이 구간을 통해 현재 운영되고 있는 신의주역과 중국의 단동역을 거쳐 중국횡단철도와 연계가 가능하다. 경원선은 남한의 신탄진에서 군사분계선을 가로질러 북한의 평강(복계)까지 31㎞로서, 이 구간을 통해 원산, 나진이나 청진을 거쳐 두만강역과 러시아 핫산역을 경유하여 시베리아횡단철도와 연계가 가능하다. 동해선은 남한의 강릉에서 군사분계선을 넘어 고성(온정리)까지 136㎞로, 이 구간이 연결되면 나진 또는 청진을 거쳐 두만강역을 통해 시베리아횡단철도와 연결이 가능하다. 또한 경원선과 동해선을 통해 북한의 남양과 중국의 도문을 경유하여 중국횡단철도와 연결도 가능하다. 그 외에 관광객 수송을 위해 추진 중인 금강산선은 철원에서 군사분계선을 넘어 기성까지 75㎞이다(이철우, 2006:112-3). 이들 철도 중 경의선과 경원선은 짧은 시간 내에 복구개통이 가능하나, 동해선은 단기간 내에 개통하기에는 다소 시간이 걸릴 것으로 전망된다. 현재 남북 간 철도 중 경의선구간의 연결공사가 완료됨으로써 언제든지 대륙횡단운행이 가능한 상황이나 북한집권자의 정치적 결정이 남아 있는 상황이다.

그러나 남북철도 간의 상이한 철도시스템 및 북한철도 자체의 문제점으로 인해 연결 또는 운행이 현재로서는 용이하지 않다. 따라서 이에 대한 선행작업으로 남한의 디젤방식의 철도시스템을 전기철도로의 전환할 필요가 있다. 또한 남북한철도의 상이한 철도시스템을 극복하기 위해 디젤방식과 전기방식을 겸용할 수 있는 하이드리드(Hybrid)방식의 추진 장치의 개발이 필요하다. 현재 북한철도가 직류방식의 전력을 사용하고 있는바, 남북이 공동으로 사용할 수 있는 직교류방식의 차량시스템 개발이 필요하다. 그리고 북한 대부분의 철도차량 및 레일의 노후화로 인한 철도사고를 방지하기 위하여 화차의 교체 및 안전한 수송을 위해 무거운 하중을 견딜 수 있는 중량레일로 교체가 필요한 상황이며, 철도보수의 기계화와 신호통신설비의 현대화가 이루어져야 한다. 또한 대륙 간 화물의 원활하고도 신속한 수송을 위해, 대량수송을 위해 북한철도의 98%가 단선인 점을 감안하여 복선화작업이 선행되어야 한다. 그리고 남북 간 원활한 수송을 위해 신호방식, 통신방식, 유지보수방법, 궤도의 내구력에 대한 세부적인 기술검토 등이 요구되고 있는 상황이다(이종득·이성욱, 2002:422, 유원희·구동희, 2001:29). 따라서 남북한 철도가 유기적으로 연결되고 효율성을 높이기 위해 신속, 원활, 안전하게 수송되도록 충분한 검토와 사전정지작업이 요구된다.


## 2. 북한의 국제철도연결구간 현황

남북 간 단절된 구간의 철도가 연결되면,[113] 남북철도는 철도본연의 기능을 수행하는 것이라 할 수 있다. 그것은 중국대륙이나 시베리아대륙을 향한 진출이 본격화됨을 의미한다. 그동안 북한은 신의주-단동,[114] 남양-도문[115])을 통해 중국과 국제열차를 운영하여 인

---

113) 원래 한반도종단철도의 구상은 경부선 및 호남선을 경의선(서울-신의주) 또는 경원선(서울-원산) 및 원라선(원산-나진)과 연결한 후, 기존의 시베리아횡단철도 또는 중국횡단철도에 연계시켜 극동/유럽 간 새로운 복합운송경로를 개발하고자 하는 구상이다.

114) 주 4회 운행되며 구간거리는 2.6㎞로, 화물과 여객을 수송하고 있으며 신의주-단동-심양-북경에 도달할 수 있는 한편, 몽골횡단철도를 이용하여

적·물적 교류를 하여 왔으며, 두만강역과 핫산[116]을 연결하여 러시아와 화물수송을 하여 왔다.

이와 같이 북한의 국제철도노선은 대중국노선과 대러시아노선이 연결되어 있다. 대중국 철도노선은 평양－북경 구간 총연장 1,374㎞로, 22시간 소요되고 있으며, 청진－남양－도문－연길로 연결되는 구간은 주로 청진항을 이용하여 중국의 중계화물을 수송하는 데 활용되고 있다. 대러시아 철도노선은 두만강－핫산 구간을 연계하여 시베리아횡단철도와 연결되고 있으며 궤간 차이로 환차·환적이 필요하다. 특히 평양－모스크바노선은 두선으로 나누어지는데 평양－신의주－단동－심양－바이칼－모스크바까지 총연장 8,666㎞로 일주일이 소요되고, 평양－두만강－핫산－하바로프스크－바이칼－모스크바 간 노선은 총연장 10,214㎞이다(정성호, 2002:149, 유원희·구동희, 2001:24).

남북한 철도가 대륙횡단철도와 원활하게 연결되기 위해서 여러 가지 내재된 문제점을 극복하여야 한다. 우선적으로 북한, 중국, 몽골, 러시아 및 동유럽국가가 가입되어 있는 국제철도협력기구(OSSHD

---

북경－대동－집령－에렌호트－울란바토르－울란우데를 거쳐 시베리아횡단철도와 연결된다. 다른 노선으로 중국횡단철도를 이용하여 북경－서주－정주－난주－우루무치－아라산쿠－카자흐스탄의 드루즈바(12㎞)－예카테린부르크나 노보시비르스크에서 시베리아횡단철도와 연결된다.

115) 주 1회 운행되며 주로 화물노선으로 이용되며 남양－도문－목단강－장춘－길림－하얼빈－대경－치치하얼－만주리수분하역과 러시아 자바이칼스크 그로데코보역에서 환차·환적하여 치타에서 시베리아횡단철도와 연결된다.

116) 월 3회 운행되며 구간거리는 8㎞로 시베리아횡단철도와 연결되나, 러시아 측(1,520㎜ 광궤)과 북한(1,435㎜ 표준궤) 간 궤간 차이로 환차·환적이 요구된다. 북한은 1974년부터 두만강과 나진 사이의 50㎞ 구간을 표준궤와 광궤의 혼합선을 건설하였으며, 1989년에는 이 구간을 청진까지 연장하였다(광궤철도인 청진에서 두만강까지는 70㎞)(정성호, 2002:149, 나희승 외, 2004).

또는 OSJD)에 가입할 필요가 있으며 국제여객수송(SMPS), 국제화물
수송(SMGS), 국제수송화차(PPW), 국제철도여객운임(MPT), 국제철도
화물운임(ETT) 등에 관한 국제협약기구에 가입하여야 한다.

남북한 철도가 대륙횡단철도와 연계되는 데 있어 또한 가장 중요
하게 대두되는 것이 각 국가 간의 철도궤간 차이로 국제철도운송에
필요한 차량정비시설, 환적화물운송에 필요한 환적·환차시설 등이
필요한 상황이다(심치호, 2004:5).[117] 또한 시베리아횡단철도 전구간
이 대부분 복선전철화되어 있지만 두만강-핫산-우수리스크 구간은
비전철화구간으로 되어 있어 전철화 시설이 요구된다. 또한 북한철
도 대부분이 전철화되어 있긴 하지만 화물운송의 신속성, 대량수송
을 위해 복선화작업이 요구되는 상황이다. 따라서 전철화 및 비전철
구간을 운행할 수 있도록 하이브리드방식의 추진 장치가 필요하며,
다양한 국가들 간 경유가 가능하도록 통일된 신호시스템을 표준화하
거나 차상신호장치의 개발이 필요하다(유원희·구동희, 2001:29).

북한과 러시아 철도기반시설들이 대부분 노후화되고 낙후된 점을
감안하여 효율적인 운행과 안전성 확보를 위해 시설물에 대한 보강
및 유지관리기술 또한 요구된다(나희승 외, 2004). 또한 화물의 안전
하고도 신속한 수송, 적기수송을 위해 실시간 정보를 제공하는 위성
에 의한 위치추적시스템구축이 필요하다. 또한 추위에 약한 액화화
물이나 결빙시 손상되는 화물수송을 위해 혹한에 대비한 대책, 컨테
이너 부족에 따른 공컨테이너 회수문제, 다국경통과에 따른 운임비

---

117) 환적에 따른 많은 시간소요 및 원활한 수송을 위해서 궤간가변대차의 개
   발, 이중궤간, 대차교환시설 등이 필요하다. 즉 차량교환, 대차교환 등에
   따른 환적설비가 필요하다.

용산정, 통관문제 등을 해결해야만 국제복합운송노선으로서의 기능을 본격적으로 수행할 것이다. 따라서 서비스수준향상, 기술적 자립 및 경영의 노하우 축적 등이 수반되어야 할 것이다.


# Ⅶ. 육상운송과 해상운송과의 비교: 운송거리, 운송시간, 운임비교


현재 부산에서 유럽의 로테르담까지 철도를 이용하여 화물을 운송할 시, 운송거리는 해상을 이용한 운송거리보다 훨씬 짧으며, 수송시간도 대략 7일 정도 단축되는 것으로 나타난다. 즉 해상운송을 하는 경우 수송거리는 약 2만㎞에 수송시간은 30~35일 정도로 소요되나, 대륙횡단철도로 수송하는 경우 수송거리는 약 1,2000㎞에서 14,000㎞로 수송시간은 23~28일 정도 소요되어 대륙횡단철도의 경쟁력이 있을 것으로 보인다. 따라서 대륙횡단철도를 이용하는 것이 해상운송보다 운송거리, 운송시간이 짧게 소요된다.

도표-1에서 보듯이, 부산에서 로테르담까지 가는 경로는 다양하다. 즉 철도만을 이용해서 가는 경로, 배와 철도를 이용해서 가는 복합운송경로, 배로만 가는 경로가 있다. 이 중에서 부산에서 로테르담까지 가장 거리가 먼 노선을 순서대로 살펴보면, 배로만 가는 ㉑경로(20,190㎞), 그 다음 경원선과 TSR을 이용하는 ㉮노선(14,107㎞), 경의선과 TCR, TSR을 이용하는 ㉯노선(13,138㎞), 배와 TSR을 이용하는 ㉺노선(13,050㎞), 경원선과 TMR, TSR을 이용하는 ㉰노선

(12,653㎞), 경의선과 TCR, TMGR, TSR을 이용하는 ㉰노선(12,276 ㎞), 배와 TCR, TSR을 이용하는 ㉯노선(11,150㎞)이 있다. 따라서 배편을 이용하는 ㉔경로가 거리상 가장 멀고, 배와 철도를 이용하는 복합운송경로인 ㉯노선이 가장 가까운 경로라 하겠다. 즉 거리상으로 보면, ㉯노선의 운송시간이 가장 적게 소요될 것이고 ㉰, ㉞, ㉺, ㉯, ㉮, ㉔ 순으로 운송시간이 걸릴 것으로 예상되나 현실적으로는 그렇지가 않다. 그 이유는 국경통과 시 철도궤간 차이로 인한 환적·환차소요시간, 국경통관절차상의 문제, 상이한 전기·신호체계, 항만사정, 철도시설의 노후화, 운영관리의 비효율성 등 다양한 요인들에 의해 운송시간이 달라질 수 있기 때문이다.

실제로 이 중에서 현재 ㉯와 ㉺, ㉔경로만이 운행되고 있으며, 특히 배를 이용하여 중국 연운항에서 TCR과 연결하여 TSR을 경유하는 ㉯노선이 가장 적절한 운송경로로 평가되고 있다. 그러나 현재 ㉺경로를 통해 불규칙하게 소량의 컨테이너화물운송이 이루어지고 있으나,[118] 대다수의 화주들은 여러 가지 여건상 해상운송 ㉔경로를 많이 이용하고 있는 상황이다. 즉 철도를 이용하여 로테르담까지의 운송거리가 해상운송거리보다 약 1/2 정도 짧음에도 불구하고 철도보다 해상운송이 더 선호되고 있다. 그 이유는 해상운송이 TSR, TCR보다 운송거리가 길다는 지정학적 불리함에도 불구하고 선사들의 선박기항이 유럽지역에서 항만별로 특화되어 있으며 안정성, 정

---

118) 현재 TSR을 이용하여 운송하는 데 있어 특징은 서향물동량이 동향물동량에 비해 훨씬 많아 서향운임이 동향운임에 비해 높다. 그 이유는 서향화물이 전자제품 등 고가품인 데 비해 동향화물은 광산물 등과 같은 저가품인 벌크화물이 많은 데 그 차이가 있으나 실제 이용량은 해상운송의 1/10도 안 되는 상황이다.

확성, 신뢰성 면에서 육상운송보다 더 낮기 때문이며 동시에 거대한 운송능력을 갖고 있기 때문이다.

또한 운임측면에 있어서도 해상운송이 육상운송 혹은 복합운송보다 저렴한 것으로 나타났다(우종균, 1999:83). 즉 비록 철도와 배와 철도를 이용하는 것이 운송거리, 운송시간에서 유리함에도 불구하고 해상운송경로를 이용하는 것이 저렴한 것으로 나타났다. 그 이유는 철도운송이나 복합운송을 하는 경우 운영상의 문제로 발생하는 비용 즉 항만사용료, 항만적체로 인한 부대비용발생, 통관에 따른 수수료 부담 등에서 다양한 비용이 발생되거나 추가되기 때문이다. 또한 복합운송을 하는 경우 대륙횡단철도 이용 시 고율의 운임, 손실·멸실 위험에 대한 대책미흡, 국경통과 시 환적·환차에 따른 시간지체 등으로 인해 제반 관련비용이 발생하기 때문이다.

### (도표-1) 대한민국 부산 - 유럽 로테르담 간 운송경로

| 철 | ㉮ TKR1(경원선) → TSR → 로테르담(총연장 14,107km)<br>부산 → 서울 → 신탄진 → 평강 → 원산 → 청진 → 두만강 → 핫산 → TSR → 모스크바 → 브레스트 → 로테르담 |
|---|---|
| | ㉯ TKR2(경의선) → TCR-TSR → 로테르담(총연장 13,138km)<br>부산 → 서울 → 문산 → 개성 → 평양 → 신의주 → 단동 → 북경 → 정주 → 란주 → 우르무치 → 아라산쿠 → 드루주바 → TSR(예카테린부르크) → 모스크바 → 브레스트 → 로테르담 |
| 도 | ㉰ TKR3(경의선) → TCR → TMGR → TSR → 로테르담(총연장 12,276km)<br>부산 → 서울 → 문산 → 개성 → 평양 → 신의주 → 단동 → 북경 → 에렌후트 → 자민우드 → 울란바토르 → TSR(울란우데) → 모스크바 → 브레스트 → 로테르담 |
| | ㉱ TKR4(경원선) → 남양 → TMR → TSR → 로테르담(총연장 12,653km)<br>부산 → 서울 → 신탄진 → 평강 → 원산 → 청진 → 회령 → 남양 → 도문(투문) → 만주리 → 자이바이칼스크 → TSR(치타) → 모스크바 → 브레스트 → 로테르담 |

| 배<br>+<br>철<br>도 | ⑩ SEA → TCR→ TSR→로테르담(총연장 11,150km)<br>부산→연운항→TCR→TSR→모스크바→브레스트→로테르담 |
|---|---|
| | ⑪ SEA → TSR →로테르담(총연장 13,050km)<br>부산 → 보스토치니항 → TSR → 로테르담 |
| 배 | ⑫ SEA → 로테르담(총연장 20,190km, 지정학적 최단거리 19,790km)<br>부산 → 배 → 로테르담 |
| 비<br>고<br>(구<br>간<br>거<br>리) | * **육상거리**: 부산→두만강 1,313 / 부산→신의주 945 / 부산→남양 1,354 / 평양<br>→북경 1,349 / 두만강→핫산→모스크바 9216 / 보스토치니→모스크바 9,298<br>/ 모스크바→브레스트 2,533 / 브레스트→로테르담 1,045 / 신의주→단동→북<br>경 1,126 / 북경→정주→우루무치→드르주바→모스크바 7,489 / 북경→에렌후<br>트→울란바토르→울란우데→ 모스크바 6,627 / 남양→도문→만주리→모스<br>크바 7,721 (단위: km)<br>* **해상거리**: 부산→배→연운항 780 / 부산→배→보스토치니 820 (단위: km) |

* 김한태(1994), 김상원(2001), 김성국·정헌영(2005), 김홍섭(2002), 진형인·조용갑·전형
진(1998), 우종균(1999), 하영석(2002), 임종관(1992)의 논문을 참조하여 재구성.
* UNESCAP(1999), TAR in the Southern Corridor of Asia‑Europe Route.

  따라서 대륙횡단철도가 해상운송에 대한 경쟁력을 가지려면, 보다
나은 운임경쟁력이 있어야 할 뿐만 아니라, 신속성, 안전성, 화물위
치추적의 용이성, 서비스 질의 향상, 운영의 효율성 등에서 전반적인
운송경쟁력을 갖추는 것이 필요하다.[119) 대륙횡단철도가 국제복합운

---

119) 해상운송의 경우 아시아 주요항만에서 유럽의 주요항만까지 해상운송과 유
럽의 항만에서 최종목적지까지의 내륙운송을 연계하는 일관복합운송요금체
계가 발달되어 있으나 부산에서 TSR 또는 TCR을 이용하여 유럽으로 운
송하는 경우, 해상운송료, 항만이용료, 철도운송비용, 세관통과료 등의 관
련된 모든 비용이 화주부담으로 지불되므로 실질적으로 해상운송에 비해
운임경쟁력이 떨어진다. 또한 철도요금체계에 있어 운송거리 증가에 따라
운송거리단위당 요금이 체감하는 반비례운임제가 되어야 해상운송에 대한
경쟁력을 가질 수 있으나 현재 철도운송요금은 국가마다 구간별 비례증가
요금제, 장거리 체감제 등 서로 다른 요금체계를 고수하여 대륙횡단철도
전체의 운임경쟁력을 갖추기 힘들다.

송망으로서 기능하기 위해서는 이러한 제반 문제점 등을 극복해야만 해상운송보다 경쟁력이 있을 것이다. 효율적인 철도운송시스템 및 운송조건이 개선되는 경우 해상운송보다 운송시간의 단축 및 운임도 보다 더 저렴해져 더욱더 경쟁력이 높아질 것이다.

# Ⅶ. 결론 및 함의

지금 세계는 시장경제가 보편화되면서 경제의 세계화가 가속화되고 있다. 그러한 가운데 세계경제는 지역을 중심으로 권역화되고 있다. 그러나 한반도가 위치하고 있는 동아시아지역은 세계에서 가장 역동적인 경제시장으로 등장하고 있는데도 상이한 체제와 이데올로기로 유기적인 협력체제가 구축되지 못하고 있다. 즉 세계경제규모의 5분의 1을 차지하고 있는 이 지역이 생산의 중심지, 물류중심지로서 부상하고 있음에도 불구하고 그 중요성이 활용되지 못하고 있는 실정이다. 따라서 급속한 경제성장으로 폭증하는 수출입물동량의 원활한 수급을 위해서 동아시아지역내 국가 간 상호협력에 토대된 운송부문의 연결이 시급하다.

이러한 중심적 역할을 수행할 수 있는 것이 대륙횡단철도이다. 유라시아대륙을 연결하는 가교로서의 역할을 하는 대륙횡단철도의 중요성은 가장 격동적으로 경제성장을 지속하고 있는 동북아경제권과 유럽경제권을 유기적으로 연결함을 의미한다. 시장경제체제의 도입을 통해 점차 교역규모가 증가하고 있는 중국, 러시아지역을 관통함으로써 성장잠재력을 현실화시키는 성장축임을 의미한다. 따라서 21세기에 있어 대륙횡단철도가 주는 함의는 동북아지역내의 성장의 속도를 좌우하는 주요 관건이 될 것이다. 그만큼 동북아지역내 국가들 간의 철도연결은 교역 및 투자, 인적 교류의 확대를 위해 필요 불가결한 존재가 되고 있다. 이러한 상황을 감안할 때 동북아지역의 지속 가능한 발전과 번영, 공존을 위해 성장동력원이자 견인차(지렛대)로써 남북한철도의 연결이 시급한 선행과제로 등장하고 있다.

남북간 철도의 연결은 또 다른 의미를 갖는다. 상이한 체제와 이데올로기하에 60년 동안 분단이 고착화되어 왔던 한반도에 평화와 안정을 가져오는 것을 의미한다. 동시에 그동안 남북 간에 항존해 왔던 긴장의 해소 및 관계개선, 북한의 개혁·개방유도, 인적·물적 교류증진, 경제난에 허덕이는 북한경제를 회생시키는 데 기여함을 의미한다. 대외적으로는 남북종단철도가 대륙횡단철도와 연결됨으로써 유럽과 아시아가 하나의 대륙으로서 연결되고, ESCAP 및 국제사회가 추진하였던 랜드브리지의 완성을 의미함과 동시에 철의 실크로드시대의 개막을 알리는 것이 될 것이다. 또한 한반도를 종단하는 남북철도의 연결은 한반도가 지정학적·지경학적으로 아시아−태평양의 관문으로서의 중요한 역할을 수행함과 동시에 국제물류중심지로 부상함을 의미한다. 따라서 남북철도의 연결은 한반도만에 국한된 지엽적인 사업이 아닌 전 세계인들이 바라는 범지구적 프로젝트로서 한국은 물론 동북아지역내 국가들의 경제발전과 상호협력, 번영을 추구하는데 시너지효과를 발휘하는 것을 의미한다.

그러나 남북간 철도연결은 많은 난관과 문제점이 상존하고 있다. 이미 알려진 바와 같이 북한의 철도기반시설은 그동안 극심한 경제침체로 지속적인 유지보수 및 관리부족으로 열차의 정상적인 운행이 곤란한 상황이라고 한다. 열차노후화를 비롯하여 고중량에 취약한 선로시설, 화차부족, 전 노선의 단선 등의 개선이 시급하다. 이와 같은 상황에서 대륙횡단철도와 연계되기 위해서는 남북 간의 철도가 상호통행이 가능하도록 전기와 디젤을 겸용할 수 있는 하이브리드방식의 추진 장치개발, 중량레일로의 교체, 중심노선의 복선화, 전기·신호장치의 통일 등 철도시설의 기계화, 현대화 작업이 요구된다. 그중에서도 가장 큰 문제점으로 대두되고 있는 것이 북한 집권자의 정치적 결정 및 군부강경파의 협조가 있어야만 비로소 남북철도가 연결될 수 있는 정치적·군사적 과제가 남아 있다. 하여튼 남북 간의 정치적 합의가 결정되면 남북종단철도의 연결과 운행은 시간문제일 것이다. 따라서 남북철도연결은 철도본연의 기능을 회복하는 것이자, 통일을 앞당기는 민족적 프로젝트로서 민족화합의 동맥이자 생명선으로서 제2경제도약을 추구하는 한국에게 커다란 이익과 북한에 경제적 효과 이상의 것을 제공하는 성장동력이며, 더 나아가 동북아시아지역내 국가들의 번영에도 기여할 것이다.

남북한 철도가 연계될 대륙횡단철도 역시 많은 문제를 안고 있다. 다양한 운송경로가 있음에도 불구하고 현재 해상운송이 선호되고 있다. 그 이유는 철도운송이나 복합운송이 운송거리, 운송시간에 있어서 유리하지만, 운임에 있어서 해상운송보다 경쟁력이 떨어지고 있기 때문이다. 또한 철도수송이나 복합운송을 하는 데 있어 각 국경을 통과하는 데 따른 제반문제 즉 항만사정, 상이한 철도시설, 상이한 신호체계, 국가 간 궤도 차이로 인한 환적·환차문제 등이 있다. 화물운송의 생명이라 할 수 있는 신속성(적기수송), 정확성, 신뢰성,

서비스 질 저하 등의 요인이 내재되어 있으며 동절기에 취약한 화물수송곤란, 화물위치추적곤란, 사회주의 잔재에 따른 관료들의 경직성과 비효율성, 서비스 부족 등의 문제가 있다. 따라서 이러한 점들을 고려할 때, 이해관계가 얽힌 국가들 간의 상생과 번영을 위해 긴밀한 상호협력과 대폭적인 투자가 선행되어야 할 것이다. 그래야만 비로소 대륙횡단철도의 본래의 의미 및 이점을 살리는 것일 뿐만 아니라 아시아-유럽대륙 간 랜드브리지의 완성이자 철의 실크로드의 완성을 실현하는 것으로 철도를 통한 세계화에 기여할 것이다.

# ≪참고문헌≫

권원순, 2002, 「대륙횡단철도를 통한 한반도 물류중심화 전략연구」, 『물류학회지』, 한국물류학회.

권원순, 2001, 「시베리아횡단철도 이용활성화와 한-러경제협력」, 『한국철도학회지』, 제4권 제1호, 한국철도학회.

김두진, 2006, 『EU사례에서 본 동아시아 경제통합』, 삼성경제연구소.

김상원, 2001, 「시베리아횡단철도와 동북아경제협력」, 『한국철도학회지』, 제4권 제1호, 한국철도학회.

김영봉, 1994, 「환동해 경제권형성과 국토개발과제」, 『국토』, 국토연구원.

김우준, 2003, 「중국 동북3성과 시베리아·러시아극동지방간 관계」, 『현대중국연구』, 현대중국학회.

김홍섭, 1991, 「소련의 해운 및 시베리아횡단철도의 수송환경변화와 우리의 대응방향」, 『월간 해운산업동향』, 한국해양수산개발원.

김홍섭, 2002, 「대륙횡단철도를 통한 한반도 물류중심화 전략연구」, 『한국물류학회지』, 한국물류학회.

나희승 · 손지언 · 조영걸, 2004, 「대륙횡단철도 연계운영의 효율화를 위한 기초조사」, 『한국철도학회』, 2004년 춘계학술대회 논문집.

맹주환, 2004, 「한반도종단철도의 연결과 효과」, 『통일한국』.

서선덕 외, 2001, 『한국철도의 르네상스를 꿈꾸며』, 삼성경제연구소.

성원용, 2002, 「TKR − TSR 연결의 의의와 파급효과」, 『동북아경제연구』, 제14권 제3호, 한국동북아경제학회.

신범식, 2003, 「교통의 국제정치: 시베리아횡단철도 국제화와 동북아 협력을 위한 한국의 대응전략」, 『한국과 국제정치』, 제19권 4호, 경남대 극동문제연구소.

심치호, 2004, 「중국 · 북한 국경역 운영시스템 및 남북철도운송방안 연구」, 『한국철도학회』, 한국철도학회지.

심기섭, 2000, 「동북아지역의 물류인프라 현황 및 효율적 연계수송망의 구축방안」, 『월간해양수산』통권 제193호.

옥준종, 1989, 「중국대륙횡단철도를 이용한 컨테이너서비스에 대한 연구」, 『무역학회지』, 제16권, 무역학회.

우종균, 1999, 「아시아횡단철도의 경로별 운송조건 및 경쟁력 분석」, 『월간 해양수산』, 한국해양수산개발원.

유석형 · 임종관, 1993, 『남북한 화물운송체제 구축방안』, 해운산업연구원.

유원희 · 구동희, 2001, 「남북철도와 대륙횡단철도의 연계기술」, 『토목』, 대한토목학회지.

윤재희, 2002, 「남북철도연결사업에 있어서 주변국가의 경제적 효과」, 『복지행정연구』, 안양대 복지행정연구소.

이상협, 2002, 「범아시아철도의 컨테이너 화물수송노선 대안 및 사업추진방안」, 『대한토목학회논문집』, 대한토목학회.

이영균 외, 2001, 『남북한간 교통물류체계 정비확충방안』, 교통개발연구원.

이영선, 1994, 「한반도 경제통합과 동북아 경제협력」, 『동아시아연구논총』, 연세대 동서문제연구소.

이종득·이성욱, 2002, 「남북철도연결과 교류방안」, 『한국철도학회』, 2002년도 추계학술대회논문집.

이철우, 2006, 「한반도 철도네트워크의 미래와 그 의미」, 『평화연구』, 제14권 1호, 고려대학교 평화연구소.

임명, 1993, 「북한의 철도교통」, 『대한교통학회지』, 제11권 제1호, 대한교통학회.

임종관, 1992, 「대륙횡단철도와 극동/유럽 정기항로의 경쟁여건 비교」, 『월간 해운산업동향』, 한국해양수산개발원.

임현수, 2003, 「러시아의 동북아 경제협력정책과 TSR·TKR연결을 위한 경제적 협상전략」, 『동북아경제연구』, 제15권 제2호, 한국동북아경제학회.

정성호, 2002, 「동북아지역 철도연결망의 현황과 전망」, 『지역개발연구』, 강원대 지역개발연구소.

정재정, 2005, 「역사적 관점에서 본 남북한 철도연결의 국제적 성격」, 『동방학지』, 연세대 국학연구원.

조선노동당출판사, 1996, 『김일성저작집』, 제44권.

진형인·조용갑·전형진, 1998, 『TAR활용을 위한 국제복합운송망 구축방안』, 한국해양수산개발원.

하영석, 2002, 「아시아-유럽간 해륙철도 복합운송로의 경제성 비교분석」, 『한국해운학회지』, 제36호, 한국해운학회.

한국산업은행, 2003, 『동북아 2003』.

현대경제연구원, 2003, 『허브 한반도』, 거름.

世界日報社 刊, 佐佐 保雄 監修, 1993, 『日韓TUNNEL PROJECT』.
運輸省第一港灣建設局, 2000, 『環日本海國際物流基盤整備調査』.

IMF, 2004, *World Economic Outlook.*
UNESCAP, 1999, *TAR in the Southern Corridor of Asia −Europe Route.*
World Bank, 2000, *World Development Indicators.*

남북종단철도와 아시아-유럽 로테르담간 복합운송경로

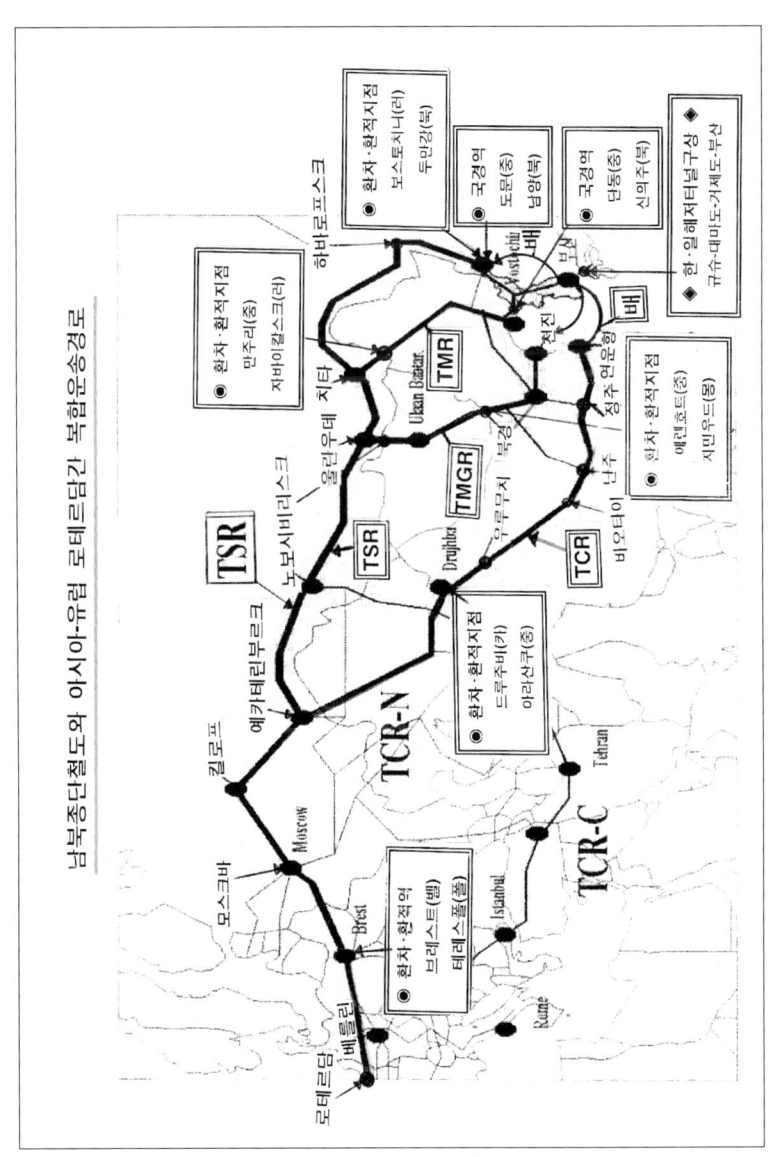

# The Feasibility of Railroad Network in Northeast Asia

Recently the market economy based on capitalism has been spread up to all over the world day by day. Also the economic globalization and the economic block based on region is promoted rapidly. Along with the economic globalization, Northeast Asia in which the Korean Peninsula is located is growing up as the most dynamic market in the world. However, in fact, it is very difficult to establish organic cooperation system due to the dissimilar system and ideology among the nations in the Northeast Asia. Even though this area which accounts for a fifth of the worldwide economy scale rises up as a center of the production and as a center of the distribution industry, its importance and its function are not properly utilized yet as it should be. In order to provide the smooth adjustment to the supply-demand relation between the excessive imports and exports which are brought out from the rapid economic growth, and in order to overcome the limitation of the marine transport, the international connection of the overland transport based on the collaboration among the countries in East Asia is urgently required.

The transcontinental railway can unravel these problems as taking the central role. The importance of the transcontinental railway embracing the Eurasian Continent means that the systematic connection between the East Asian whose economy is the most dynamically developing and the European economy. As penetrating China and Russia whose trades have been gradually increasing by introduction of the market economy system, the transcontinental railway would realize its own potential as an axis of economic growth. Therefore, the transcontinental railway would be the major factor that determines the economic growth of the Northeast Asian countries. That is to say, connecting among the Northeast Asian countries through the railway is extremely essential in order to extend the trades, the investment, and the personal exchanges. Furthermore, the transcontinental railway is much more needed for bigger freights, for faster and safer transportation, and for more economical fare. Regarding all these advantages, in order to maintain the development, the prosperity, and the co-existence among the nations in Northeast Asia, two Koreas railway should be connected first as a motive power of development. Ultimately, the transcontinental railway means the completion of Silk Road and of the land-bridge between Asia and Europe. This would definitely devote to the globalization throughout the transcontinental railway.

# 찾아보기

이철우

• **약 력**

고려대학교 문과대학 사회학박사(1995)
고려대학교 문과대학 사회학석사(1991)
고려대학교 문과대학 사회학학사(1985)

현재 고려대학교 사회학과에서 강의
고려대학교 정경대학 평화연구소 연구교수(2003~2006)
고려대학교 사회학과 강사(1993~2002)
서울특별시 공보관실 여론조사담당(1991~1995)

• **주요논저**

－연구논문－

「한국사회의 고령화와 노인복지정책」(한국사회학, 1996)
「노인생활만족도에 관한 시간적 차원에 의한 연구」(한국노년학, 1996)
「탈북귀순자의 한국사회 적응력 제고에 관한 정책적 대응방안 연구」(통일원, 1996)
「노인관의 변화와 대응방안 모색」(한국사회, 1998)
「한국노인의 생활불안」(한국학 연구, 2003)
「한국사회의 사회복지정책과 경제성장」(평화연구, 2003)
『한국의 노인복지』, 김응렬 편저(7장, 9장), 고려대학교 한국학연구소(2003)
『사회복지학에의초대』, 김응렬 편저(2장, 4장), 고려대학교 한국학연구소(2003)
「일본제국주의의 한반도 철도건설과 한국민족주의의 저항」(평화연구, 2004)
「한국에서의 노인문제와 노인소득보장제도」(국제평화, 2005)
「남북한 철도의 발달과 산업사회의 갈등」(한국사회, 2005)
「한반도 철도네트워크의 미래와 그 의미」(평화연구, 2006)
「시베리아철도와 고려인들의 이주과정」(재외한인연구, 2006)
「동북아시아 철도네트워크의 가능성」(민족연구, 2006)
「한국의 철도발달과 산업사회의 갈등」(국제평화, 2007)
「한국의 산업화 정책추진과 철도를 통한 산업화」(국제평화, 2008)

－역 서－

『사회과학자의 글쓰기』(일신사, 공저, 1999)

－저 서－

『한국사회의 고령화현상과 사회정책적 대응방안』(한국학술정보, 2006)

# 한반도 철도와 철의 실크로드의 정치경제학
- 일제식민지시대, 산업화시대, 21세기 세계화시대 -

초판인쇄 | 2009년 1월 10일
초판발행 | 2009년 1월 10일

지은이 | 이철우
펴낸이 | 채종준
펴낸곳 | 한국학술정보㈜
주 소 | 경기도 파주시 교하읍 문발리 513-5 파주출판문화정보산업단지
전 화 | 031) 908-3181(대표)
팩 스 | 031) 908-3189
홈페이지 | http://www.kstudy.com
E-mail | 출판사업부  publish@kstudy.com

등 록 | 제일산-115호(2000. 6. 19)
가 격 | 27,000원

ISBN 978-89-534-0809-8 93330(Paper Book)
     978-89-534-0812-8 98330(e-Book)